Justiça: o que é uma Decisão Justa?

Justiça: o que é uma Decisão Justa?

UMA IDEIA DE JUSTIÇA IBERO-AMERICANA

2022

Artur César de Souza

Gonçal Mayos

ALMEDINA

JUSTIÇA: O QUE É UMA DECISÃO JUSTA?
UMA IDEIA DE JUSTIÇA IBERO-AMERICANA

AUTORES: Artur César de Souza e Gonçal Mayos

DIRETOR ALMEDINA BRASIL: Rodrigo Mentz
EDITORA JURÍDICA: Manuella Santos de Castro
EDITOR DE DESENVOLVIMENTO: Aurélio Cesar Nogueira
ASSISTENTES EDITORIAIS: Isabela Leite e Larissa Nogueira
ESTAGIÁRIA DE PRODUÇÃO: Laura Roberti

DIAGRAMAÇÃO: Almedina
DESIGN DE CAPA: FBA

ISBN: 9786556274942
Abril, 2022

Dados Internacionais de Catalogação na Publicação (CIP)
(Câmara Brasileira do Livro, SP, Brasil)

Souza, Artur César de
Justiça: o que é uma decisão justa?: uma ideia de justiça ibero-americana / Artur César de Souza, Gonçal Mayos. – São Paulo: Almedina, 2022.

Inclui bibliografia
ISBN 978-65-5627-494-2

1. Ética 2. Justiça 3. Justiça – América Latina
4. Justiça – Teoria I. Mayos, Gonçal. II. Título.

22-99944 CDU-340.114

Índices para catálogo sistemático:

1. Justiça : Direito 340.114

Cibele Maria Dias - Bibliotecária - CRB-8/9427

Este livro segue as regras do novo Acordo Ortográfico da Língua Portuguesa (1990).

EDITORA: Almedina Brasil
Rua José Maria Lisboa, 860, Conj.131 e 132, Jardim Paulista | 01423-001 São Paulo | Brasil
editora@almedina.com.br
www.almedina.com.br

Dedico às pessoas que amo, especialmente minha esposa, Geovania, meus filhos Isis, Rafael, João Henrique, Bruna e às minhas adoráveis netas, Maria Alice e Isadora.

AGRADECIMENTOS

Agradeço a Deus, por mais essa oportunidade na minha vida.

Agradeço ao Engenheiro Carlos Pinto, Sofia Barraca, Manuella Santos de Castro, por mais essa oportunidade na publicação e divulgação de um trabalho jurídico e filosófico.

Agradeço ao meu estimado Orientador, Professor Gonçal Mayos, pela dedicação na construção dessa tese, e por ter, gentilmente, aceitado o convite para atuar em coautoria.

PRÓLOGO
Una idea de justicia iberoamericana

Cuando la Cumbre Judicial Iberoamericana encargó en 2004 al profesor español Manuel Atienza y al juez argentino Rodolfo L. Vigo la redacción de un código de conducta para los jueces, ya se adivinaba la hercúlea tarea que suponía diseñar un modelo de juez iberoamericano y establecer unos principios y unas virtudes morales del juez, que es una figura central en el funcionamiento de la sociedad del siglo XXI.

Felizmente, con el apoyo de una comisión de expertos integrada por jueces iberoamericanos que realizó una extraordinaria labor de recopilación de la práctica comparada y dada la complementariedad, humana e incluso ideológica, de los dos expertos, en 2006 la Cumbre adoptó un Código Iberoamericano de Ética Judicial de excelente factura y de fecunda potencialidad.

La puesta en marcha a partir del 1 de septiembre de 2006 de la Comisión Iberoamericana de Ética Judicial, dirigida en sus años fundacionales precisamente por el propio Rodolfo L. Vigo, ha permitido, en particular a través de sus dictámenes, dar vida a ideas tan reconocidas como necesarias que se enuncian con ajustada precisión mediante principios éticos como la independencia, la imparcialidad o la integridad; y que proclaman para la sociedad de nuestro tiempo virtudes tradicionales como la prudencia, la diligencia, la cortesía o la honestidad profesional. "El juez debe ejercer con moderación y prudencia el poder que acompaña al ejercicio de la función jurisdiccional", dice con contenida elocuencia el artículo 8 del Código Iberoamericano de Ética Judicial.

Su adopción tiene en cuenta la doble dimensión de la figura del juez: jurídica y ética. Sin embargo, en el siglo XX se había logrado ocultar o minusvalorar la dimensión ética del juez. Sin embargo, esto ya no es así y se puede comprobar, por ejemplo, en la reciente sentencia de 1 de diciembre de 2020 de la Gran Sala del Tribunal Europeo de Derechos Humanos donde se recuerda: los jueces deben ser seleccionados de acuerdo con sus méritos, es decir, deben cumplir unos requisitos de competencia técnica y de integridad moral para desempeñar las funciones judiciales requeridas por un Estado de Derecho (*Guðmundur Andri Ástráðsson c. Islandia*, ECLI:CE:ECHR:2020:1201JUD002637418, § 220).

Y es precisamente en este contexto en el que un juez federal de Brasil, Artur César de Souza, ha elaborado su tesis doctoral con el objetivo de abordar estos dos aspectos, el jurídico y el ético, de la figura del juez en la actual sociedad del siglo XXI.

El estudio, titulado *O critério consequencialista como fundamento normativo ético de justiça ibero-americano (Uma análise hermenêutica jurídica e filosófica)*, ha sido dirigido por los profesores Gonçal Mayos y André Luiz Freitas Dias, y el 3 de diciembre de 2020 fue defendido en la Universidad de Barcelona.

La originalidad de la tesis reside sustancialmente en preguntarse y resolver cuál es el modelo de justicia que ofrece a los jueces el Código Iberoamericano de Ética Judicial.

El punto de partida del juez De Souza son solo tres artículos del Código, los artículos 35, 36 y 37, que se insertan en un capítulo dedicado a la Justicia y Equidad.

Como si para esculpir en mármol fuese, el artículo 35 del Código Iberoamericano de Ética Judicial proclama: "El fin último de la actividad judicial es realizar la justicia por medio del Derecho".

Y a partir de aquí y en dos partes diferenciadas, el juez De Souza trata, por un lado, de saber cómo encaja esta definición en las teorías clásicas y contemporáneas de la justicia. Y, por otro lado, intenta aplicar esta concepción de la justicia al ejercicio de la función judicial poniendo de manifiesto la necesidad de ajustar sustancialmente la formación del juez a ese desafío.

Debemos congratularnos de que en su estudio el juez De Souza constate que vuelve a aplicarse el análisis ético y filosófico al ejercicio de la actividad jurisdiccional.

La mayoría de los jueces contemporáneos hemos sido educados en el más estricto positivismo pero pronto hemos notado que necesitamos airearnos y comprobados que para ser y ejercer como juez hay que tener en cuenta algo más que el derecho positivo.

Resulta significativa la notoria evolución de Atienza, y, en sentido inverso de Vigo, desde el más ortodoxo positivismo, al estilo kelseniano, hacia el cultivo de nuevos modos de acercarse al Derecho como lo han hecho paulatinamente H. Hart, N. MacCormick o R. Alexy.

Pero también la más reciente jurisprudencia del Tribunal de Justicia en relación con las derivas autoritarias de Polonia y Hungría en la Unión Europea ha recordado que Montesquieu no había muerto o al menos ha resucitado pues ningún autor hubiese suscrito los razonamientos del Tribunal de la Unión conforme al cual: "La necesidad de independencia de los tribunales, inherente a la función jurisdiccional, está integrada en el contenido esencial del derecho a la tutela judicial efectiva y del derecho a un proceso equitativo, que reviste una importancia capital como garante de la protección del conjunto de los derechos que el Derecho de la Unión confiere a los justiciables y de la salvaguarda de los valores comunes de los Estados miembros proclamados en el artículo 2 TUE, en particular el valor del Estado de Derecho. Conforme al principio de separación de poderes que caracteriza el funcionamiento de un Estado de Derecho, debe garantizarse la independencia de los tribunales frente a los Poderes Legislativo y Ejecutivo" (auto, de 14 de julio de 2021, *Comisión / Polonia (suspensión cautelar de la legislación polaca sobre medidas disciplinarias contra jueces)*, C-204/21 R, EU:C:2021:593, apartado 84).

En el repaso de las teorías de la justicia más influyentes para saber en cuál de ellas encaja el modelo de juez del Código Iberoamericano, el Dr. De Souza hace un trabajo de síntesis notable y en el repaso de las teorías de Nash, Hobbes, Kant, Hegel, Bentham y Rawls se apuntan lúcidas reflexiones de lo que significa hoy en día ser juez.

Así, por ejemplo, se comprueba que la solución propuesta por J. Rawls, de justicia como imparcialidad, se ajusta solo en parte al criterio de justicia que propugna el Código Iberoamericano porque a la perspectiva del proceso justo o juicio equitativo le falta la dimensión complementaria de la justa decisión. No en vano el artículo 2 del Código Iberoamericano lo subraya: "El juez independiente es aquel que determina desde el Derecho vigente la decisión justa, sin dejarse influir real o aparentemente por factores ajenos al Derecho mismo".

En realidad, a juicio del juez De Souza la propuesta que más se acomoda a los nuevos tiempos es la idea de la justicia de Amartya Sen. En efecto, la tesis sostiene que el Código Iberoamericano de Ética Judicial ha optado por llevar a cabo una integración del Derecho y de la Ética por lo que ya no es suficiente la idoneidad de las instituciones o la corrección del comportamiento (una concepción deontológica del juicio justo) sino que es necesario también comprobar lo que surge y cómo surge , en especial la vida que las personas son realmente capaces de vivir (desde una concepción consecuencialista de la decisión justa).

En la segunda parte, la tesis aborda el encaje del nuevo modelo de juez iberoamericano en el ejercicio de la función jurisdiccional.

Y aquí, como revelador del análisis práctico que lleva a cabo el juez De Souza, se recuerda cómo Kelsen propugnaba la pureza del método jurídico, en la Viena de hace un siglo, pero el jurista europeo no dejaba de considerar brillantemente el derecho desde otros puntos de vista como la sociología o incluso la ética.

Desde luego, el aporte más significativo de esta parte del estudio es la necesidad de garantizar una formación integral, no solo jurídica, del juez.

En suma, resulta placentero y provechoso internarse por una tesis doctoral bien escrita y ordenada, con objetivos simples y claros y con conclusiones luminosas.

Poco podría añadirse a este trabajo que no sea cómo los últimos dictámenes de la Comisión Iberoamericana de Ética Judicial en su labor de planteamiento y resolución de dilemas éticos corroboran esta misma comprensión de lo que debe ser un juez.

Precisamente el XVI dictamen sobre la acción disciplinaria y la ética en el control del comportamiento de los jueces, adoptado por la Comisión Iberoamericana el 23 de septiembre de 2021, pone de manifiesto la necesidad de distinguir entre la perspectiva jurídica, en este caso la que permite exigir la responsabilidad jurídica del juez, y la perspectiva ética, la que se ocupa de la responsabilidad moral del juez. En este dictamen queda claro el sustrato moral, ético, del Derecho, que impregna, sin lugar a dudas, la tarea de interpretación y aplicación del juez, y por eso recomienda tener en cuenta esa doble dimensión jurídica y moral del juez, sometida a mecanismos de control jurídico y ético, sensiblemente diferentes.

En suma, si algo pone de manifiesto este estudio es que el juez no deja de ser un artesano del Derecho, un orfebre cuya materia prima es el Derecho, pero que no debe olvidarse lo importante que es no solo la pericia en el Derecho, en la jurisprudencia, sino la sensibilidad del aplicador para ser útil en la sociedad.

Emulando al retórico clásico Quintiliano bien se podía definir al juez como "vir bonus iuris dicendi peritus", lo que, con las adaptaciones necesarias a nuestra época, se traduciría en que el juez debería ser una persona de buena conducta que sepa Derecho.

Alegra saber que en ayuda del desarrollo de las funciones del juez vuelven los filósofos para explicarnos cómo, con el permiso de J. L. Austin y su irrepetible *How to Do Things with Words*, la labor de un juez consiste en hacer cosas con casos.

Pero también deben venir en nuestra ayuda, como jueces, el sentido común y una moralidad acorde con la sociedad en la que vivimos.

A esto se refería el jurista francés Jean Rivero que lo explicaba hace 60 años con una deliciosa alegoría. La tribu de los indios hurones del Canadá también tenían algo que enseñar a los jueces del Consejo de Estado francés, que, desde su creación por Napoleón Bonaparte al calor de la Revolución, había desarrollado una formidable teoría del control del poder pero que, no obstante, tenía pasmosas debilidades prácticas por ejemplo a la hora de ejecutar las sentencias contra la Administración.

Y así expresaba el indio hurón, que tan ilusionado llegaba a París a aprender el sublime Derecho administrativo, la relación entre la justicia y el derecho que le habían enseñado en su tribu: "Nous autres, bons sauvages, nous sommes des esprits simples: nous pensons que la justice est faite pour le justiciable, et sa valeur se mesure en termes de vie quotidienne. Ce n'est pas le développement du Droit qui nous intéresse, c'est la protection efficace qu'en tire le particulier" [Nosotros, buenos salvajes, somos espíritus simples; pensamos que la justicia se ha hecho para el justiciable y su valor se mide en términos de vida cotidiana. No nos interesa tanto el desarrollo del Derecho como la protección eficaz que ofrezca al particular].

El estudio del juez De Souza, realizado a partir del Código Iberoamericano de Ética Judicial, ha logrado recordar, con las herramientas jurídicas pero también las de filosofía política, esa vinculación entre el derecho y la justicia, poniendo de manifiesto las distintas facetas de los jueces en la sociedad en que vivimos.

DAVID ORDÓÑEZ SOLÍS
Magistrado español, doctor en Derecho y secretario Ejecutivo de la Comisión Iberoamericana de Ética Judicial

SUMÁRIO

SEGUNDA PARTE – **DOS PRESSUPOSTOS E DOS MARCOS ESTRUTURANTES DO DESVELAMENTO DO CRITÉRIO DE JUSTIÇA NO CÓDIGO IBERO-AMERICANO DE ÉTICA JUDICIAL**

"A teoria política tradicional girou em torno de dois polos, as noções de poder e de justiça. Falar em justiça se tornou intelectualmente perigoso. As inibições criadas por nossa experiência histórica e pela honestidade analítica são esmagadoras. Além disso, a própria noção de justiça política implica em um imperativo moral – e, como tal, além do que se sabe existir. A menos que admitamos que a própria noção não faça sentido, ela exige pelo menos uma dose de utopismo até considerar a justiça, sendo que esse utopismo, como vimos amplamente, está ausente hoje"

(JUDITH N. SHKLAR)

Introdução

O Código Ibero-Americano de Ética Judicial, originário da Declaração de Copán-San Salvador, constituída pela Cúpula Judicial Ibero-Americana em agosto de 2004, pode ser considerado como um dos mais importantes preceitos normativos (não jurídicos) éticos da magistratura, no âmbito das Américas, bem como da Espanha e de Portugal.

Dentre as diversas virtudes preconizadas pelo referido texto normativo, encontra-se aquela que se constitui como um verdadeiro catalizador teleológico da ética judicial, ou seja, a afirmação de que o *fim último da atividade jurisdicional é a realização da JUSTIÇA por meio do direito.*

Pelo que se sabe, não há em nenhum outro texto normativo de ética judicial a expressão *JUSTIÇA* como *fim último do exercício da atividade jurisdicional.*

O ineditismo do Código Ibero-Americano de Ética Judicial em trazer uma perspectiva filosófica para a ideia de direito, no caso, o senso de justiça, é de extrema importância, pois está de acordo com os anseios sociais das diversas culturas baseadas em regimes republicanos e democráticos.

Porém, não obstante a importância do referencial *JUSTIÇA* em um código de ética judicial, necessita-se ir mais além, no sentido de se apontar/desvelar qual concepção de justiça o texto normativo faz referência, diante dos diversos critérios existentes na história da filosofia.

A tese central do presente trabalho é justamente procurar desvelar entre as diversas teorias de justiça, aquela que melhor se amolda ao Código Ibero-Americano de Ética Judicial.

A resposta a essa indagação, para não se romper com a sistematização aqui proposta, deverá ser encontrada no próprio Código Ibero-Americano de Ética Judicial, a fim de se manter uma coerência lógica e racional na estruturação da presente tese.

Para se responder à pergunta formulada na presente tese, deve-se primeiramente percorrer um longo e necessário caminho sistêmico fundado em concepções teóricas filosóficas.

Ao contrário dos métodos tradicionais de desenvolvido de um trabalho acadêmico, pretende-se apresentar, de imediato, a tese em si, ou seja, apontar ao leitor, por meio de uma interpretação filosófica e jurídica, qual seria o critério de justiça adotado pelo Código Ibero-Americano de Ética Judicial, antecipando o objeto principal do trabalho e permitindo ao leitor uma visão global da proposta formulada.

Assim, na primeira parte da tese, pretende-se, em primeiro lugar, apresentar uma síntese do transcurso histórico da elaboração do Código Ibero-Americano de Ética Judicial, tendo como ponto de referência os Princípios de Bangalore. Na sequência, sustenta-se a relevância do texto normativo de ética judicial como um importante retorno às concepções éticas/filosóficas. No terceiro momento, com base na filosofia jurídica indiana descrita por Amartya Sen, aponta-se o critério *consequencialista* como fundamento normativo ético da justiça ibero-americana, reforçando a necessidade de se proceder à distinção entre a expectativa de um 'justo processo' e de uma 'justa decisão', assim como a conclusão de que o critério consequencialista constitui-se como um importante contraponto às injustiças sociais, econômicas e culturais. No quarto momento, após reconhecer-se qual seria o critério de justiça como fundamento de uma tomada de decisão justa, e para que a apresente tese não se restrinja a critérios éticos abstratos e formais, indica-se a ética material como guia para a realização da justiça com base no critério consequencialista.

Na segunda parte da tese, tem-se por objetivo promover a descrição dos marcos estruturais da opção hermenêutica do critério consequencialista. Inicia-se com a origem do termo justiça, indagando-se se o pensar o justo seria uma reflexão racional ou não. No segundo momento, promove-se uma incursão pelo sistema normativo ético e pelo sistema normativo jurídico, em especial sobre a questão da racionalidade e irracionalidade nos critérios de tomada de decisão. No terceiro momento, apontam-se dois importantes pilares de sustentação para se reconhecer a concepção consequencialista como critério legitimador da justiça ibero-americano: a) a consagração da perspectiva unidimensional do ser humano, criticando a cisão proposta até então pelo iluminismo;

b) o reconhecimento *multicultural* e a relação *interdisciplinar/transdisciplinar* como requisitos legitimadores da justiça ibero-americana. No quarto momento, o desvelamento hermenêutico do critério de justiça apresentado no início da tese e previsto no Código Ibero-Americano de Ética Judicial exige uma inevitável e importante incursão sobre as diversas teorias de justiça, entre elas, as preconizadas por John Forbes Nash, Thomas Hobbes, Immanuel Kant, Hegel, Jeremy Bentham, Sidgwick, Edgeworth, Pigou, John Rawls, até se chegar na concepção consequencialista de Amartya Sen. Após a incursão pelas diversas teorias de justiça, reforça-se a conclusão de que o Código Ibero-Americano de Ética Judicial adota a concepção filosófica *consequencialista,* em especial a filosofia jurídica indiana, como critério a ser observado pelo juiz ibero-americano. Com base nessa concepção, realiza-se a diferenciação entre o 'processo justo' *(niti)* e a 'justa decisão (*nyaya*), estabelecendo-se que não é suficiente a existência de instituições justas e corretas, sem que o juiz leve em consideração o que surge e como surge e a vida que as pessoas possam efetivamente viver. O desvelamento do critério justiça, com base no consequencialismo, sugere que o juiz tenha em mente a aplicação da ética material como filosofia primeira, com base na produção, reprodução e desenvolvimento da vida humana, em outras palavras, na dignidade do ser humano.

Mas para que o critério de justiça recomendado pelo Código Ibero-Americano de Ética Judicial tenha eficácia transformadora no exercício da atividade jurisdicional, será necessária uma nova formação acadêmica do juiz ibero-americano, consubstanciada no imperativo ético e deontológico fundamental da aplicação do direito por meio da justiça, o qual não pode estar dissociado "da necessidade de uma formação interdisciplinar e multicultural sólida e de uma cultura judiciária que forneça efetivos valores de referência para a compreensão dos novos contextos políticos, culturais e sociais.

O desafio está lançado, mas para que se possam alcançar os resultados almejados, há necessidade de se desvestir dos preconceitos que nos impulsionam para uma postura reacionária e estática, como é natural do ser humano, não só como mecanismo de proteção de suas bases já alcançadas, mas, principalmente, como defesa inconsciente diante de propostas que visam a alçar novos voos nesse inesgotável campo do conhecimento.

Primeira Parte
Desvelamento do Critério de Justiça no Código Ibero-Americano de Ética Judicial

1. Síntese histórica e sistemática do Código Ibero-Americano de Ética Judicial

Sendo o objetivo central da presente tese pontuar o critério de justiça proposto pelo Código Ibero-Americano de Ética Judicial, torna-se importante demonstrar, em primeiro lugar, a síntese histórica da elaboração do texto ético normativo em referência.

No agir justo, a ética tem-se mostrado como importante barreira de responsabilidade contra o mau uso da ciência e da técnica na esfera da vida, das condutas predatórias que atingem o meio ambiente, dos negócios, do papel da mídia e das atividades políticas e sociais redutoras do espaço da liberdade do ser humano.[1]

Pensando nessa barreira ética de responsabilidade e no agir justo, a convite do Centro de Prevenção para Crimes Internacionais das Nações Unidas (ONU), foi proposta a elaboração de uma normatização de conduta ética judicial que pudesse servir de base para o exercício da função jurisdicional globalizada.

No ano de 2000, em Viena, na Áustria, deu-se início à elaboração dos princípios normativos éticos que deveriam regular a conduta dos juízes em âmbito internacional.

[1] Carvalho, José Maurício. *Problemas e teorias da ética contemporânea.* Porto Alegre: Coleção Filosófica 170, 2004. p. 10.

Após ampla discussão ocorrida entre juízes da *common law* e *civil law*, os princípios éticos de conduta judicial foram apresentados à comunidade internacional no ano de 2001, em Bangalore, na Índia.[2]

Em junho de 2002, em um encontro realizado em Estrasburgo, na França, o projeto de código foi revisado pelo Grupo de Trabalho do Conselho Consultivo de Juízes Europeus (GTCCE).

Finalmente, os *Princípios de Bangalore* foram aprovados no ano de 2002, em Haia, na Holanda.

Os Princípios de Bangalore correspondem a um projeto de Código de Ética Judicial de âmbito global, elaborado com base em outros códigos e estatutos nacionais, regionais e internacionais sobre o tema, entre eles, a Declaração Universal dos Direitos Humanos da ONU.

A elaboração dos Princípios de Bangalore, justamente por se basear em outros códigos e estatutos nacionais, regionais e internacionais, teve por preocupação reconhecer a diversidade cultural no trato do comportamento dos membros da magistratura.

Os *Princípios de Bangalore,* e aqui reside o interesse maior deste trabalho, também serviram de fonte inspiradora para a elaboração e constituição de outra normatização ética de conduta judicial. Trata-se do *Código Modelo Ibero-Americano de Ética Judicial,* elaborado pela Cumbre Judicial Ibero-Americana, composta por 23 (vinte e três) países: Andorra, Argentina, Bolívia, Brasil, Chile, Colômbia, Costa Rica, Cuba, Equador, El Salvador, Espanha, Guatemala, Honduras, México, Nicarágua, Panamá, Paraguai, Peru, Portugal, Porto Rico, República Dominicana, Uruguai e Venezuela.[3]

[2] Daí por que se denominar de Código de Bangalore ou Princípios de Bangalore.

[3] "La Cumbre Judicial Iberoamericana es una organización que vertebra la cooperación y concertación entre los Poderes Judiciales de 23 países de la comunidad iberoamericana de naciones, aglutinando en un solo foro a las máximas instancias y órganos de gobierno de los sistemas judiciales iberoamericanos. Reúne en su seno a los Presidentes de las Cortes Supremas y Tribunales Supremos de Justicia y a los máximos responsables de los Consejos de la Judicatura iberoamericanos.

El principal objetivo de la Cumbre Judicial Iberoamericana es la adopción de proyectos y acciones concertadas, desde la convicción de que la existencia de un acervo cultural común constituye un instrumento privilegiado que, sin menoscabo del necesario res-

Na Declaração de *Copán-San Salvador*, constituída em agosto de 2004, pela Cúpula Ibero-Americana de Ética Judicial, confirmou-se a necessidade de se elaborar e de se redigir um Código Modelo de Ética Judicial para países Ibero-Americanos. Tal tarefa incumbiu-se ao especialista Manuel Atienza (filósofo-jurista da Universidade de Alicante) e a Rodolfo Luis Vigo (doutor em ciências jurídicas e sociais na Argentina), bem como a uma Comissão integrada por representantes da Colômbia, Espanha, Guatemala, Honduras e Peru, sendo essa comissão presidida por Eduardo Orio do Conselho da Magistratura da Argentina e por Eduardo Ferrer MacGregor da Corte Suprema de Justiça do México.

Tanto Manuel Atienza como Rodolfo Luis Vigo estavam conscientes de que, para elaboração de um código modelo de ética judicial, havia diferenças jusfilosóficas e pertinências culturais não totalmente coincidentes, como a europeia e a latino-americana, o que de certa forma poderia ser um entrave na busca de soluções para a questão ética da magistratura ibero-americana. Por outro lado, isso exigia dos participantes da comissão um amplo diálogo racional na busca de indispensável consenso. Disso

peto a la diferencia, contribuye al fortalecimiento del Poder Judicial y, por extensión, del sistema democrático.

En su formato actual, la Cumbre Judicial Iberoamericana es el resultado de la fusión o convergencia, a partir del mes de junio de 2004, de dos estructuras anteriores: la Cumbre Iberoamericana de Presidentes de Cortes Supremas y Tribunales Supremos de Justicia y el Encuentro Iberoamericano de Consejos de la Judicatura.

La Cumbre Iberoamericana de Presidentes de Cortes Supremas y Tribunales Supremos de Justicia fue a su vez el resultado de un proceso que se inició en Madrid en el año 1990, y continuó en sucesivas ediciones durante los años 1993 y 1997 (ambas en Madrid), 1998 y 1999 (ambas en Caracas), 2000 (en Canarias), 2002 (en Cancún) y 2004 (en El Salvador). Por su parte, el Encuentro Iberoamericano de Consejos de la Judicatura celebró en Honduras, en el año 2004, su IV reunión plenaria, después de celebrarse las anteriores en Sucre (1998), Barcelona (2000) y Zacatecas (2002).

La Cumbre Judicial Iberoamericana cuenta con sus normas de funcionamiento interno, así como con una Secretaría Permanente, actualmente desempeñada por el Consejo General del Poder Judicial del Reino de España. Su función es coordinar y prestar asistencia a la Secretarías Pro-tempore, que recae en los países anfitriones de las sucesivas ediciones, encargados de la organización de los eventos" (http://www.poderjudicial.es/cgpj/es/Temas/Relaciones-internacionales/Relaciones-internacionales-institucionales/Iberoamerica/Cumbre-Judicial-Iberoamericana/, acesso em 06/06/2018).

resultava que as normas éticas ibero-americanas a serem constituídas não poderiam ser consideradas como patrimônio implícito ou explícito de alguma orientação jusfilosófica ou ética particular, uma vez que o seu objetivo era configurar ou consagrar exigências éticas concretas no que diz respeito à 'excelência judicial', a partir da perspectiva predominante do interesse das diferentes sociedades para as quais os juízes e magistrados prestavam suas funções.[4]

Construído o necessário consenso, a elaboração e constituição do Código Modelo Ibero-Americano de Ética Judicial teve por finalidade delinear alguns postulados de regulação da conduta profissional daquele que por prerrogativa Constitucional se encontra investido no exercício da atividade jurisdicional. Tais postulados representam a base ideal de modulação da racionalidade prática da magistratura ibero-americana, segundo genuínas *virtudes*[5] preconizadas pelo texto normativo (não jurí-

[4] https://www.csm.org.pt/ficheiros/internacional/codigoiberoamericanoetica-judicial_pt.pdf#targetText=C%C3%B3digo%20Ibero%2Damericano%20de%20%C3%A9tica,%2D%20Bras%C3%ADlia%20%3A%20CJF%2C%202008.&target-Text=Honestidade%2C%20independ%C3%AAncia%20e%20imparcialidade%20s%C3%A3o,n%C3%A3o%20se%20cogita%2C%20igualmente%20importantes. Acesso em 28.08.2019.

[5] "Tomem uma virtude. Já que é uma excelência, é uma 'prâxis', uma ação, que só pode ter uma forma. Assim, nem todo desejo é necessariamente virtuoso (ou excelente): para isto é preciso a razão, e por isso o desejo racional é também uma escolha (proaíresis), e quem diz escolha diz não apenas deliberação, mas pré-deliberação; 'seu nome parece dar a entender que é o que foi 'escolhido antes' de outras coisas' (Ética a Nicômaco III, 4, 1111, b. 10. 1111, a, 17... A virtude é, portanto, uma *héxis proairetike* (disposição permanente adquirida pelo ser, que o leva a agir de uma maneira deliberada). Ela se mantém na 'mesotes' (cume que forma a justa medida, fio de navalha entre os dois excessos para mais e para menos), mas numa 'mesotes' relativa a cada qual, e tal como a determinaria, se estivesse em seu lugar, o 'phónimos (o homem que possui ´phrónesis', sabedoria prática, competência). É por isso que esta 'mesotes', vista na ordem da excelência e do perfeito, é um auge (Ética a Nicômaco II, 6, 1106, b, 35-1107, a, 7). (MILET, Louis. *Aristóteles*. Trad. Roberto Leal Ferreira. São Paulo: Martins Fontes, 1990. p. 135 e 136.).

Segundo Ortega y Gasset: *"Salvo casos singulares e extrapolados, quase todos os homens têm as mesmas qualidades positivas e negativas, mas cada um as tem em diferente lugar ou extrato de sua personalidade, e isso é o decisivo. Pedro e João são generosos, mas Pedro o é no extrato mais profundo e energético do seu ser; enquanto João tem a generosidade só na superfície"*. (ORTEGA Y GASSET, *El hombre y la gente*. Obras completas. Vol. VII, 2ª reimpresión. Madrid: Alianza, 1997. p. 185).

dico) de ética judicial. Dentre esses postulados de virtude jurisdicional, destaca-se aquele que de certa forma age como *catalisador* dos demais critérios éticos ou princípios normativos (não jurídicos) de regulação da conduta do juiz, isto é, aquele que corresponde ao *fim último do exercício da atividade jurisdicional e* que se encontra regulamentado no Capítulo V, artigos 35 a 40, do Código Modelo Ibero-Americano de Ética Judicial, ou seja, *a JUSTIÇA*.[6]

Segundo estabelece o art. 35 do Código Modelo Ibero-Americano de Ética Judicial, o fim último do exercício da atividade jurisdicional é justamente a realização da *JUSTIÇA por meio do Direito*.[7]

A inserção, no Código Modelo Ibero-Americano de Ética Judicial, do postulado ético – *JUSTIÇA* – como fim último do exercício da atividade jurisdicional é o que o diferencia do Código/Princípios de Bangalore, assim como dos demais textos normativos de ética judicial.

Na realidade, vícios e virtudes são, pois, uma questão de caráter, ou de estruturas típicas que traduzem o comportamento representativo de uma dada sociedade, sendo que a avaliação das topografias comportamentais se modifica com o tempo; porém, as células destes comportamentos estão em todos os membros da sociedade. (Carvalho. José Maurício. Vida e valores na filosofia da razão vital de Ortega y Gasset. In: *Problemas e teorias da ética contemporânea*. Porto Alegre: Coleção Filosofia 170, 2004. p. 107.).

[6] CAPÍTULO V
Justicia y Equidad
ART. 35 – El fin último de la actividad judicial es realizar la justicia por medio del Derecho.
ART. 36 – La exigencia de equidad deriva de la necesidad de atemperar, con criterios de justicia, las consecuencias personales, familiares o sociales desfavorables surgidas por la inevitable abstracción y generalidad de las leyes.
ART. 37 – El juez equitativo es el que, sin transgredir el Derecho vigente, toma en cuenta las peculiaridades del caso y lo resuelve basándose en criterios coherentes con los valores del ordenamiento y que puedan extenderse a todos los casos sustancialmente semejantes.
ART. 38 – En las esferas de discrecionalidad que le ofrece el Derecho, el juez deberá orientarse por consideraciones de justicia y de equidad.
ART. 39 – En todos los procesos, el uso de la equidad estará especialmente orientado a lograr una efectiva igualdad de todos ante la ley.
ART. 40 – El juez debe sentirse vinculado no sólo por el texto de las normas jurídicas vigentes, sino también por las razones en las que ellas se fundamentan.

[7] É importante salientar que exigência de realização de justiça por meio de direito somente foi inserida no Código Modelo Iberoamericano de Ética Judicial, não tendo sido incorporada nos Princípios de Bangalore.

A sutileza e a importância do Código Modelo Ibero-Americano de Ética Judicial reside justamente na exigência da realização da *JUSTIÇA* como critério ético do exercício da atividade jurisdicional, sendo o único código normativo de ética judicial contemporâneo que consigna expressamente a *Justiça* como elemento catalisador de toda atividade judicial ibero-americana.

A inserção do critério *JUSTIÇA*, como conteúdo normativo ético, expressamente consignada no art. 35 do Código Ibero-Americano de Ética Judicial, em razão do seu ineditismo deontológico, é o objeto principal da tese a ser desenvolvida no presente trabalho.

Em que pese o Código Modelo Ibero-Americano de Ética Judicial preconize que o fim último da atividade judicial seja a realização da *JUSTIÇA* por meio do direito, tal concepção deontológica, genérica e abstrata, exige um trabalho hermenêutico profundo e criterioso no sentido de se responder à seguinte indagação: *Qual critério de justiça o Código Ibero-Americano de Ética Judicial pretende recomendar aos juízes ibero-americanos?*

Parte-se do princípio de que é insuficiente e inconsistente a simples inserção deontológica do postulado *JUSTIÇA* como critério ético normativo da conduta judicial, sem que se desvele qual concepção de justiça deverá ser observada pelo juiz no exercício de sua atividade, especialmente pelo fato de que não existe um consenso filosófico do que se entende por *JUSTIÇA*.[8]

A tese central do presente trabalho encontra-se justamente na pretensão (sem caráter absoluto) de responder à seguinte indagação: *Qual critério de justiça o Código Ibero-Americano de Ética Judicial pretende indicar aos juízes como fim último do exercício da atividade jurisdicional?*

[8] "*O conflito entre as diversas concepções de justiça remonta à Antiguidade. Platão, que é autor do mais velho tratado sobre a justiça que se conhece, já observa em Alcibíades (112b) que o desacordo dos homens no que diz respeito ao que é justo ou injusto é tal que eles são capazes de se matar. Platão eleva esse conflito ao princípio de organização de sua discussão sobre a justiça, e Aristóteles considera que as querelas em torno de um conceito de justiça colocam-no diante do desafio de efetuar uma análise filosófica sobre o bem e o justo*". (FARAGO, France. *A justiça*. Trad. Maria Jose Pontieri. Barueri: Editora Manole, 2004. p. XVII).

2. O retorno e a importância da análise ética e da filosofia no exercício da atividade jurisdicional

A pretensão de se desvelar o critério de justiça no âmbito do Código Ibero-Americano de Ética Judicial, nada mais significa do que escrever sobre determinada concepção filosófica, ou seja, a *ética.*

É certo, porém, que escrever sobre ética não assegurava, até algum tempo atrás, um lugar na história da filosofia, pois grande parte de pensadores do século passado ou não escreveram nada sobre ética ou não publicaram, como Sartre, Heidegger, Merleau Ponty ou A. N. Whitehead. Raros pensadores, como Max Scheler ou G.E. Moore, adquiriram renome por sua obra ética.[9]

Conforme bem asseverou Gonçal Mayos, em muitos sentidos a chamada 'modernidade líquida' (Bauman 2005) e a "pós-modernidade (Lyotarde 1984, Vattimo 1998) tiveram, indubitavelmente, *um impacto negativo na filosofia, inclusive desvalorizando seu significado*. Certamente, essas ideias e os movimentos associados com elas não são especialmente contrários à filosofia, pois inclusive são protagonizados por filósofos pensadores de grande bagagem nas mais antigas epistemes. Porém, essas perspectivas participam de uma dialética que acentua a lenta marginalização, que já na modernidade inicial estava subordinando, desprezando e substituindo os enfoques explicitamente filosóficos por outros mais "positivistas", "científicos" e de aplicação tecnológica.[10]

Talvez um dos fatores que contribuiu para o descrédito da ética entre os pensadores modernos foi justamente o próprio descrédito do ser humano e a perda de sua inocência e de sua capacidade crítica de pensar e refletir.

Nos Séculos XVIII, XIX e início do Século XX, havia na Europa muita gente que aceitava a autoridade moral. Pensava-se que existia uma lei

[9] Macedo, Ubiratan Borges. A aventura da ética filosófica no século XX. In: *Problemas e teorias da ética contemporânea.* José Maurício de Carvalho (Org). Porto Alegre: Coleção Filosófica 170, 2004. p. 10.

[10] Mayos, Gonçal. Macrofilosofía, las 'dos culturas' y la era de la postdisciplinaridad. In: *Interdisciplinaridade e Interconstitucionalidade 2.* Coord: Gonçal Mayos; Renato César Cardoso; Moacir Henrique Júnior. Uberlândia: Laboratório Americano de Estudos Constitucionais Comparados, 2019. posição 370 (e-book).

moral e que era evidente a necessidade de obedecê-la. Immanuel Kant, por exemplo, fazia referência a duas coisas que enchiam a mente de admiração e veneração, *'o céu estrelado sobre mim e a lei moral dentro de mim'*. Em Cambridge, 1895, um século depois de Kant, Lord Acton ainda não duvidava: *'As opiniões mudam, os costumes mudam, os credos surgem e caem, porém a lei moral está escrita em 'las tablitas' da eternidade'*. No começo do Século XX, os europeus reflexivos poderiam também acreditar no progresso moral e pensar que o vício e a barbárie humanos estavam em retrocesso. Porém, a descrença desse suposto progresso moral foi tornando-se cada vez mais evidente, uma vez que os problemas são derivados dos fatos.[11]

A larga história de crueldade e assassinatos do Século XX é demasiada familiar: a matança mútua da Primeira Guerra Mundial, o terror da fome na Ucrânia, *el Gulac*, Auschwitz, Dresde, a ferrovia de Birmânia, Hiroshima, Vietnã, a Revolução Cultural da China, Camboja, Ruanda, o colapso da Yugoslávia, sem mencionar outros. Devido a esses fatos, é difícil, realmente, pensar que a ética segue sendo justa como se pensava anteriormente.[12]

Não obstante essas incompreensíveis circunstâncias factuais (todos elas antiéticas e injustas), acredita-se que a ética sempre teve e continua tendo um importante papel na correção e na justiça na tomada de decisões.

Na tradição kantiana, entendia-se por 'moral' a atitude universalista em que se poderia respeitar todos os sujeitos de maneira igual como 'fins em si mesmos' ou como pessoas autônomas. O termo 'eticidade', por sua vez, referia-se ao *ethos* de um mundo da vida particular que se tornou hábito, do qual só se podem fazer juízos normativos na medida em que ele é capaz de se aproximar das exigências daqueles princípios morais universais.[13]

Contra essa tradição kantiana foi levantada a objeção de que ela deixava sem resposta uma questão decisiva, visto que não seria capaz de

[11] Glover, Jonathan. *Humanidad e Inhumanidad – una historia moral del siglo XX*. Trad. De Marco Aurlio Galmarini. Cuarta Edicion. Madrid: Cátedra, 2013. 18.

[12] Glover,J. idem, p. 19.

[13] Honneth, Axel. *Luta por reconhecimento – a gramática moral dos conflitos sociais*. São Paulo, 2003. p. 270.

identificar o fim da moral em seu todo nos objetivos concretos do ser humano.[14]

O Código Ibero-Americano de Ética Judicial, no que concerne ao Poder Judiciário, procura identificar a finalidade da ética nos objetivos concretos do ser humano, especialmente quando afirma que o fim último da atividade jurisdicional é a realização da *JUSTIÇA* por meio do direito.

O critério de justiça preconizado pelo Código Ibero-Americano de Ética Judicial não pode ser atomista ou solipsista, ainda que tenha por objetivo alcançar a sua universalidade; é necessário valorizar a constituição ética social e intercultural, num entrelaçamento constante de valorização ética.

A preocupação inserida neste trabalho, em relação ao desvelamento do critério de justiça estabelecido pelo Código Ibero-Americano de Ética Judicial, tem por objetivo, de certa forma, regatar a importância da ética como *filosofia primeira*, anterior a qualquer ontologia.

O resgate da ética preconizado pelo Código Ibero-Americano também visa a valorizar a filosofia no contexto da própria ciência jurídica, reconhecendo a importância da *macrofilosofia*.[15]

Ainda que se reconheça que este é um tempo de rompimento com as tradições filosóficas, não se pode negar que se vive em um século preocupado em pensar o horizonte axiológico que o cerca.

Atualmente, tudo parece anunciar um retorno à reflexão axiológica e filosófica, como, por exemplo, a bioética, ética dos negócios e das empresas, ética no trato da coisa pública e na política, ética do dinheiro, enfim, uma constante busca pela renovação ética que se pode denominar, nos anos vindouros, de renovação ética, 'anos da ética'.

[14] Honneth A. Idem. Ibidem.

[15] "La macrofilosofía **recupera la actitud grecoclásica** pero asumiendo el sistema de saberes actuales que es mucho más complejo y escindido. Hoy se necesita una disciplina como la macrofilosofía que ayude a **cuestionar con espíritu transdisciplinar**, a **analizar críticamente** las cuestiones desde las distintas perspectivas relevantes, a **sintetizarlas** eficazmente y a **transmitirlas a la ciudadanía** de forma clara pero con la suficiente complejidad y explicando porqué hay que pensarlas. Y los Nuevos Movimientos Sociales necesitan de este tipo de aproximación". *In:* Gonçal Mayos http://goncalmayossolsona.blogspot.com/2021/10/entrevista-macrofilosofia-nms.html. Acesso em 29.11.2021.

Esse retorno da ética e da filosofia não poderia deixar de fora o exercício da atividade jurisdicional, ou seja, a forma como os juízes promovem a resolução dos conflitos apresentados ao Poder Judiciário.

A importância do Código Ibero-Americano de Ética Judicial, como um retorno à preocupação do senso de virtude do juiz no exercício de sua atividade profissional, um retorno à preocupação com a justiça da tomada de decisão, é, sem dúvida, um grande momento de valorização da ética filosofia no âmbito da ciência jurídica.

A justiça é uma virtude, uma excelência na ação, uma busca pela ação mais correta possível. Por meio desse comportamento, o ser-humano revela toda a sua humanidade.

Pensar a *justiça* em um mundo em que a relativização da própria verdade está arraigada no âmbito social, não é uma tarefa fácil para aqueles que tentam encontrar uma fundamentação racional para esse valor de consolidação do reconhecimento humano na sua própria humanidade.[16]

O objetivo deste trabalho é justamente pensar a questão ética da justiça no âmbito de um código normativo regulador do exercício de atividade jurisdicional, mediante retorno à ética como filosofia primeira.

3. A *Justiça* como questão ética problematizadora do Código Ibero-Americano de Ética Judicial

Nas palavras de Judith N. Shklar, *"Justice is the Center of Stoic thought, old and new.*[17]

A idealização reflexiva sobre a justiça, portanto, corresponde ao centro do pensamento estruturante da tese ora proposta.

Em uma primeira perspectiva, a *justiça* caracteriza-se por ser um *atributo do indivíduo.* Por isso, diz-se que um indivíduo, especialmente um legislador ou um juiz, é justo ou injusto. Nesse sentido, a justiça é repre-

[16] *"Em seu escrito sobre o 'Fundamento do direito natural', Fichte havia concebido o reconhecimento como uma 'ação recíproca' entre indivíduos, subjacente à relação jurídica: no apelo recíproco à ação livre e na limitação simultânea da própria esfera de ação a favor do outro, constitui-se entre os sujeitos a consciência comum, que depois alcança validade objetiva na relação jurídica".* (HONNETH, Axel. *Luta por reconhecimento – a gramática moral dos conflitos sociais.* São Paulo, 2003. p. 46).

[17] SHKLAR, Judith N. *After utopia – the decline of political faith.* New Jersey: Princeton University, 2015. p. 11

sentada como uma *virtude dos indivíduos*.[18] Entre as máximas de Teognis (século VI a. C.) figura: *'toda virtude está, por fim, contida na justiça'*; ou *'a justiça encerra em si mesma toda virtude'*".[19] O mesmo acontece com a ética de Aristóteles, que consagrou um livro inteiro à justiça (*Ética a Nicômaco* V). Segundo o filósofo grego, a justiça ocupa o lugar de honra entre todas as virtudes. Ela é, diz Aristóteles, a mais poderosa (*kratistè*) dentre elas (V, 3, 1129b 27). Para ele, a justiça é a aplicação de todas as virtudes a respeito da sociedade humana (V, 5 113ob 11).

Em uma segunda perspectiva, a *justiça*, conforme asseverou John Rawls, seria a primeira e fundamental virtude *das instituições sociais*, como a verdade é dos sistemas de pensamento.[20] O conceito de *Justiça*, nessa ótica, vai além de uma análise solipsista de virtude individual, pois é, também, um conceito de legitimação do poder de coação por meio das instituições sociais justas.[21]

Os modernos realizaram um deslocamento da questão do 'bem' em direção à questão do 'justo'. Em regra, todas as teorias liberais – de Kant (que foi o primeiro a afirmar a prioridade do justo sobre o bem) a Rawls e Habermas – provêm de um postulado universalista e formalista que afirma a racionalidade possível da escolha de certo número de princípios normativos concernentes ao justo. Ao mesmo tempo, o liberalismo denuncia a ilusão de acreditar que as sociedades democráticas possam,

[18] KELSEN, Hans. *O problema da justiça*. Trad. João Baptista Machado. 2ª ed. São Paulo: Martins Fontes, 1996. p. 3 e 4.

[19] FARAGO, France. *A justiça*. Trad. Maria Jose Pontieri. Barueri: Editora Manole, 2004. p. 4.

[20] RAWLS, John. *Uma teoria da justiça*. São Paulo: Martins Fontes, 2002. p. 03.

[21] *"É notável que as sociedades democráticas, ao sair da guerra, tenham tido todas elas a intuição de que o direito, como simples legalidade positivista, não conseguiria se autofundar. O preocupar-se novamente com o justo em sua dimensão ética no direito após o positivismo do século XIX e o formalismo do começo do século XX está, com efeito, ligado às conseqüências tiradas das maiores catástrofes antropológicas provadas pelos totalitarismos. Depois da segunda guerra mundial, o direito positivo subordinou-se aos princípios fundamentais da filosofia política mostrando uma concepção ética do homem e da vida em sociedade, incorporados nas constituições nacionais e convenções internacionais e sancionados por jurisdições. A barbárie do século XX obrigou à modernidade a voltar às declarações dos direitos e deveres do homem devolvendo ao direito uma base filosófica e moral, um conteúdo superior à simples positividade já que os Estados se mostram capazes de cair no pior arbítrio"*. (FARAGO, F., op. cit., p. 162).

em sua diversidade, ser governadas a partir de uma concepção única do 'bem'.[22]

Após a publicação da Teoria da Justiça de John Rawls, há uma tendência ao retorno da prioridade do 'bem' sobre o 'justo'. Essa tendência, valendo-se de Aristóteles, MacIntyre, Charles Taylor, Michael Walzer, Michael Sandel, critica a ideia de que a justiça possa ser separada da consideração do bem.[23]

Esse constante debate filosófico entre justiça como virtude individual e justiça como princípio de legitimação das instituições sociais é frequentemente descrito como a oposição entre os partidários do 'justo' e os partidários do 'bem'. Porém, seja numa perspectiva de *virtude individual* (o bem sobre o justo), seja numa dimensão legitimadora das *instituições sociais* (o justo sobre o bem), o certo é que o Código Ibero-Americano de Ética Judicial preceitua em seu art. 35 que o *fim último da atividade jurisdicional* é o realizar *a justiça por meio do Direito*. Por isso, esse postulado normativo fundamental deve concretizar-se no maior grau de eficácia possível, na medida em que os princípios são normas que ordenam que algo seja realizado na maior medida possível, dentro das possibilidades reais existentes.[24]

Mas para que esse postulado normativo regulador da conduta do magistrado tenha o maior grau de eficácia possível (*mandado de optimização)*, não basta a sua simples inserção simbólica, abstrata e meramente deontológica formalista num texto normativo de ética judicial, sem que haja também uma efetiva preocupação de indicação, por parte desse mesmo texto normativo, de alguns parâmetros ou critérios teleológicos que permitam a efetiva concretude da *justiça* no âmbito do exercício da atividade jurisdicional, mais precisamente, no âmbito da interpretação e aplicação do Direito. Em outras palavras, mais do que se afirmar que o fim último da atividade jurisdicional é o realizar a *Justiça* por meio do Direito,

[22] Sandel. Michael J. *Justiça – o que é fazer a coisa certa.* 4ª ed. Rio de Janeiro: Civilização Brasileira, 2011. p. 17.

[23] Farago, F., op. cit., p. 238.

[24] *"Os princípios são "mandados de optimização", ou seja, podem ser cumpridos de diferentes graus e que a medida de seu cumprimento depende das condições reais e jurídicas".* (Alexy, Robert. *Teoria de los derechos fundamentales.* Madrid: Centro de Estudios Constitucionales, 1997., p. 87).

é necessário indagar-se: *qual critério de Justiça deve ser postulado e observado na esfera dos países ibero-americanos?*[25]

A partir do momento em que a *justiça* passou a ser um valor normativo ético expressamente incorporado e consagrado no Código Modelo Ibero-Americano de Ética Judicial, como fim último do exercício da atividade jurisdicional, responder à pergunta formulada por Platão, na *República*, vinte e cinco séculos atrás: *O que é a Justiça?*, deixou de ser apenas uma inquietação filosófica, política ou teórica do mundo ocidental, para se tornar um elemento de uniformização e de maximização de um valor ético regulador da conduta do juiz ibero-americano no exercício da atividade jurisdicional.[26]

Na ausência de certa medida de consenso sobre o que é *justo* e o que é *injusto*, fica claramente evidenciada a dificuldade de o juiz orientar sua conduta, bem como garantir aos cidadãos ibero-americanos a possibilidade de coordenar seus planos com eficiência. Na realidade, embora o papel distintivo das concepções de justiça seja especificar os direitos

[25] SEN, Amartya. *La idea de la justicia*. Madrid: Taurus, 2009. p. 44 e 45.

[26] *"Uma boa ilustração do que tenho em mente é proporcionada pela explicação que A. Caplan fornece de suas experiências como 'consultor em ética' de um grande hospital da cidade de Nova York. Descreve um dos problemas éticos encontrados no hospital da seguinte forma: 'Cada verão a sala de emergências do hospital se enchia com pessoas que sofriam de enfisema pulmonar e outras doenças respiratórias. As altas temperaturas tornavam difícil a respiração de tais pessoas, razão pela qual chegavam à sala de plantão de emergência para receber oxigênio. Desafortunadamente, somente se dispunha de duas unidades de oxigênio, e a princípio havia uma dezena ou mais de pessoas buscando usá-las em distintos momentos durante todo o dia e toda a noite. Os funcionários da sala de emergência me pediram que os ajudasse a desenvolver um conjunto de critérios que permitissem decidir qual seria uma distribuição justa e eqüitativa de seus escassos recursos médicos'. Caplan consultou diversas concepções de ética médica para observar o que os filósofos e teólogos sustentavam em relação ao problema da microalocação e da ética, encontrando as seguintes soluções: alguns defendiam um critério de méritos, b) alguns um critério de necessidade; c) outros um critério de utilidade social; d) e por fim alguns mencionavam a sorte e azar. Contudo, Caplan, após analisar as diversas soluções, adotou uma via diversa de todas as propostas. Ocorreu a ele que o problema da alocação poderia resolver-se melhorando a fonte da escassez. Assim, Caplan perguntou a alguns dos membros do plantel da sala de emergência do hospital se a ajuda médica cobria a provisão de ar-condicionados para as casas das pessoas que sofriam doenças respiratórias. Para surpresa de quase todos, as máquinas poderiam ser prescritas e os custos reembolsados. Caplan foi alçado ao posto de guru moral da sala de emergência do hospital, famoso pelo fato de ter resolvido o tumultuo das máquinas de oxigênio".* (CAPLAN, A. L. *Can applied Ethics be effective in health care and should it strive to be?*. Ethics, 93 (1983): 311-19. p. 312).

e deveres básicos de cada um, a maneira como uma concepção faz isso necessariamente pode afetar os problemas de eficiência, coordenação e estabilização jurídica.[27]

A problematização desta tese é justamente indicar qual caminho deve ser seguido pelo juiz ibero-americano para realizar e concretizar, com JUSTIÇA, o exercício da atividade jurisdicional.

Essa problematização, que não é meramente acadêmica, pode ser melhor compreendida em face de um simples exemplo dado por Brian Barry, referente à necessidade de uma decisão justa sobre qual das três crianças – Anne, Bob e Carla – deve ficar na posse de uma flauta que elas disputam entre si. Anne reclama a flauta com o fundamento de que ela é a única das três que sabe tocá-la (as outras duas não negam tal afirmação) e que seria muito injusto negar o instrumento à única que realmente pode tocá-lo. Se isso é tudo o que se sabe, o argumento em dar a flauta à primeira criança seria muito forte. Em um ensaio alternativo, Bob toma a palavra e defende sua reclamação da flauta com o argumento de que ele é o único dos três que é tão pobre que não tem nenhum brinquedo próprio. A flauta lhe ofereceria algo com que se divertir (os outros dois admitem que são mais ricos e estão bem providos de entretenimento). Se somente fosse escutado Bob, seu argumento seria muito poderoso. Em outro cenário, Carla fala e assinala que trabalhou com diligência durante muitos meses para elaborar a flauta, com suas próprias mãos (os outros dois confirmam tal fato), e no momento de terminar o trabalho, 'aparecem estes usurpadores para arrebatar-lhe a flauta'. Se a declaração de Carla é a única que se foi ouvida, pode-se inclinar a dar-lhe a flauta em reconhecimento de sua compreensível aspiração a algo que ela mesma fabricou. Escutando as três crianças e suas diferentes linhas de argumentação, há uma decisão difícil a ser tomada. Os teóricos de diferentes persuasões, como os uti-

27 *"Não podemos, em geral, avaliar uma concepção da justiça unicamente por seu papel distributivo, por mais útil que ela seja na identificação do conceito de justiça. Precisamos levar em conta suas conexões mais amplas; pois embora a justiça tenha uma certa prioridade, sendo a virtude mais importante das instituições, ainda é verdade que, em condições iguais, uma concepção de justiça é preferível a outra quando suas conseqüências mais amplas são mais desejáveis".* (Rawls, John. *Uma teoria da justiça.* São Paulo: Martins Fontes, 2002. p. 7).

litaristas, os igualitaristas econômicos e os liberais pragmáticos, podem opinar cada um em separado que existe uma solução justa inequívoca que salta aos olhos e que não há dificuldade em avistá-la. Porém, quase com certeza, cada um veria uma solução diferente como a obviamente correta. Bob, o mais pobre, iria conseguir o respaldo indubitavelmente sincero do igualitarista econômico comprometido a reduzir as distâncias entre os meios econômicos da população. Por outro lado, Carla, a construtora da flauta, receberia a simpatia imediata do liberalista. O utilitarista hedonista pode encarar o desafio mais difícil, porém tenderia a ponderar, mais que o liberalista e o igualitarista econômico, o fato de que o prazer de Anne pode ser maior porque ela é a única que sabe tocar a flauta.[28]

Evidencia-se, no exemplo dado por Brian Barry, a dificuldade em que se depara o magistrado ibero-americano para estabelecer um critério de *justiça,* quando diante de um caso concreto – "hard case".

Porém, se um código ético normativo propõe-se a preconizar que o fim último do exercício da atividade jurisdicional é a *realização da justiça* por meio do Direito, não há outra solução do que se desvendar qual critério metodológico de justiça que deve ser considerado como catalisador das diversas culturas ibero-americanas.

Ao se considerar a questão da justiça como instrumento catalisador das diversas culturas ibero-americanas, tal perspectiva aproxima-se daquilo que se denomina de macrofilosofia, ou seja, a busca por um fundamento ou de um saber conciliador que estruture um saber teórico em uma séria de práticas concretas, sendo sustentada em uma compreensão integradora e em valores éticos holísticos. Deve-se, então, com base em um critério hermenêutico pensar alguns critérios de justiça, a fim de se reconhecer qual deles melhor se adéqua às exigências do Código Ibero-Americano de Ética Judicial.

[28] Barry, Brian. *Teorías de la justiça.* Barcelona: Gedisa Editorial, 2001. p. 19

4. Desvelamento hermenêutico do critério de *Justiça* previsto no Código Ibero-Americano de Ética Judicial – uma perspectiva "*a posteriori*"

Na introdução, conforme se afirmou, optou-se por uma metodologia um pouco diversa daquela que normalmente se utiliza na maioria dos trabalhos acadêmicos.

Pretende-se, de imediato, apontar ao leitor qual critério de justiça é possível desvelar do conteúdo normativo contido no Código Ibero-Americano de Ética Judicial, para em um segundo momento apresentar os pressupostos e as estruturas teóricas que fundamentam essa opção.

A pretensão de desvelamento do critério de justiça previsto no art. 36 do Código Ibero-Americano de Ética Judicial deverá ocorrer através de uma concepção hermenêutica jurídica e filosófica, a qual deverá apontar ao juiz ibero-americano o caminho a ser trilhado quando da interpretação e aplicação das normas jurídicas.

Os filósofos políticos, na construção de seus tratados sobre a justiça, procuram, geralmente, delimitar a análise dos critérios de justiça em uma perspectiva *a priori,* voltada aos princípios de justiça que devem regular as instituições sociais, sem considerarem esse valor ético no resultado promovidos por essas mesmas instituições e nas práticas sociais em geral (incluindo, nesse campo de pesquisa, a interpretação e a aplicação prática do direito).

O Código Ibero-Americano de Ética Judicial, em sentido oposto a essa opção de construção *a priori* dos princípios de justiça, considerou o critério de justiça e equidade numa perspectiva *a posteriori,* justamente na tomada de decisão, ou seja, no momento da interpretação e da aplicação da norma jurídica ao caso concreto.

Essa preocupação *a posteriori* com o critério de justiça e de equidade encontra-se perfeitamente delineada na própria exposição de motivos do Código Ibero-Americano de Ética Judicial, quando afirma:

> (...).Cabe recordar que en el Estado de Derecho al juez se le exige que se esfuerce por encontrar la solución justa y conforme al Derecho para el caso jurídico que está bajo su competencia...La formulación de un Código de Ética Judicial puede ser una fuente muy importante de clarificación de conductas. Obviamente, porque un Código de Ética Judicial, como cualquier

ordenamiento, supone una división de la conducta que pretende regular en lícita e ilícita y, de esta manera, sirve de guía para sus destinatario.

O art. 35 do referido texto ético normativo, reforçando a sua exposição de motivos, preconiza que o *fim último da atividade judicial é realizar a JUSTIÇA por meio do Direito.*

O objetivo pretendido pelo Código Ibero-Americano de Ética Judicial, consequentemente, é justamente recomendar ao magistrado que assimile e compreenda, por meio de constante exercício ético, a melhor forma de agir em busca de uma *justa e equânime* decisão judicial.

A preocupação do Código Ibero-Americano de Ética Judicial com os critérios que permeiam uma decisão justa (interpretação e aplicação da norma jurídica) reflete de certa forma uma inquietação epistemológica com a maneira pela qual as instituições sociais mais importantes distribuem direitos e obrigações, bem como estabelecem a divisão de vantagens provenientes da cooperação social.

A estrutura básica social (política e econômica) é objeto *primário de muitas instituições importantes*, tendo em vista que seus efeitos são profundos e estão presentes desde o começo.

Na realidade:

> (...) nossa noção intuitiva é que essa estrutura contém várias posições sociais e que homens nascidos em condições diferentes têm expectativas de vida diferentes, determinadas, em parte, pelo sistema político bem como pelas circunstâncias econômicas e sociais. Assim as instituições da sociedade favorecem certos pontos de partida mais que outros.[29]

Constantemente, o Poder Judiciário, por meio da atividade de seus magistrados, define e concretiza os direitos, deveres e obrigações das pessoas e influencia gradativamente nos seus projetos de vida, ou seja, no que elas podem esperar vir a ser e muitas vezes no bem-estar social, econômico e cultural que podem almejar.

29 Rawls, J., op. cit., p. 8.

Daí por que, quando se menciona *as instituições mais importantes*[30] pretende-se indicar, para além da concepção rawlseniana (que restringe esse campo de análise à constituição política e aos principais acordos econômicos e sociais) também o próprio Poder Judiciário e a concretude do seu resultado quando do exercício da função estatal pela qual se *interpreta e aplica o* Direito.

O Código Ibero-Americano de Ética Judicial, ao delimitar a questão da realização da *justiça* ao âmbito da interpretação e aplicação do direito, ou seja, a uma perspectiva *a posteriori*, justamente em razão das diferenças concretas sociais, econômicas e culturais vivenciadas na estrutura básica de uma determinada sociedade e que por vezes são profundas, além de serem difusas, afasta-se da perspectiva *a priori* rawlseniana.[31]

Diante das desigualdades, supostamente inevitáveis na estrutura básica social, econômica e cultural de qualquer sociedade, tão importante quanto a definição ou escolha preambular dos princípios de justiça (o que normalmente ocorre de maneira meramente formal e procedimental), é justamente a interpretação e aplicação desses mesmos princípios por um órgão constitucionalmente competente, visando a reduzir as consequências pessoais, familiares e sociais desfavoráveis em razão da generalidade da norma jurídica.[32]

Por isso, "a *justiça de um esquema social depende essencialmente de como se atribuem direitos e deveres fundamentais e das oportunidades econômicas e condições sociais que existem nos vários setores da sociedade*".[33]

Sendo a pretensão do Código Ibero-Americano de Ética Judicial realçar a concepção ética *de justiça* na tomada de decisão, não se mostra suficiente apenas fazer referência abstrata e meramente formal em um texto ético normativo de que o fim último da atividade judicial é a realização

[30] *"Assim, a proteção legal da liberdade de pensamento e de consciência, os mercados competitivos, a propriedade particular no âmbito dos meios de produção e a família monogâmica constituem exemplos das instituições sociais mais importantes"* (Rawls, J., idem, p. 8).

[31] Rawls, J., idem, p. 8.

[32] Preceitua o art. 37 do Código de Ética Judicial Ibero Americano: *"El juez equitativo es el que, sin transgredir el Derecho vigente, toma en cuenta las peculiaridades del caso y lo resuelve basándose en criterios coherentes con los valores del ordenamiento y que puedan extenderse a todos los casos sustancialmente semejantes".*

[33] Rawls, J., op. cit., p. 8.

da justiça por meio do direito. Além disso, é necessário desvelar-se qual critério de justiça deve ser observado pelo magistrado ibero-americano no exercício da atividade jurisdicional.

O exaurimento dos objetivos preconizados pelo Código Ibero-Americano de Ética Judicial somente será alcançado se houver uma pré-compreensão do magistrado quanto a alguns delineamentos ou critérios de justiça que o próprio código normativo (de forma expressa ou implícita) pretende que sejam assimilados e concretizados quando da interpretação e aplicação da norma jurídica. Por isso, é essencial e inevitável extrair-se de seu conteúdo, por meio de uma perspectiva hermenêutica jurídico-filosófica, qual concepção de justiça seria mais indicada e apropriada para ser adotada pelos juízes ibero-americanos, uma vez que *"as diversas concepções de justiça são o resultado de diferentes noções de sociedade em oposição ao conjunto de visões opostos das necessidades e oportunidades naturais da vida humana"*.[34]

Para se apontar esse critério, objetivo central dessa tese, é imprescindível, primeiramente, transitar-se pelas principais concepções teóricas de justiça, verificando se há compatibilidade lógica e sistêmica entre elas e o texto normativo de ética judicial.

No próximo tópico, pretende-se realizar uma análise dos critérios de justiça desde a perspectiva de John Forbes Nash até culminar nos critérios apontados por Amartya Sen.

4.1. Critério de justiça em John Forbes Nash

Seria a solução de John Forbes Nash o critério de *justiça* apontado pelo Código Ibero-Americano de Ética Judicial?

Em 1950, o matemático J. F. Nash publicou um artigo intitulado *'The Bargaining Problem'*. Cinco anos mais tarde, R.B. Braithwaite, um filósofo da Universidade de Cambridge, foi eleito professor da filosofia moral e publicou como primeira contribuição à temática de sua cátedra uma conferência inaugural intitulada *'A teoria dos jogos como instrumento para a filosofia moral'*.[35]

[34] RAWLS, J., idem, p. 11.

[35] R.B. BRAITHWAITE. *Theory of games as a tool for the moral philosopher* Cambridge: Cambridge University Press, 1955.

Porém, a história concedeu a John Von Neumann o título de idealizador da teoria dos jogos.

A teoria dos jogos, indubitavelmente, oferece subsídios teóricos importantes para aqueles que buscam entender como a análise matemático-formal pode facilitar a compreensão de métodos de resolução de disputas (conflitos), tais como a mediação, a negociação e a arbitragem.

Pela teoria dos jogos, os conflitos podem ser entendidos como a situação na qual duas pessoas têm que desenvolver estratégias para maximizar seus ganhos, de acordo com regras procedimentais previamente definidas.

Até o surgimento da concepção de J. F. Nash, o entendimento dominante entre os teóricos dos jogos e os economistas (regra básica para Adam Smith – a competição) era a de que os problemas de negociação não tinham uma solução determinada. Assim, 'John Von Neumann y Oscar Morgenstern' em seu trabalho pioneiro na teoria dos jogos – *'The Theory of Games and Economic Behavior'* –, sustentavam que seria possível dizer apenas duas coisas acerca da negociação racional: primeiro, que se as partes são racionais não aceitarão um acordo que lhes ofereça menos do que obteriam na ausência do acordo, e segundo, que as partes não alcançariam tal acordo quando haja um acordo alternativo disponível sob o qual algum poderia estar melhor sem que o outro estivesse pior. Para John Von Neumann, na medida em que a sua teoria é voltada a jogos de soma zero, um dos competidores, para ganhar, deve levar necessariamente o adversário à derrota. Trata-se, portanto, de uma teoria totalmente não cooperativa.

Segundo a perspectiva clássica da teoria dos jogos, o resultado da negociação descansaria, na hipótese de serem as partes racionais, na porção da denominada fronteira de Pareto que está acima do ponto de desacordo entre as partes.[36] Na realidade, seria irracional aceitar como resultado da negociação menos que a utilidade do desacordo, tendo em vista que isso levaria a uma perda gratuita da utilidade.

[36] *"Pode-se explicar a noção da fronteira de Pareto dizendo que é o conjunto de pontos ótimos de Pareto e que um ótimo de Pareto é um resultado tal que não é possível mover-se dele de maneira que uma parte consiga um resultado melhor sem haver que a outra obtenha um resultado pior"* (BARRY, B., op. Cit., p. 28).

Contudo, essa solução não pode deixar de observar as características pessoais das partes, as quais muitas vezes impossibilitam a própria construção do acordo. Suponha-se que uma das partes é muito rica e a outra muito pobre. A pessoa rica pode se sentir muito pouco afetada por quanto ou tão pouco dinheiro obtenha, enquanto que a pessoa pobre necessita desesperadamente de uma porção pequena de dinheiro. Percebe-se, nessa hipótese, que a pessoa rica apresenta uma vantagem maior na negociação, decorrente da sua própria posição econômica.

A solução de J. F. Nash a este problema de negociação pode ser vista como uma tentativa de captar formalmente a aludida noção de poder de negociação desigual.

John Nash introduz o elemento cooperativo na teoria dos jogos. A ideia de cooperação não é incompatível com o pensamento de ganho individual, já que a cooperação traz a noção de que é possível maximizar ganhos individuais cooperando com o adversário ('se todos fizerem o melhor para si e para os outros, todos ganhariam'). Por isso, J. F. Nash necessita de uma mediação da utilidade e faz uso da mediação que Von Neumann e Morgenstern elaboraram, utilizando eleições hipotéticas entre loterias. Na realidade, a forma real da solução de J. F. Nash é a de que os negociadores racionais terminam no ponto onde o produto das utilidades das partes resulte maximizado.

O certo é que o axioma de J. F. Nash reflete a independência das escalas com que os agentes medem os seus níveis de utilidade. Significa dizer que num determinado jogo de negociação, os agentes não comparam níveis de utilidade, igualando-as no sentido de obter *um 'acordo justo'*, mas, pelo contrário, a solução do jogo de negociação deve ser independente de qualquer escala usada.

Evidentemente que a solução proposta neste trabalho não está respaldada na solução de J. F. Nash em si mesma, mas, sim, em uma visão de justiça concretizada nas diferentes escalas sociais, econômicas e culturais em relação às partes envolvidas no processo jurisdicional.

Analisando o conteúdo ético normativo do Código Ibero-Americano de Ética Judicial, pode-se observar que a solução proposta por J. F. Nash não se enquadra nos critérios de Justiça e de Equidade ali indicados. Essa afirmação decorre do teor normativo previsto no art. 36 do Código de ética judicial, que assim dispõe: *"A exigência de equidade provém da necessi-*

dade de moderar, com critérios de justiça, as consequências pessoais, familiares ou sociais desfavoráveis surgidas pela inevitável abstração e generalidade das leis".

O Código Ibero-Americano de Ética Judicial não leva em consideração que o produto das utilidades das partes resulte maximizado, mas, sim, que a moderação das consequências desfavoráveis pessoais, familiares ou sociais, decorrentes da inevitável abstração e generalidade das normas, sejam minimizadas ao máximo.

4.2. Critério de Justiça de Thomas Hobbes, Immanuel Kant e Hegel

Seria o critério de justiça preconizado por Thomas Hobbes, Immanuel Kant e Hegel, o adotado pelo Código Ibero-Americano de Ética Judicial?

Thomas Hobbes é considerado um dos mais importantes teóricos políticos da prudência racional.

Contudo, Thomas Hobbes permite que as ameaças ingressem na própria linha de base a partir da qual se realizam os acordos em busca de vantagens mútuas. Os acordos que surgem do medo, incluindo o medo deliberadamente criado pela outra parte para induzir uma complacência com os termos que se propõem – são válidos. Por outro lado, para Thomas Hobbes não há um *standard* independente a partir do qual se possa avaliar a justiça dos *acordos.*[37]

Na concepção de Thomas Hobbes, se a um ser humano se recomenda a julgar perante outros dois, é um preceito da lei da natureza que reparta igualmente entre eles. Sem isso, somente a guerra poderia definir as controvérsias entre os seres humanos. A observância dessa lei que ordena uma distribuição igual a cada ser humano, daquilo que por razão lhe pertence, denomina-se *equidade* e se enquadra na denominada justiça distributiva.[38]

Segundo essa perspectiva político/filosófica, a *justiça* consiste na conclusão de um contrato ou de um convênio e não tem nenhuma aplicabilidade com relação aos seus termos.

[37] Barry, B., idem, p. 66 e 67.

[38] Hobbes, Thomas. *Leviatan.* Harmondsworth, Inglaterra: Penguin, 1968, cap. 15, pp. 208 e 212.

Thomas Hobbes parte da ideia de 'repartir igualmente' de maneira muito literal, de modo que a *equidade* implica uma distribuição igualitária.[39]

Ao se interpretar as pretensões de Thomas Hobbes, chega-se à conclusão de que a *equidade* corresponde à simples *igualdade* material, no sentido de que quando o poder de negociação das partes é aproximadamente igual, o árbitro deveria dividir a coisa em disputa de maneira igual. Esse é o critério estabelecido por Thomas Hobbes para se conseguir um resultado *justo*.

Ocorre que a conexão existente entre as teorias clássicas do contrato social e as teorias modernas das assim denominadas *divisão justa* foi devidamente esclarecida por David Gauthier, no sentido de que 'os seres humanos racionais' não aceitariam princípios de distribuição que não levassem em consideração o que as pessoas obteriam por si mesmas na ausência de uma cooperação social.[40]

Na realidade, Thomas Hobbes tem por objetivo identificar os esquemas institucionais justo para a sociedade. Trata-se de um enfoque denominado de 'institucionalismo transcendental', pois concentra sua atenção no que identifica como *justiça perfeita*. Ao buscar a perfeição, o institucionalismo transcendental dedica-se de maneira primária a fazer justas as instituições, razão pela qual não se ocupa diretamente das *sociedades reais*. Na realidade, a natureza da sociedade que eventualmente resulte de um marco institucional determinado também depende, com certeza, de aspectos não institucionais, como o comportamento real das pessoas e suas interações sociais.[41]

Immanuel Kant, contudo, não vai muito mais além dessa perspectiva hobbeseniana.

O idealismo kantiano configura-se no sentido de que a história equivale a um processo de humanização marcado pelo desenvolvimento da razão, concretizado pelo domínio de nossa natureza animal, emancipando-se do estritamente natural.[42]

[39] Barry, B., op. cit., p. 68.

[40] Barry, B., idem, p. 71.

[41] Sen, A. op. cit., p. 38.

[42] *"Para Kant todo lo propriamente humano representa una ruptura respecto a lo natural, para él – en clara contraposición con Herder – natural equivale a animal en el sentido de todavía no-humano*

Na concepção de Immanuel Kant, a racionalidade é condição de possibilidade para que a humanidade se abra à liberdade, à responsabilidade, ao dever ético e, no futuro, à sociedade cosmopolita.

Diante desse idealismo, somente a sociedade cosmopolita de nações culmina na liberdade humana. E essa liberdade deve ser garantida por uma 'constituição justa', que garanta também o 'contrato social'. Trata-se de uma ideia de sociedade civil que administre o 'direito em geral'. Em *A Paz Perpetua* Immanuel Kant define muito claramente como há de ser a constituição civil 'perfeita e justa': há de ser republicana, representativa e com separação de poderes (o ideal iluminista). O problema de uma constituição civil perfeita depende, ainda, do problema de uma legal relação exterior entre os Estados. Por isso também a necessidade de uma sociedade de Nações. Isto é, a união conforme o direito cosmopolita (ou internacional) de todos os países com constituição interior republicana, representativa e com separação de poderes. Somente essas sociedades de nações livres e justas é que podem garantir as constituições internas e, portanto, em última instância, a liberdade dos indivíduos.[43]

Na perspectiva kantiana, toda moralidade gera-se na razão pura, no interior de cada ser humano, nas ideias por cima da experiência. Segundo essa visão, o progresso humano depende basicamente do conflito político e social, o qual educará o indivíduo e, quiçá, permitirá também certo progresso moral nele.[44]

Por isso, Immanuel Kant está muito mais próximo do cru pensamento de Thomas Hobbes do que do otimismo de John Locke.

Baseando-se em tal caráter moral, comum a toda a humanidade, permite-se afirmar que é possível certa 'história profética' da humanidade. Esta, por sua vez, permite pensar que a história dirige-se, em um largo,

o no-racional. Por ello, la sociedad, el derecho y las instituciones políticas son consideradas como instituciones humanas artificiales que rompen con lo natural y que sea afianzan en la razón (por ello se necesita la idea de un 'pacto o contrato civil' – que presupone una reflexión racional – que las instaure). En el marco mental ilustrado y liberal de Kant, pues, las instituciones y vínculos entre os individuos es resultado de un proceso antinatural, artificial y, en el mejor de los casos, racional". (MAYOS, Gonçal. *Ilustración y romanticismo – introducción a la polémica entre Kant y Herder.* Barcelona: Herder, 2004. p. 103 e 246.

[43] MAYOS, G., idem p. 106.

[44] MAYOS, G., idem, p. 250.

porém em constante progresso, até seu fim legítimo e racional: constituições justas nos Estados, uma sociedade harmônica de nações e, em definitivo, a liberdade dos seres humanos.[45]

Immanuel Kant valora muito positivamente e como a mais elevada criação humana a existência de uma sociedade justa, pois o problema maior do gênero humano consiste chegar a uma sociedade civil que administre o direito em geral, ou seja, tendo como tarefa suprema a realização de uma constituição civil perfeitamente justa.[46]

Immanuel Kant, portanto, tem a esperança de que será possível aperfeiçoar as relações jurídicas e fazê-las mais justas.[47] Ele vê no direito e na lei a construção humana mais admirável, tende a exigir o respeito (e habitualmente a obediência e submissão) do indivíduo perante a lei *por mais injusta que está seja*. O idealista alemão, como é habitual no direito desde Roma, tende a fazer abstrações das peculiaridades e circunstâncias concretas do cidadão particular; o princípio da superioridade e generalidade do direito promulgado predomina por cima dos *status* ou das circunstâncias dos cidadãos.[48]

O democrático Immanuel Kant prioriza *o império da lei por cima da justiça*, uma vez que pensa que a única garantia de liberdade e autonomia individual dos cidadãos é precisamente a universalidade abstrata do direito. Para ele, certamente os seres humanos para viverem pacificamente necessitam de um senhor e a comum submissão ao direito é a melhor possível.[49]

[45] Mayos, G., idem, p. 197.

[46] *"Para Herder todos los esfuerzos humanos para auto-legislarse (qué tanto valora Kant!), desde el momento en que pretenden transcender a la Naturaleza, no pueden sino abocar a la arbitrariedad, al despotismo y a la tiranía, a la desigualdad y a la esclavitud"* (G. M., idem p. 287).

[47] *"Para escándalo de Herder, Kant acepta (como muchos ilustrados y románticos por otra parte) que todavía es necesaria la sujeción, dado que una gran mayoría del pueblo llano no ha alcanzado la mayoría de edad que caracteriza para él a la ilustración. Todavía rige la terrible afirmación hobbesiana de que la mayoría de los hombres necesitan tener un amo. Incluso es posible que ese tal amo sea tan poderoso como para no temer a sus súbditos y concederles así la libertad de opinión, que pueda decir 1razonad todo lo que queráis y sobre lo que queráis pero obedeced!"* (G., idem, p. 290.

[48] Mayos, G., idem, p. 343.

[49] Mayos, G., idem p. 345.

A partir do momento em que o ser humano adquire o uso da razão, deixa de ser um ser natural, um mero animal, e passa a ser sujeito de liberdade e de moralidade. Somente a razão torna possível a liberdade humana e, portanto, a aparição de um mundo moral por cima e independente do mundo natural, pois responde a outras leis, as do dever ético. Por isso, somente a razão, junto a liberdade e a moralidade que nela se baseiam, pode tornar possível que o dever ético se imponha ao egoísmo natural nos seres humanos.[50]

Immanuel Kant faz uma afirmação clara e evidente, no sentido de que o destino da espécie humana não consiste em outra coisa senão em progredir até a perfeição.[51]

O direito, segundo essa perspectiva, seria expressão privilegiada de toda a complexidade social e somente através de seu aperfeiçoamento e racionalização se pode evitar os terríveis conflitos sociais. Por isso, Immanuel Kant e o Iluminismo propugnam pelo chamado 'conceito ilustrado de nação' que é considerado como a abstração essencial do povo real, como sua formulação jurídico-institucional nos planos da sociedade civil e do Estado.[52]

Immanuel Kant e uma parte importante dos Iluministas têm como ideal o cosmopolitismo. É um grande e frutífero ideal iluminista, a união jurídica de todos os países em uma sociedade de nações, que evite a guerra entre eles, administre a lei internacional e que, paralelamente, garanta o respeito à justiça no interior dos Estados.[53]

Esse traço universalista e global também é percebido em Hegel, ao tratar do conhecimento, uma vez que somente no ser humano o universal é em si e para si, ou seja, só no ser humano há a singularidade pela qual o *para si* se realiza, na medida em que se conhece como indivíduo, particular, e como universal ou 'um representante do gênero humano, vale dizer: como *diferente e idêntico*. O universal não se apresenta no ser humano como um 'ideal', como conceito abstrato (gênero, por exemplo), mas também se dá no ser humano como um ser universal, pois o ser

[50] Mayos, G., idem, p. 239.
[51] Mayos, G., idem, p. 181.
[52] Mayos, G., idem, p. 219.
[53] Mayos, G., idem, p. 234.

humano tem em si a universalidade viva, o pensar. É na consciência de si que o para-si se eleva à condição de sujeito, como é no plano da razão que esse sujeito sabe que só pode ser ele mesmo; é no plano do Espírito, em que se supera a individualidade isolada e refletida de si.[54]

Nessa perspectiva, a substância Universal de Espinoza, que em Hegel é abstrata, supera-se no momento em que a individualidade se eleva ao plano do Espírito. A filosofia de Hegel é nesse sentido:

> o momento de superação do conceito de individualidade substancial de Aristóteles e da substância universal de Espinoza, por meio do momento da reflexão do eu no dualismo kantiano e fichtiano, entre o 'existir' simplesmente (*Dasein)* e o ser-para-si (*Fûrsichsein*).[55]

A razão é o Espírito, ou um 'eu que é um nós e um nós que é um eu, isto é, a certeza de ser toda a realidade, 'mundo do Espírito, a história humana'. Daí por que será na hipótese que se dará a forma mais racional da expressão objetiva do Espírito, o Estado.[56]

Conforme bem argumenta Joaquim Carlos Salgado, na lógica, Hegel deixou bem claro que o pensar é pura ação, inquietude que dissolve a fixidez do mundo exterior e o põe à vibração do que é em si mesmo, razão pela qual o pensamento é, nesse aspecto, negação do mundo que se lhe apresenta como dado para levá-lo à universalidade. Nesse sentido a negação é a criação.[57]

Na realidade, *"toda a vida da cultura ocidental é, para Hegel, a vida do Espírito"*. O Estado é assim forma de realização da "*vida ética de um povo*", pela qual a ideia se desenvolve como Espírito que, na sua verdade, é a *"essência ética efetiva"* (*das wirkliche sittliche Wesen)* ou o *"mundo ético vivo (die lebendige sittliche Welt).*[58]

[54] Salgado, Joaquim Carlos. *A idéia de justiça em hegel.* São Paulo: Edições Loyola, 1996. p. 246.

[55] Salgado, J. C. idem, p. 247.

[56] Salgado, J. C., idem, p. 276.

[57] Salgado, J. C., idem, p. 255.

[58] Salgado, J. C., idem, p. 277 e 278.

Para Immanuel Kant, o direito positivo está submetido a um princípio *a priori* da razão, como exigência de realização da liberdade entre os indivíduos na sociedade, pois nenhum direito positivo pode sobrepor-se a essa exigência de racionalidade. A razão informa o direito positivo, é seu critério de validade.

Hegel prossegue no pensamento de Immanuel Kant. O direito é o lugar da liberdade.

Tanto para Hegel como para Immanuel Kant, o direito continua a ser a única forma de existência da liberdade, e a razão o critério da sua validade. Entretanto, Hegel procura relacionar esses conceitos dialeticamente, introduzindo a categoria da historicidade do direito e da sociedade em que o direito se desenvolve. Igualmente Immanuel Kant havia legado a Hegel a ideia de que a história aponta para um progresso da humanidade, cada vez maior no sentido de seu aprimoramento ético, que é um ganho em liberdade. Para Hegel, entretanto, a razão não é uma regra de como deve ser o direito, mas elemento do próprio ser do direito que diz como ele é e tem de ser. Isso porque a história do ser humano, outra coisa não é, senão o curso da razão que progressivamente se revela, portanto o elemento em que se processa, desenvolve-se e se mostra a liberdade. Por isso, não há um princípio retor do direito positivo ditado de fora pela razão; esse princípio é momento do próprio direito positivo, porque este é produto da sociedade mesma em cuja história é imanente a razão. Se a razão é o elemento diretor da história a informar o *ethos* através do tempo, o direito produzido nessa história é o revelar-se dessa razão, portanto da liberdade. O direito positivo é, nesse sentido o modo pela qual *O JUSTO* aparece, o modo pelo qual a essência do direito se mostra mais perfeita num determinado momento histórico, modo de aparecer o direito, que é a razão na história.[59]

A forma mais elevada de expressão do direito seria a própria *lei*. A codificação, portanto, seria um ato de JUSTIÇA *(Akkt der Gerechtigkeit)*.

A justiça do direito, quanto à forma, tem seu desfecho, por meio da publicidade, no princípio da isonomia e da garantia jurídica. O conteúdo da lei há de ser justo e racional. A justiça é, assim, antes de tudo, *o uni-*

[59] SALGADO, J. C., idem, p. 325.

versal que oferece a lei ou a neutralização das contingências do tribunal. Ainda que ocorram na justiça civil, certas injustiças, contingências ou contradições, que para Hegel tem sempre a significação de irracionalidade, o caráter público da justiça atesta uma racionalidade que a justiça privada não tem. Seria melhor uma lei injusta do que a anarquia, o arbítrio. Ainda que injusta possa ser, não realizando plenamente a liberdade, a lei, sendo pública e universal, realiza os elementos básicos da justiça, segundo Hegel.[60]

Contudo, essa perspectiva universalista, idealista, transcendental, seja kantiana, seja hegeliana, não observa a importância e a riqueza da diversidade dos povos e das civilizações. Cada povo, cultura e civilização têm a prerrogativa de se preocupar com a coerência de si mesmo.

O processo de realização humana não pode ser pensado como mera ficção ou mero ideal, senão que necessariamente deve demonstrar-se que os acontecimentos particulares e os dados históricos concretos respondem a esse sentido profundo.

A concepção de Thomas Hobbes, Immanuel Kant e Hegel, identificando a *equidade* com a *igualdade meramente formal* e universal não foi adotada pelo Código Ibero-Americano Americano de Ética Judicial, conforme se pode observar pelo teor dos artigos 36 e 37 do estatuto ético normativo, a saber:

> Art. 36. A exigência de equidade provém da necessidade de moderar, com critérios de justiça, as consequências pessoais, familiares ou sociais desfavoráveis surgidas pela inevitável abstração e generalidade das leis.
> Art. 37. O juiz equitativo é aquele que, sem transgredir o Direito vigente, leva em consideração as peculiaridades do caso e resolve-o baseado em critérios coerentes com os valores do ordenamento e que possam estender-se a todos os casos substancialmente semelhantes.

O critério de justiça como *equidade,* prescrito pelo Código Ibero-Americano de Ética Judicial, não é o mesmo adotado por Thomas Hobbes na

[60] SALGADO, J. C., idem, p. 347, 349, 350, 354..

sua concepção de *equidade como igualdade na distribuição dos bens*, muito menos por Kant, como ideal cosmopolita ou Hegel como universalista.

Para o estatuto normativo Ibero-Americano, a *exigência de equidade* não tem por fundamento a igualdade na divisão do bem, objeto do litígio, mas, sim, *a moderação das consequências pessoais, familiares ou sociais desfavoráveis surgidas pela inevitável abstração e generalidade das leis.* Na verdade, a igualdade exigida de um juiz equitativo é aquela decorrente da igualdade perante a lei (art.39 do Código de Ética), desde que essa igualdade seja decorrente de critérios coerentes com os valores do ordenamento e leve em consideração as peculiaridades do caso concreto a resolver, mesmo que isso signifique uma efetiva desigualdade na utilidade dos bens objeto do processo jurisdicional.

4.3. Critério de justiça utilitarista de Jeremy Bentham, Sidwick, Edgeworth e Pigou

Seria o utilitarismo o critério de justiça preconizado pelo Código Ibero-Americano de Ética Judicial?

Sabe-se que existem diversas correntes utilitaristas.

Não se pretende realizar um levantamento das diversas posições utilitaristas, muito menos levar em conta os seus aperfeiçoamentos. A pretensão deste trabalho, na realidade, é verificar se uma das vertentes utilitaristas foi a recomendada pelo Código Ibero-Americano de Ética Judicial como critério de *justiça e de equidade.*

A espécie de utilitarismo utilizado para essa comparação analítica é o da doutrina clássica de Jeremy Bentham, Sidgwick (*The Method of Ethics*) e dos economistas Edgwarth e Pigou, cuja ideia central é a de que a sociedade está ordenada de forma correta e, portanto, pode ser considerada justa, quando suas instituições mais importantes são planejadas de modo a conseguir o maior saldo líquido de satisfação obtido a partir da soma das participações individuais de todos os seus membros[61]

Os utilitaristas, como Jeremy Bentham e seus seguidores, não observaram nenhuma grande dificuldade em afirmar que a ordenação da bondade dos estados sociais e a seleção que deve ser escolhida precisam ser

[61] Rawls, J. op. cit. p. 25.

feitas apenas com base na soma total do bem-estar dos indivíduos em cada Estado. E consideram que o bem-estar individual é representado pela 'utilidade' individual, muitas vezes identificando a utilidade com a felicidade individual.[62]

Um dos *slogans* ditados por Jeremy Bentham é do *"equally weighted input"*, ou seja, *'todos devem valer por uma pessoa e ninguém por mais de uma'*, significando que uma unidade de utilidade irá ter o mesmo efeito sobre o cálculo da justa divisão, não importando a identidade de seu possuidor. Nesse sentido, cada ser humano ao realizar seus interesses está livre para avaliar suas perdas e ganhos, razão pela qual é possível impor um sacrifício neste momento para obter uma vantagem maior posteriormente. Assim, uma pessoa age de modo adequado quando age com o intuito de conseguir a maximização de seu bem-estar, ao promover seus objetivos racionais no máximo possível. Por isso, por que não deveria uma sociedade agir baseada exatamente no mesmo princípio aplicado ao grupo, e, portanto, considerar aquilo que é racional para uma única pessoa como justo para uma associação de seres humanos? O bem estar de uma sociedade deve ser construído com a satisfação dos sistemas de desejos de numerosos indivíduos que a ela pertencem, pois o princípio geral e utilitarista para uma sociedade é promover ao máximo o bem-estar do grupo, realizar até o mais alto grau o abrangente sistema de desejos ao qual se chega com a soma dos desejos de seus membros.[63]

O utilitarismo é uma abordagem teleológica que define primeiro o objetivo, o Bem (inclusive como felicidade), e considera como justo tudo aquilo que o maximize: ele decreta, assim, a primazia do Bem sobre o Justo.

Para o princípio utilitarista, a intensidade geral das preferências tem de se tomar como sendo a mesma em qualquer pessoa, pois o princípio da escolha para uma associação de seres humanos é interpretado como uma extensão do princípio da escolha para um único ser humano.

[62] SEN. Amartya. *A ideia de justiça.* Trad. Denise Bottmann e Ricardo Doninelli Mendes. São Paulo: Companhia das Letras, 2009. p. 311.
[63] RAWLS, J., op. cit., loc. cit.

Chega-se ao princípio da utilidade de um modo natural quando uma sociedade está adequadamente ordenada, maximizando o saldo líquido de satisfação.[64]

Segundo a perspectiva utilitarista, nenhum sistema de regras, seja normativo jurídico ou de organização social, pode satisfazer sua função a menos que na vasta maioria dos casos cobertos por ele as partes afetadas possam aplicar as referidas regras.

Nesse tipo de teoria teleológica, o bem se define independentemente do justo, e então o justo se define como aquilo que maximiza o bem. Para essa espécie de teoria, a racionalidade consiste maximizar algo, sendo que em questão moral, o que deve ser maximizado é o *bem*. Portanto, a sociedade deve distribuir seus meios de satisfação, quaisquer que sejam, direitos e deveres, oportunidades e privilégios, e várias formas de riqueza, de modo a conseguir, se for possível, esse grau máximo. [65]

Dessa forma, o conceito mais racional de *justiça* seria o utilitarista.

Contudo, a ideia de maximizar a soma de bem-estar ou de atingir a maior perfeição é vaga e amorfa.

Em uma teoria teleológica, como é a utilitarista, o *bem* se define independentemente do *justo*. Com isso, é possível que alguém julgue o bem em cada caso sem *indagar se corresponde ao justo*. Assim, por exemplo, se se afirma que o prazer é o único bem, então é possível presumir que os prazeres podem ser reconhecidos e classificados por seu valor mediante critérios que não pressupõem nenhum padrão do que é justo ou do que normalmente julgaríamos como tal.[66]

Conforme bem afirma John Rawls:

> As teorias teleológicas diferem, muito claramente, em seu modo de especificar a concepção do bem. Se ele for tomado como a realização da excelência humana nas diversas formas de cultura, temos o que se pode chamar de perfeccionismo. Essa noção se encontra em Aristóteles e Nietzsche. Se o bem

[64] Rawls, J., idem, p. 26.

[65] Rawls, J., idem, p. 26 e 28.

[66] Rawls, J., idem, p. 26 e 27

for definido como o prazer, temos o hedonismo; se for como felicidade, o eudemonismo, e assim por diante.[67]

Adverte Charles Taylor, que é precisamente a dimensão do contraste qualitativo inerente à nossa sensibilidade e reflexão moral que é rapidamente descartada nas reduções utilitaristas. Um dos principais objetivos do utilitarismo é justamente livrar-se dele e reduzir todos os julgamentos, de preferência ética, a uma forma quantitativa unidimensional.[68]

Para a teoria utilitarista, a imposição de desvantagens a alguns pode ser compensada por uma soma maior de vantagens desfrutadas por outros.

O utilitarismo não reconhece a justiça como um conceito normativo fundamental; no máximo lhe dá um alcance derivado, apenas como uma função do bem-estar coletivo.

Essa perspectiva, que possibilita que o julgamento do bem, em cada caso, seja realizado sem se indagar se isso corresponde ao justo, permite a afirmação de que o Código Ibero-Americano de Ética Judicial não a adotou como critério de maximização dos requisitos do princípio da justiça e da equidade.

Na realidade, não se pode pensar um princípio de justiça simplesmente sobre a perspectiva de maximização do bem, sem que se leve em conta se essa maximização é justa e equânime.

Conforme afirma John Rawls, criticando a teoria utilitarista, *"não há razão, em princípio, para que os benefícios maiores de alguns não devam compensar a perda menores de outros; ou, mais importante, a violação da liberdade de alguns não possa ser justificada por um bem maior partilhado por muitos"*.[69]

O grande problema é que o utilitarismo não leva a sério a diferença entre as pessoas, bem como que a pluralidade de pessoas diferentes com sistemas distintos de objetivos é uma característica essencial das sociedades humanas.

[67] Rawls, J., idem, p. 27.

[68] Taylor, Charles. *Etica e umanità*. Trad. Paolo Costa. Milano: V&P Università, 2004. p. 242.

[69] Rawls, J., op. cit., p. 28.

A *justiça como equidade* prevista no Código Ibero-Americano de Ética Judicial recomenda que o conceito de bem não se desvincule do conceito do justo. Eis aí a característica essencial da *justiça como equidade.*

4.4. Critério de justiça em John Rawls – justiça como imparcialidade

Seria a *justiça como imparcialidade,* adotada por John Rawls, aquela utilizada pelo Código Ibero-Americano de Ética Judicial?

A busca racional dos requisitos da justiça preconizada pelo Código Ibero-Americano de Ética Judicial inclui algumas exigências básicas de *imparcialidade*, que são parte integrante da ideia de justiça na perspectiva político-filosófica adotada por John Rawls.[70]

Contudo, as diferenças também são bem evidenciadas.

John Rawls, segundo alguns expoentes da filosofia moral, seria o filósofo político mais original e interessante do Século XX. Ele transformou de modo radical a filosofia política contemporânea.

Estão na mesma fronteira do pensamento de John Rawls e Ronald Dworkin outras figuras chaves como Michael Walzer e Michael Sandel. O primeiro sustenta que uma teoria da justiça haveria de ser geral, que deveria valer para todas as sociedades ou, pelo menos, para todas as sociedades que estão em certo nível de desenvolvimento. O outro grupo sustenta que a justiça seja ao menos em parte relativa a particular cultura e história de toda sociedade. Denominam-se essas visões, respectivamente, em universalistas e comunitaristas.[71]

Em seu ensaio de 1958, denominado de *'Justiça como equidade',* John Rawls enuncia, de forma completa, as ideias que depois apareceriam, em 1971, em sua obra *Teoria da Justiça.*

Por sua vez, a *Teoria da Justiça,* conforme teve oportunidade de afirmar Brian Barry, foi uma fonte de ideias inesgotavelmente rica. John Rawls é como Hume, uma figura multifacetária. Pode-se encontrar em seus escri-

[70] O Capítulo II (arts. 9º a 17) do Código Modelo de Ética Judicial Ibero Americano trata do princípio da imparcialidade.

[71] TAYLOR, Charles. *Etica e umanità.* Trad. Paolo Costa. Milano: V&P Università, 2004. p. 289.

tos não apenas uma teoria da justiça senão várias, de diferentes níveis de abstração e diversos graus de articulação.[72]

São as condições de possibilidade da justiça, em uma sociedade pluralista, que John Rawls procura fundar, afirmando a primazia do justo sobre o bem. Sua convicção é de que é possível, no seio do pluralismo das concepções de bem, chegar-se a um acordo sobre a concepção do justo, dos fundamentos do direito e da ideia de cidadania.

John Rawls desvia a atenção, como a maioria dos modernos, da concepção substancial do bem para a noção de autonomia moral e da liberdade individual em relação aos objetivos.

A ideia fundamental de John Rawls é de que a justiça deve ser considerada de um ponto de vista das exigências da equidade. Nesse enfoque, a noção de equidade se considera *fundacional* e aspira a ser de certo modo 'prévia' ao desenvolvimento dos princípios de justiça. A busca da justiça há de vincular-se à ideia de equidade.

E o que significa *equidade?* Sua ideia central é justamente a exigência de se evitar preconceitos nas avaliações e também levar em conta os interesses e preocupações dos outros e, em particular, evitar o influxo de nossos próprios interesses, ou de nossas prioridades, excentricidades e prevenções. Em geral, pode ver-se como uma exigência de *imparcialidade*. A explicação detalhada de John Rawls sobre a exigência de *imparcialidade* baseia-se na construtiva ideia da 'posição original', chave central para sua teoria da 'justiça como equidade'[73]

A partir de uma perspectiva normativa da pragmática, apresentam-se duas respostas ao problema da comunicação que não recorre a um consenso ou equilíbrio reflexivo, como o denominou John Rawls. Ele considera que a justiça é uma questão de alcançar condições equitativas, pelo menos, de diálogo. Os princípios de justiça são escolhidos através do 'véu da ignorância'. Isso assegura que os resultados do azar natural ou das contingências das circunstâncias sociais não darão a ninguém vantagem nem desvantagens ao escolher os princípios. Uma vez que todos estão situados de maneira semelhante e que nenhum é capaz de delinear princípios que favoreçam sua condição particular, os princípios de justiça serão o resul-

[72] BARRY, B., op. cit., p. 163.
[73] SEN, A., op. cit., p. 83.

tado de um acordo ou de um convênio justo, pois das circunstâncias da posição original e a simetria das relações das partes, essa situação inicial é equitativa entre as pessoas como seres morais, isto é, enquanto seres racionais com seus próprios fins, a quem se supõe capaz de um sentido de justiça.[74]

A ideia norteadora da *justiça como equidade* em John Rawls é a de que os princípios de justiça para a estrutura básica da sociedade são objeto do consenso original. Seriam esses princípios que pessoas livres e racionais, preocupadas em promover seus próprios interesses, aceitariam em uma 'posição original' inicial de igualdade como definidores dos termos fundamentais de sua associação. Esses princípios devem regular todos os acordos subsequentes, especialmente os tipos de cooperação social que se podem assumir e as formas de governos que se podem estabelecer. A escolha que pessoas racionais fariam nessa situação hipotética de liberdade equitativa, pressupondo por ora que esse problema de escolha tem uma solução, determina os princípios de justiça. A essa maneira de considerar os princípios de justiça, John Rawls denomina de *justiça como equidade*.[75]

Na teoria da justiça como equidade a posição de igualdade original corresponde ao estado natural na teoria tradicional do contrato social. Evidentemente que essa posição não é concebida como uma situação histórica concreta e também não é aceita como um estado natural primitivo. Na realidade, deve ser vista apenas como uma situação puramente hipotética, de forma a conduzir a certa concepção de justiça.

Na perspectiva da posição originária ditada por John Rawls, em uma situação imaginária de igualdade primordial, ninguém conhece a sua posição na sociedade, a sua situação de classe ou estatuto social, bem como a parte que lhe cabe na distribuição dos atributos e talentos naturais (nem mesmo conhece suas concepções do bem ou suas propensões psicológicas particulares). Aliás, em face das severas restrições estabelecidas por John Rawls às partes por meio do *véu da ignorância* na posição

[74] Giraldo, Ana María; Ospina, Jesús Carrasquila; Velasco, Ever Eduardo. Brandom and Travis: Sobre la justicia. Las formas de vida y el problema del reconocimiento. *In: Revista Internacional de Filosofia*. n. 82, (Enero-Abril), 2021. pp. 115 a 124.

[75] Rawls, J., op. cit. ,p. 12.

original, não há nada sobre que de fato possam negociar, porque não há fundamento para descrever-lhes interesses em conflito. A eleição dos princípios se reduz a um problema de teorias de decisão *(decision-theoretic problem)* acerca da eleição individual em condições de incertezas. Nela, um acordo é celebrado por aqueles que estão comprometidos com a cooperação social. Ele é feito sob condições imparciais, sob o véu da ignorância, sendo hipotético e a-histórico. Os princípios de justiça são escolhidos sob um véu da ignorância. Isso garante, segundo John Rawls, que ninguém seja favorecido ou desfavorecido na escolha dos princípios pelo resultado do acaso natural ou pela contingência de circunstâncias sociais. Os princípios de justiça são, portanto, resultado de um consenso ou de um ajuste 'equitativo', pois essa situação original é equitativa, entre os indivíduos éticos e racionais e com um senso de justiça.[76]

Nessa perspectiva, o sentido de justiça que se supõe faz parte de uma cultural normal de cidadãos livres, iguais e racionais, implicando que eles possuem a capacidade de formular princípios imparciais e de aceitar suas consequências.[77]

Na posição originária imaginária, as deliberações sobre os princípios de justiça demandam a *imparcialidade* requerida pela *equidade*. O exercício da equidade, assim estruturado, orienta-se a identificar os princípios apropriados que determinariam a eleição das instituições justas requeridas para a estrutura básica de uma sociedade.[78]

Uma das metas da justiça como equidade é fornecer uma base filosófica e moral aceitável para as *instituições democráticas,* e assim compreender como se compatibiliza as exigências de liberdade e igualdade.

Em resumo, John Rawls não se opõe que o *resultado justo* dependa de um processo de negociação, pois na sua *posição original* as pessoas podem apresentar as opções morais à sua disposição para lograr sua melhor vantagem. O que John Rawls contesta e se opõe de forma franca é permitir que as partes obtenham resultados vantajosos como consequência de sua própria força de negociação superior. É justamente para se evitar a ape-

[76] Rawls, J., idem,p. 13.

[77] Botero, J. J. *Con Rawls y contra Rawls. Una aproximación a la filosofia política contemporânea.* Bogotá: Universidad Nacional de Colombia. p. 23

[78] Sen, A. op. cit., p. 85.

lação pela força e pela astúcia que se aceitam os princípios do correto e da *justiça*.

Os princípios da justiça como equidade destinam-se a responder quais princípios são mais apropriados a uma sociedade democrática como um sistema equitativo de cooperação social. Para John Rawls, as pessoas numa posição original inicial escolheriam dois princípios bem diferentes: a) o primeiro exige a igualdade na atribuição de deveres e direitos básicos; b) o segundo afirma que desigualdades econômicas e sociais, por exemplo, desigualdades de riqueza e autoridade, são justas apenas se resultam em benefícios compensatórios para cada um e particularmente para os membros menos favorecidos da sociedade.[79]

De modo diverso ao utilitarismo, o formalismo de John Rawls consegue tornar irrelevante a questão da dimensão do contraste qualitativo ou quantitativo de preferências éticas, pois o raciocínio ético pode contorná-los através de um procedimento que estabeleça isso que é justo, prescindindo de outras dimensões, ou admitindo-as somente como preferências subjetivas, sem necessidade de se ingressar no mérito substantivo.

A ideia da posição original para John Rawls é estabelecer um processo equitativo, de modo que quaisquer princípios aceitos sejam justos. O objetivo é usar a noção de justiça *procedimental pura* como fundamento da teoria. Segundo ele, deve-se anular os efeitos das contingências específicas que colocam os seres humanos em posições de disputa. Por isso a necessidade de inserir as partes atrás de um *véu da ignorância*.[80]

[79] *"Rawls sustentava que os seguintes 'princípios de justiça' surgiram de acordo unânime na posição original (El liberalismo político, p. 328): a) cada pessoa tem um direito igual a um esquema plenamente adequado de liberdades básicas iguais que seja compatível com um esquema similar de liberdades para todos; b) as desigualdades sociais e econômicas tem que satisfazer duas condições. Em primeiro lugar, tem que estar vinculadas a cargos e posições abertos a todos em condições de eqüitativa igualdade de oportunidades; e em segundo lugar, as desigualdades devem ser para o maior benefício dos membros menos avantajados da sociedade"* (SEN, A., idem, p. 88).

[80] *"Supõe-se, então, que as partes não conhecem certos tipos de fatos particulares. Em primeiro lugar, ninguém sabe qual é o seu lugar na sociedade, a sua posição de classe ou seu status social; além disso, ninguém conhece a sua sorte na distribuição de dotes naturais e habilidades, sua inteligência e força, assim por diante. Também ninguém conhece sua concepção de bem, as particularidades de seu plano de vida racional, e nem mesmo os traços característicos de sua psicologia, como por exemplo a sua aversão ao risco ou sua tendência ao otimismo ou ao pessimismo. Mais ainda, admito que as partes não conhecem as circunstâncias particulares de sua própria sociedade. Ou seja, elas não conhecem a*

No que concerne à justiça meramente procedimental, a preocupação de Judith Shklar, ao tratar do 'liberalismo do medo', torna-se importante para a reflexão trazida neste trabalho. Segundo ela, a 'racionalidade instrumental' refere-se às práticas políticas que buscam somente a eficiência ou a ponderação de meios e fins, sem questionar de modo algum a racionalidade ou outros possíveis méritos de seus objetivos e resultados. A ideia de 'racionalidade instrumental' deposita toda sua confiança nos procedimentos, sem prestar a atenção adequada à racionalidade da conduta e ao discurso de quem deles participa. Confia no mecanismo de criação de consentimento e garantia de imparcialidade sem prestar atenção alguma ao caráter dos cidadãos individuais ou ao da sociedade em conjunto.[81]

Muito apropriada também é a advertência de Charles Taylor:

> Da ciò devrebbe risultare chiaro che nessuna procedura imperniatta su un'unica considerazione, sia essa quella utilitaristica oppure una teoria della giustizia basata su un contratto ideale, può rendere giustizia allá diversità dei beni di cui dobbiamo tenere conto nella riflessione policita normativa.[82]

A solução proposta por John Rawls de *justiça como imparcialidade* de certa forma amolda-se *parcialmente* ao critério de justiça preconizado pelo Código Ibero-Americano de Ética Judicial.

A necessidade da *imparcialidade* como critério de justiça está incorporada tanto na teoria de John Rawls quanto no Código Ibero-Americano de Ética Judicial. É claro que na perspectiva do primeiro, a imparcialidade justifica-se para se estabelecer a inserção política dos princípios de justiça numa dada estrutura social, enquanto que no segundo, a imparcialidade é um pressuposto de interpretação e aplicação dos critérios de justiça previamente definidos.

posição econômica e política dessa sociedade, ou o nível de civilização e cultura que ela foi capaz de atingir" (Rawls. J., op. cit., p 147)

[81] Shklar, Judith. *El liberalismo del miedo*. Trad. Alberto Ciria e Ricardo García Pérez. Barcelona: Herder Editorial, 2018. Posição 512 a 515 – e-book.

[82] Taylor, Charles. *Etica e umanità*. Trad. Paolo Costa. Milano: V&P Università, 2004. p. 248.

A eleição dos princípios de justiça, na perspectiva rawlsiniana, contudo, se reduz a um problema de teorias de decisão (*decision-theoretic problem*) acerca da eleição individual em condições de incertezas. Nela, um acordo é celebrado por aqueles que estão comprometidos com a cooperação social. Ele é feito sob condições imparciais, sob o véu da ignorância, sendo hipotético e a-histórico.

Na perspectiva de Werle, a teoria rawlsiana é um padrão voltado para as instituições, em primeiro plano, e somente de modo secundário para os indivíduos à medida que "[...] estes vivem e levam adiante seus planos de vida sob as regras públicas estabelecidas por aquelas instituições".[83] O próprio Rawls esclarece em seu texto que não pretende estabelecer uma teoria fundadora de uma sociedade hipotética, mas encontrar os princípios básicos sobre os quais a sociedade seria erigida e a concepção de justiça seria localizada. Em outras palavras, Rawls busca identificar um padrão pelo qual a sociedade pudesse se reconfigurar

O Código Ibero-Americano de Ética Judicial reconhece e recomenda que o juiz, quando da interpretação e aplicação do Direito, o faça numa perspectiva eminentemente história e concreta, levando em consideração as diferenças sociais, econômicas e culturais daqueles que participam da relação jurídica processual. Tal argumentação é retirada do conteúdo normativo previsto nos artigos 36 e 37, *in verbis:*

> Art. 36. A exigência de equidade provém da necessidade de moderar, com critérios de justiça, as consequências pessoais, familiares ou sociais desfavoráveis surgidas pela inevitável abstração e generalidade das leis;
> Art. 37. O juiz equitativo é aquele que, sem transgredir o Direito vigente, leva em consideração as peculiaridades do caso e resolve-o em critérios coerentes com os valores do ordenamento e que possam estender-se a todos os casos substancialmente semelhantes.

[83] WERLER, Denílson Luis. A ideia de justiça e a prática da democracia. *Novos Estudos – CEBRAP*, São Paulo, n. 92, p. 153-161, mar. 2012. p. 263. Disponível em : http://www.scielo. br/pdf/nec/n92/n92a11.pdf. Acesso em : 26.out. 2016.

O Código Ibero-Americano de Ética Judicial, ao prescrever a *justiça como equidade*, vai além da perspectiva de John Rawls (*justiça meramente procedimental pura*), indicando que o juiz deve conduzir sua decisão a uma *justiça material*, eticamente material. É por isso que o art. 37 do Código de Ética Judicial preconiza que o juiz deve *moderar, com critérios de justiça, as consequências pessoais, familiares ou sociais desfavoráveis surgidas pela inevitável abstração e generalidade das leis.*

O texto normativo de ética judicial exige, para além de John Rawls, também um resultado ético material, que vá além de uma justiça meramente procedimental.

Na realidade, enquanto John Rawls preocupa-se apenas com a *justiça das instituições*, o Código Ibero-Americano de Ética Judicial também se preocupa com a justiça concreta e realizada, decorrente da interpretação e aplicação da norma jurídica.

Na perspectiva de John Rawls, em tese, somente se pode falar em *justo processo*, enquanto que na ótica do Código Ibero-Americano de Ética Judicial, além de um *justo processo*, propugna-se, igualmente, por uma *justa decisão.*

5. *Niti* e *nyaya* – Critério de justiça em Amartya Sen

O objetivo desse trabalho, desde a sua origem, foi conduzir o leitor ao desvelamento do critério de justiça (numa perspectiva hermenêutica jurídica e filosófica) adotado pelo Código Ibero-Americano de Ética Judicial.

Transitou-se especialmente pelas concepções de justiça em John Thomas Hobbes, Immanuel Kant, Hegel e John Rawls. Esse grupo destacado de filósofos, associados com o pensamento radical do período da *ilustração (iluminismo)*, concentrou sua tarefa em identificar os esquemas sociais *perfeitamente justos*, e consideraram que a principal e, às vezes, a única tarefa da teoria da justiça seria a caracterização das '*justas instituições*'.

Nessa linha de pensamento, as maiores contribuições tecidas de diversas maneiras em torno da ideia de um hipotético 'contrato social' procediam de Thomas Hobbes no Século XVII e mais tarde de John Locke, Jean-Jacques Rousseau e Immanuel Kant, entre outros.

O enfoque contratualista tem sido a influência dominante da filosofia política contemporânea, em particular desde *A Justiça como Equidade*, o ensaio pioneiro de John Rawls realizado 1958, que precedeu a sua formulação definitiva na já clássica *Teoria da Justiça.*[84]

De certa maneira, a caracterização das *instituições perfeitamente justas* converteu-se no exercício central das modernas teorias da justiça, sendo que tais concepções, formuladas de acordo com o *institucionalismo transcendental* em vigor, reduzem muitas das questões mais relevantes da justiça à retórica vazia, ainda que bem-intencionadas.

Porém, não se deve descurar da famosa crítica de *Hiperión* de Hölderlin: *"Siempre que el hombre há querido hacer del Estado su cielo, lo há convertido en su infernos"*.[85]

Não se nega, evidentemente, a grande contribuição e a importância de John Rawls no seu enfoque rawlsiano de *justiça como equidade* e na maneira como o filósofo há explicado suas implicações. [86]

A ideia de *equidade* é, sem dúvida, uma ideia central para a justiça. Tanto é que no processo jurisdicional a ideia de justiça como equidade é compatível com a equidade procedimental que decorre do devido processo público com todas as suas garantias.

A ideia de justiça como equidade procedimental, em John Rawls, porém, justifica-se apenas para identificar as *instituições justas,* (dentre elas o processo justo) mediante '*um acordo sobre os princípios que hão de regular as instituições da estrutura básica mesma no presente e no futuro*'. Daí por que no sistema rawlsiana de justiça como equidade presta-se atenção direta e

[84] SEN, A, op. cit. p. 20

[85] MAYOS, G., Ilustración y romanticismo...., op. Cit. p. 225.

[86] *"A simetria inicial das partes explica a propriedade da frase justiça como equidade. Contudo, essa frase dita por Rawls não quer dizer que os conceitos de justiça e equidade sejam a mesma coisa. É certo que as palavras 'justo' (just) e 'equitativo' (fair) possuem muitos usos especializados. Aliás, muitos idiomas do mundo não têm sequer duas palavras claramente distintas para os dois conceitos. O francês, por exemplo, não tem expressões especializadas para um termo sem outro, razão pela qual a palavra justiça tem de servir para ambos os propósitos.*
Uma distinção adotada por John Rawls em sua noção sobre 'justiça e equidade' é que em alguns contextos a equidade se atribui aos procedimentos e a justiça aos resultados. Contudo, conforme anota Brian Barry, seria um erro capital supor que meramente porque são duas palavras devem também ser dois conceitos bem diferenciados (o mesmo erro a princípio se comete acerca da palavra 'freedom' (liberdade) e 'liberty' (liberdade). De fato, cada um dos termos tem uma grande qualidade de usos especiais, onde não seria idiomático usar um ou outro; e onde ambos os termos podem usar-se, porém distintos matizes em diferentes aplicações". (BARRY, B., op., cit., p.161).

quase que totalmente nas estruturas das 'instituições justas', no lugar de centrar-se nas '*sociedades justas*' que podem apoiar-se tanto em instituições efetivas quanto em características reais de comportamento.[87]

A eleição unânime dos princípios de justiça serve de base suficiente, segundo John Rawls, para constituir uma 'concepção política' de justiça aceita por todos, porém dita aceitação ainda estará muito longe do padrão real de conduta que surja de uma sociedade real com tais instituições.

Numa sociedade bem organizada, a moralidade do grupo conduz naturalmente ao conhecimento dos padrões de Justiça. Esses padrões não apenas definem a concepção pública de justiça, mas também os cidadãos adquirem um interesse nas relações políticas, sendo que aqueles que ocupam cargos legislativos, judiciais e outros semelhantes são constantemente chamados a aplicá-los e interpretá-los. Em regra, a justiça guarda relação, em última instância, com a forma com que as pessoas vivem suas vidas e não simplesmente com a natureza das instituições que as cercam.[88]

Disso decorre que verificadas as teorias de justiça de Amartya Sen e John Rawls, constata-se, com clareza, suas divergências. Ainda que seus objetivos sejam os mesmos, ou seja, transformar a sociedade em um *locus* mais justo e igual, os caminhos conceituais adotados pelos autores são distintos: "Rawls projeta princípios filosóficos para a mudança social, enquanto Sen se volta para as causas reais de injustiça e desigualdade. A crítica de Amartya Sen à teoria rawlsiana pode ser resumida da seguinte forma: "[...] a caracterização de instituições perfeitamente justas transformou-se no exercício central das teorias da justiça"[89]

Por isso, é necessário ir mais além da perspectiva de uma justiça baseada apenas em esquemas institucionais.

Na filosofia jurídica indiana, conforme ensina Amartya Sen, Professor Catedrático de Filosofia e Economia da Universidade de Harvard e Prêmio Nobel de Economia em 1998, encontram-se dois conceitos diversos de justiça: *niti* e *nyaya*.

[87] Sen, A., op. cit., p. 96.

[88] Sen, A. idem. p. 15

[89] Pensieri, Flávio. A crítica de amartya sen à concepção de rawlsiana de justiça. *In: Revista Sequência*, Florianópolis, n. 74, dez/2016. p. 197.

A primeira ideia, *niti*, refere-se à idoneidade das instituições, assim como à correção do comportamento, enquanto que a segunda, *nyaya*, alude ao que surge e como surge, e em especial às vidas que as pessoas são realmente capazes de viver. Essa distinção ajuda a ver com clareza que há duas classes diferentes, porém não desconectadas, de justiça às quais a ideia de justiça tem que prover.[90]

Muitas das principais teorias de justiça concentram-se de maneira esmagadora em como constituir 'instituições justas', e concedem uma função subsidiária e dependente às questões relacionadas com o comportamento humano. Por exemplo, o conceito de 'justiça como equidade' em John Rawls se traduz em um conjunto único de 'princípios de justiça' que se refere de maneira exclusiva ao estabelecimento de 'instituições justas', constitutivas da estrutura básica da sociedade, enquanto exigem que a conduta das pessoas se ajuste por completo ao adequado funcionamento de ditas instituições. Contudo, a ênfase nas vidas reais para avaliação da justiça tem muitas implicações de largo alcance para a natureza e o limite da ideia de justiça.[91]

Na realidade, tem-se que buscar instituições que *promovam* a justiça, em vez de tratar as instituições como manifestações diretas da justiça, o qual refletiria certo *fundamentalismo institucional*.[92]

A necessidade de uma compreensão da justiça baseada em resultados factíveis está relacionada com o argumento de que a justiça não pode ser indiferente *às "vidas que as pessoas podem realmente viver"*. Deve-se buscar, em vez de uma justiça baseada em esquemas, uma justiça baseada em *realizações*. Daí por que considerar-se a distinção entre as concepções *niti* e *nyaya* na filosofia jurídica indiana. Entre os principais significados do termo *niti* estão idoneidade das instituições e correção do comporta-

[90] *"A distinção entre niti e nyaya tem significação não somente dentro de uma comunidade política senão também através das fronteiras dos Estados, como se discute em meu ensaio 'Global Justice', apresentado no Fórum Mundial da Justiça em Viena, em julho de 2008, com o patrocínio da Associação Americana de Advogados, a Associação Internacional de Advogados, a Associação Inter Pacífica de Advogados e a União Internacional de Advogados. Isto faz parte do Programa Mundial de Justiça da Associação Americana de Advogados e será publicado em um volume intitulado Global Perspectives on the Rule of Law".* (Sen, A., idem, p. 19).

[91] Sen, A., idem, ibidem.

[92] Sen, A., idem, p. 112.

mento. Em contraste com *niti*, a expressão *nyaya* entranha um conceito compreensivo da justiça *realizada*. Assim, ainda quando as instituições estabelecidas sejam idôneas, se *"os pés grandes podem devorar os pés pequenos', há uma flagrante violação da justiça humana entendida como nyaya".* [93]

É insuficiente que se estabeleçam princípios de justiça regulamentadores de uma instituição, sem que se leve em consideração as *consequências* reais das decisões proferidas na concretização de seus objetivos, consequências econômicas, sociais, políticas e culturais.

Os princípios de justiça (os quais regem a instituição do Poder Judiciário, especialmente quando aplicados num processo jurisdicional público, com todas as suas garantias) são, sem dúvida, a base da *equidade* de um *justo processo*. Mas isso não é suficiente. Há necessidade de se romper com o *fundamentalismo institucional*.

Mais do que um justo processo, deve-se almejar, igualmente, uma *justa decisão*.

No sistema rawlsiano da 'justiça como equidade', as instituições são constituídas com os olhos voltados aos resultados. Porém, uma vez escolhidos os resultados, por meio dos 'princípios de justiça', não há no sistema nenhum procedimento para verificar se as instituições estão gerando os resultados previstos.

A questão insere-se na desconfiança de que o juiz não possa ser sensível ao que sucede no mundo, não possa assimilar a *virtude da justiça* na sua perspectiva material e não meramente formal, não obstante a excelência do devido processo legal ou da justiça das instituições.

Por isso:

> simplesmente não se pode confiar a tarefa da justiça a um 'niti' de instituições e regras sociais que estimamos corretas para nos deter aí e para nos livrar de toda avaliação social posterior (para não falar de algo como a 'liberdade

[93] *"Ainda quando a perspectiva de niti, baseada no esquema, interpreta-se com freqüência de modo que a presença mesma das instituições adequadas satisfaz as exigências da justiça, a mais ampla perspectiva de nyaya indicaria a necessidade de examinar as realizações sociais que efetivamente se gerariam por meio dessa base institucional. Por essa razão, as instituições contam com parte sensível das realizações que se produzem através delas, porém dificilmente podemos nos concentrar tão somente nelas, já que as vidas das pessoas também estão implicadas"* (Sen, A., idem, p. 50 e 51 e 52, 112 e 113).

frente à moralidade', segundo a pitoresca expressão de David Gaythier). Perguntar como vão as coisas e se podem melhorar é uma parte ineludível da busca pela justiça...[94]

Ao mesmo tempo em que se afirma que se *deve fazer justiça*, deve-se igualmente verificar *se foi feito justiça*. E por quê? Porque há necessidade de se qualificar ou se restringir ou se complementar um requerimento estritamente jurídico (que se faça justiça) com uma exigência democrática (que as pessoas observem que se há feito justiça). De uma maneira geral, a administração da justiça pode ser mais efetiva ao se constatar que os juízes fazem um bom trabalho, em lugar de cometer torpezas. Se uma decisão judicial inspira confiança e apoio geral, então é muito provável que seja facilmente considerada legítima e facilmente executada. Não existe grande dificuldade em explicar por que essa frase acerca da necessidade de *'ver que se faça justiça'* há recebido tão ressoante apoio e reiterada aprovação desde a primeira vez que foi formulada por Lord Hewart em 1923, no caso *Rex v. Sussex Justices ex parte MacCarthy*, com sua advertência: *'de maneira manifesta e indubitável, deve ver-se que se faz a justiça'*.[95]

É possível argumentar-se de maneira plausível que se os outros não podem ver, mediante seu maior esforço, que uma decisão é justa no sentido compreensível e razoável, então não somente sua aplicabilidade torna-se muito afetada, senão que também sua solidez resulta profundamente problemática.[96]

Os critérios e pressupostos de justiça exigem avaliações comparativas e interdisciplinares, com o respeito à multiculturalidade, e não apenas uma identificação imaculada 'das justas sociedades' ou 'das justas instituições'.[97]

Em regra, não é suficiente que se adotem somente princípios de justiça reguladores de um processo justo, resguardado por uma instituição justa. É necessário que o juiz apresente, no momento de julgar, também um *senso de justiça*. A aquisição de um *senso de justiça* ocorre em estágios

[94] Sen, A., idem, p. 116.
[95] Sen, A. idem, p. 427
[96] Sen, A., idem., ibidem.
[97] Sen, A., idem, p. 434.

ligados ao aumento do conhecimento e da compreensão, ou seja, para que se possa adquirir o sentimento (*sentiment*) de justiça, deve-se desenvolver uma concepção do mundo social, econômica e cultural e do que é justo e injusto.

Analisando-se o Código Ibero-Americano de Ética Judicial, verifica-se, mediante uma metodologia hermenêutica jurídica/filosófica, que dentre os critérios de justiça, o critério preconizado pelo texto ético normativo exige do magistrado uma avaliação não só do *niti* (idoneidade das instituições – o processo justo), mas, também, uma avaliação do *nyaya*, como critério compreensivo da justiça *realizada* (decisão justa). O fundamento dessa argumentação encontra-se no art. 36 do Código Ibero-Americano de Ética Judicial, quando afirma: *"La exigencia de equidad deriva de la necesidad de atemperar, con criterios de justicia, las consecuencias personales, familiares o sociales desfavorables surgidas por la inevitable abstracción y generalidad de las leyes"*.

A partir do momento em que o próprio texto normativo de ética judicial preconiza que a exigência de equidade decorre da necessidade de *temperar*, por meio de critérios de justiça, as consequências pessoais, familiares ou sociais desfavoráveis das partes (surgidas pela inevitável abstração e generalidade das leis), isso significa recomendar ao magistrado, quando do exercício da função jurisdicional, que, além de observar e aplicar os princípios de justiça norteadores de um justo processo público com todas as garantias (*niti*), deve, igualmente, levar em consideração as *consequências* reais das decisões proferidas na concretização de seus objetivos, consequências econômicas, sociais, políticas e culturais. Em regra, essa perspectiva de equidade, temperada com critérios de justiça, guarda relação, em última instância, com a forma com que as pessoas vivem suas vidas e não simplesmente com a natureza das instituições que as cercam.

A necessidade de uma compreensão da justiça baseada em resultados factíveis está relacionada com o argumento de que a justiça não pode ser indiferente *às vidas que as pessoas possam realmente viver*. Deve-se buscar, em vez de uma justiça baseada em esquemas, uma justiça baseada em *realizações*.[98]

[98] Sen, A. idem. p. 15

É certo que na vertente utilitarista há um cálculo de consequências de uma ou de outra escolha em prol de uma finalidade, no caso, a busca da felicidade humana, e se opta pela aquela que consiga tal desiderato.

Porém, na perspectiva do *nyaya*, o que se busca é a *justiça da decisão* com base nas possíveis consequências dentro e fora do processo, sem vínculo específico com a felicidade ou outro bem qualquer. Não há, portanto, uma maximização do bem sobre o justo.

Em face da concepção hermenêutica jurídica/filosófica extraída do texto normativo ético do Código Ibero-Americano de Ética Judicial, pode-se afirmar que o critério apropriado e consignado é aquele da filosofia jurídica indiana, bem delineada por Amartya Sen.

Ao se adotar o método indicado pela perspectiva de *niti e nyaya*, como critério de justiça proposto pelo Código Ibero-Americano de Ética Judicial, também se reconhece a concepção filosófica *consequencialista* como fundamento normativo da ética judicial, que será objeto de análise no item a seguir.

6. O critério *consequencialista* como fundamento normativo ético da justiça ibero-americana

O texto normativo de ética judicial ibero-americano optou por realizar uma integração entre o Direito e a ética filosófica. Diante dessa visão, não é suficiente a idoneidade das instituições ou a correção de comportamento (niti – concepção deontológica de um processo justo); é necessário também verificar o que surge e como surge, e em especial a vida que as pessoas são realmente capazes de viver (nyaya – concepção *consequencialista* de uma justa decisão).

O Código Ibero-Americano de Ética Judicial, com base nessa postulação hermenêutica, aponta, justamente, para a observância do critério *consequencialista* na tomada de decisão, ou seja, que o juiz leve em consideração, no momento de decidir, os aspectos sociais, econômicos, culturais em face da generalização e abstração das normas jurídicas.

Pode-se afirmar que o grande mérito do Código Ibero-Americano de Ética Judicial é justamente trazer para o centro do debate a deontologia (ciência do direito), livre da crítica das consequências, e a racionalidade consequencialista, sujeita à crítica das consequências.

O caso paradigmático do consequencialismo é o utilitarismo, cujos proponentes clássicos foram Jeremy Bentham (1789), John Stuart Mill (1861) e Henry Sidgwick (1907). Os utilitaristas clássicos defendiam o consequencialismo do ato hedonístico. O consequencialismo do ato é a afirmação de que um ato é moralmente correto se e somente se esse ato maximiza o bem, isto é, se e somente se a quantidade total de bens para todos menos a quantidade total de males para todos for maior do que este valor líquido para qualquer ato incompatível disponível para o agente naquela ocasião. O hedonismo então afirma que o prazer é o único bem intrínseco e que a dor é o único mal intrínseco.[99]

O consequencialismo, como o próprio nome sugere, é simplesmente a visão de que propriedades normativas dependem também de consequências. Essa teoria, historicamente importante e ainda popular, incorpora a intuição básica de que o que é melhor ou certo é o que torna o mundo melhor no futuro, porque não se pode mudar o passado; portanto, preocupar-se com o passado não é o mais útil ou o mais correto. Essa abordagem geral pode ser aplicada em diferentes níveis a diferentes propriedades normativas de diferentes tipos de coisas, mas o exemplo mais proeminente é provavelmente o consequencialismo sobre a retidão moral dos atos, que sustenta que se um ato é moralmente correto depende apenas das consequências disso.[100]

Em relação à definição do que se deva entender por consequencialismo, Bergström preconiza que essa definição não é linear e uniforme, podendo ser aplicada em diversos sentidos, inclusive como sinônimo de utilitarismo.[101]

O consequencialismo, além de não possuir uma definição unívoca, recebe, ainda, por parte da doutrina, outras denominações, como a *sinépica*. Segundo Tatiana Nunes:

[99] *Stanford Encyclopedia of Philosophy – In:* https://plato.stanford.edu/entries/consequentialism/. acesso em 13.07.2020.

[100] *Stanford Encyclopedia of Philosophy – In:* https://plato.stanford.edu/entries/consequentialism/. Acesso em 13.07.2020.

[101] Bergström, Lars. Reflections on consequentialis. *Thoeria*, Vol. 62, Part. 1 e 2, 1996. pp. 74 a 94: "A well-known consequentialist theory would be the hedonistic utilitarianism described in the first two chapters of G.E. Moore's Ethics; another example would be Moore's own nonhedonistic "ideal" utilitarianism proposed in the same book".

Sinépica é uma palavra de origem grega que pode ser traduzida como pensamento consequencial, a sugerir que a decisão judicial seja tomada com base nas possíveis consequências práticas que ela pode produzir. A sinépica é parte da estrutura da formação da decisão, se constituindo de um conjunto de regras que, habilitando o intérprete-aplicador a 'pensar em consequências", permitem o conhecimento e a ponderação dos efeitos das decisões, de modo que elas sejam realizáveis no mundo real.[102]

O consequencialismo, de certa forma, já é aplicado no âmbito do direito, em especial na análise econômica do direito, como ocorre com a corrente defendida por Posner. Segundo ele:

> O positivismo jurídico estrito e a livre interpretação constitucional representam os dois extremos na antiga controvérsia sobre a discricionariedade judicial. A teoria econômica, tal como explico nesse livro, representa uma posição intermediária. De acordo com ela, os juízes exercem e devem exercer a discricionariedade. Esta, porém, deve seguir os ditames de uma teoria econômica aplicada ao direito: a chamada 'análise econômica do direito' ou 'direito e economia' (Law and economics.[103]

Ao se mencionar o critério consequencialista neste trabalho, não se tem por finalidade adotar um critério restritamente utilitarista sem a observância de outras circunstâncias ou direitos fundamentais.

Na verdade, procura-se estabelecer um entrelaçamento entre o consequencialismo e a deontologia.

O critério consequencialista, aqui adotado, vê a necessidade de se conjugar as perspectivas da ciência do direito em conjunto com a ética filosófica.

[102] NUNES, Tatiana Couto.A sinépica como mecanismo de eficácia das decisões judiciais: *In: A eficácia das decisões judiciais com foco nas decisões da jurisdição constitucional STF*. Brasília: IDP, 2012, p. 17.

[103] POSNER, Richard. *A economia da justice*. São Paulo: WMF Martins Fontes, 2010. p. XII..

Não obstante as críticas que possam surgir, o melhor, talvez, seja pensar numa relativização do consequencialismo, na perspectiva de Sen, Broome e Portmore.[104]

O que efetivamente importa, para o desenvolvimento dessa tese, não é afirmar se o método consequencialista é melhor ou pior, ou mesmo se existe algum sentido em relativizar o consequencialismo; a pretensão deste trabalho é desvelar, por meio de uma análise interpretativa, qual o critério de justiça adotado pelo Código Ibero-Americano de Ética Judicial.

O texto normativo de ética judicial ibero-americano optou por realizar uma integração entre o Direito e a ética filosófica. Diante dessa visão, não é suficiente a idoneidade das instituições ou a correção de comportamento (niti – concepção deontológica de um processo justo); é necessário também verificar o que surge e como surge, e em especial a vida que as pessoas são realmente capazes de viver (nyaya – concepção *consequencialista* de uma justa decisão).

O Código Ibero-Americano de Ética Judicial, com base nessa postulação hermenêutica, recomenda justamente a observação do critério *consequencialista* na tomada de decisão, ou seja, que o juiz leve em consideração, no momento de decidir, os aspectos sociais, econômicos, culturais em face na generalização e abstração das normas jurídicas.

Essa sinalização promovida pelo Código Ibero-Americano de Ética Judicial está muito bem representado no diálogo ocorrido na epopeia indiana entre Arjuna e Krishna.

Trata-se de interessante diálogo que ocorrera no antigo épico sânscrito *Mahabharata*, entre Arjuna, o grande guerreiro e herói do épico, e Krishna, seu amigo e conselheiro, na véspera da grande batalha Kurukshetra, em um lugar não muito distante da cidade de Delhi.

No 'Mahabharata', a epopeia indiana, na parte denominada 'Bhagavadgita', no ápice da batalha que constitui o episódio central do poema, Arjuna, o guerreiro invencível, expressa suas profundas dúvidas sobre

[104] Sen, A. "Rights and Agency", *Philosophy and Public Affairs*, 1982, 11(1): 3–39; Broome, J. *Weighing Goods*, 1991, Oxford: Basil Blackwell; Portmore, Douglas W. "Can an Act-Consequentialist Theory be Agent-Relative?" *American Philosophical Quarterly*, 2001, 38: 363–77.

a condução de uma luta que deixará muitas mortes. Seu conselheiro, Krishna, lhe diz que seu dever tem prioridade e que há de combater sem que importem as consequências. Esse famoso debate se interpreta, com frequência, em uma polêmica entre *deontologia e consequencialismo*: Krishna, o deontólogo, pede a Arjuna que cumpra com o seu dever, enquanto que Arjuna, o consequencialista, preocupa-se com as terríveis consequências da guerra, com a iminente morte de seus amigos, tios, sobrinhos, primos e outros entes queridos.

Em determinado momento, Arjuna diz a Krishna que de fato ele não deve lutar e matar, e que eles devem talvez simplesmente deixar que os injustos Kauravas governem o reino que usurparam, pois esse talvez seja o menor dos dois males. Contudo, Krishna opõe-se, e sua resposta, que se concentra na prioridade do cumprimento do dever, independentemente das consequências, foi invocada repetidas vezes. Krishna sustenta que Arjuna deve cumprir seu dever aconteça o que acontecer, não importando o resultado. A causa é justa e, como guerreiro e general de quem depende seu exército, ele não pode abdicar de suas obrigações.[105]

Sem dúvida, esse contraste encaixa-se perfeitamente na diferenciação entre a perspectiva consequencialista e a perspectiva deontológica. O que resulta particularmente relevante aqui é ir mais além desse simples contraste, para examinar, também, as preocupações de Arjuna acerca de sua expectativa de não viajar bem.

Arjuna não estava preocupado tão somente se a guerra ocorreria e se ele dirigiria o ataque ao lado da justiça e da correção, mas, também, com o fato de que muitas pessoas resultariam mortas. Ademais disso, Arjuna preocupa-se, na parte inicial da 'Gita' e na batalha entre os dois ramos da família, com o fato de causar a morte de pessoas por quem tem afeto ou conhece de maneira pessoal. Com efeito, o fato que preocupava a Arjuna ia muito mais além da visão consequencialista independente do processo de guerra. Uma compreensão adequada da realização social, decisiva para a justiça entendida como 'nyaya', tem de assumir a forma compreensiva de um processo inclusive na versão ampla.[106]

[105] SEN, Amartya. *A ideia de justiça*. Trad. Denise Bottmann e Ricardo Doninilli Mendes. São Paulo: Companhia das Letras, 2009. p. 243 e 244..

[106] SEN, Amartya. *La idea de la justicia*. Madrid: Taurus, 2009. p. 44 e 45.

O juiz, no momento derradeiro de sua atividade jurisdicional, também se depara, ou, pelo menos, deveria se deparar, com esse diálogo institucional, qual seja, a justiça formal em uma perspectiva deontológica advinda da ciência do direito (niti), decorrente da correção dos comportamentos e da idoneidade das instituições jurídicas, e a justiça material proveniente de uma racionalidade consequencialista, que vai além dos limites da relação jurídica processual (nyaya).

O Código Ibero-Americano de Ética Judicial, ao estabelecer que o fim último da atividade jurisdicional é a realização da justiça por meio do Direito, e também que a exigência de equidade deriva da necessidade de temperar, com critérios de justiça, as consequências pessoais, familiares ou sociais desfavoráveis surgidas pela inevitável abstração e generalidade das leis, referendou a introdução no âmbito da ética judicial do diálogo entre a deontologia e o consequencialismo para a busca de uma *decisão justa.*

A preocupação com o critério *consequencialista,* no âmbito da tomada de decisão, decorre justamente da aplicação do critério da equidade como forma de o juiz levar em consideração, no momento de decidir, as consequências pessoais, familiares ou sociais desfavoráveis surgidas pela inevitável abstração e generalidade das normas, conforme estabelecem os artigos 36 e 37 do estatuto normativo ético.

É importante salientar que o art. 36 do texto ético normativo, ao estabelecer que os critérios de *justiça* devam moderar a exigência de *equidade*, como forma de afastar, no caso concreto, as consequências desfavoráveis e injustas surgidas pela inevitável abstração e generalidade das leis, reforça a ideia de que não se deve confundir *equidade* e *justiça*.

A *justiça* não se identifica com a *equidade.*[107]

[107] *"A equidade surge historicamente como um expediente para mitigar o rigor do common law, permitindo que os juízes administrassem a justiça conforme ao Direito natural. Ao largo dos séculos XIII e XIV os tribunais regulavam com sua doutrina o common law, um sistema em que a admissão e a decisão dos casos atuais se baseia na aplicação dos princípios jurídicos modelados e desenvolvidos nos casos precedentes. Porém, pronto esse sistema, ele se tornou excessivamente rígido: o procedimento formal de alegações chegou a fazer-se excessivamente intrincado...Não obstante, os jurisdicionados frustrados em suas pretensões podiam ainda dirigir-se diretamente ao rei em busca de amparo. Este começou a delegar regularmente a resolução destas petições ao chancellor, um membro destacado do Conselho Real... Por meio desta figura, o rei exercia a justiça por meio da equidade. Deste modo, suas*

Para o Código Ibero-Americano de Ética Judicial, a *equidade* serve como *transcendência do juridicismo*, assim como já pensara Aristóteles em sua Ética a Nicômaco. Aristóteles, preocupado em nunca poder apreender a complexidade dos casos particulares dentro do rigor indiferente da lei, insere como ponto de excelência da justiça o que ele chama de *equidade*, verdadeiro remédio à limitação da justiça humana e dos limites inerentes à lei. Assim:

> Se a lei, com efeito, em sua expressão geral, é válida para a maioria dos casos semelhantes, a particularidade que ela generaliza pode, às vezes, tornar-se singular. É então legítimo dar-lhe um corretivo, encontrando em seu espírito o que o legislador visava no texto das leis. Tal é a natureza do 'equitativo' e da 'equidade', justiça superior àquela que pode conter o texto de uma lei em que a sutileza mostra-se insuficiente diante da complexidade irredutível das coisas (1137b 24-27). ' A justiça e a equidade não são, nem absolutamente idênticas, nem genericamente diferentes' (1137a 34, p. 266). Mesmo sendo superior a uma certa justiça, o equitativo não é de um gênero diferente daquele da justiça: ele é em si mesmo justo. Os dois são bons, dizia Aristóteles, 'ainda que o equitativo seja o melhor dos dois'.[108]

Na realidade:

> (...) a equidade traz à luz a inevitável imperfeição do julgamento feito em conformidade com a lei, mas injusto em seus efeitos em relação àqueles que ele atinge...Que ela seja objetiva ou subjetiva, a equidade evoca uma justiça

decisões se converteram na base para um Direito de equidade totalmente independente do common law e muito mais flexível... Common law e equity representavam valores opostos dentro do sistema jurídico inglês. Os juízes do common law consideravam que o exercício da equidade resultava arbitrário, dependendo da consciência do chancellor. É famosa a crítica formulada neste sentido por John Selden, um dos juristas ingleses mais célebre do século XVII, quem denunciava que a equidade era tão variável como a longitude do pé do chancellor. Ademais, se via como um ataque da Coroa à independência judicial. Sem embargo, apesar da oposição, a equidade se consolidou progressivamente como um sistema de princípios jurídicos administrados pela Court of Chancery, assentada a partir do século XV como um órgão judicial... ". (JR. Holmes, Oliver Wendell. *La senda del derecho.* Madrid: Marcial Pons, 2012. p. 63 e 64).

[108] Farago, F., op. cit. p. 78.

em seu estado puro...A equidade é considerada, então, objetiva. Foi assim que, na Inglaterra, a equidade temperou a 'common law' graças aos elementos instituídos a partir das exigências da consciência e da referência do 'reasonable man'....[109]

A flexibilidade da *equidade* traz à rigidez legal o corretivo, o suplemento de humanidade que às vezes se impõe. Tal é a natureza do equitativo:

> o de ser um corretivo da lei, lá onde a lei falhou em construir por causa da generalidade. Aristóteles vê a equidade caracterizar o homem de bem: ele é capaz de ser flexível em seu julgamento como a régua de chumbo utilizada nas construções de Lesbos que tomava os contornos da pedra porque ela não era rígida....[110]

Conforme afirmara Tomás D'aquino, a equidade estaria mais em conformidade com a *sabedoria* e com o *bom senso* do que com a lei escrita.

A *equidade* preconizada pelo Código Ibero-Americano de Ética Judicial, que tempera os critérios de justiça, visa justamente a moderar a *igualdade abstrata* decorrente da generalidade das leis, pois a *igualdade* meramente formal é uma consequência lógica da generalidade da norma, na medida em que todas as pessoas devem ser tratadas por igual, não levando em consideração a particularidade de cada caso em concreto.

Essa regra de igualdade formal, por sua vez, não pressupõe que todas as pessoas sejam iguais; pelo contrário, ela reconhece a sua desigualdade. Todavia, exige que não se faça menção *na lei* de nenhuma desigualdade no tratamento das pessoas. Na lei não se leva em consideração as desigualdades de fato e da realidade entre as pessoas, pois todas são iguais perante a lei. A regra da igualdade não é uma regra de justiça, mas uma exigência da lógica. A igualdade que consiste em deverem os que são iguais ser tratados igualmente é, portanto, uma exigência da lógica e não uma exigência da justiça.[111]

Contudo, conforme anota France Farago:

[109] Farago, F., idem, p. 320.
[110] Farago, F., idem, ibidem.
[111] Kelsen, H., op. cit., p. 51, 56 e 57.

> a regra jurídica demasiadamente geral e impessoal manifesta-se de maneira brutal quando ela negligencia a situação particular daquele ao qual ela é aplicada. O justo manifesta-se quando o juiz faz apelo à equidade ou dá provas de inovação na resolução do litígio.[112]

Em razão dessa igualdade jurídica abstrata de conteúdo lógico decorrente da generalidade das leis, é que o Código Ibero-Americano de Ética Judicial oportuniza ao juiz a utilização do critério *consequencialista* na tomada de decisão para o fim de se avaliar, concretamente, as consequências pessoais, familiares ou sociais desfavoráveis surgidas pela inevitável abstração e generalidade das leis.

Os critérios de justiça são aplicados não em razão da igualdade, mas em decorrência das diferenças sociais, pessoais e familiares encontradas; não na abstração das normas, mas na realidade dos fatos.

Nas palavras de Paul Ricouer: *"o ato de julgar consiste realmente em separar; o termo alemão 'Urteil' exprime isso muito bem ('Teil' quer dizer parte); trata-se de levantar em conta um e o outro. O ato de julgar é, portanto, aquele que dês-empata, se-para"*.[113]

Somente quando cada caso particular for tratado conforme as suas particularidades e de acordo com as consequências que advirão da decisão judicial, é que a decisão poderá ser considerada *justa*. Aliás, é este o princípio de justiça que está na base da política da livre descoberta do direito e que já Platão aplicava, no seu Estado ideal, à atividade dos juízes desse Estado. Corresponde ao ideal da plena flexibilidade do direito, que se contrapõe à rigidez do direito, rigidez que é consequência das normas gerais que vinculam os órgãos de aplicação jurídica.[114]

Os critérios de justiça recomendado pelo Código Ibero-Americano de Ética Judicial, ao contrário do que se possa pensar, não são critérios de igualdade (que é uma perspectiva lógica da igualdade na lei), mas, sim, um critério de tratamento desigual, diante do caso singularizado e concreto, sendo que esse tratamento desigual será modelado pela equidade, segundo uma perspectiva consequencialista.

[112] FARAGO, F., op. cit.., p. 319.
[113] FARAGO, F., idem., p. 315.
[114] KELSEN, H., op. cit., p. 52.

A concepção de interpretação e aplicação do direito preconizada pelo Código Ibero-Americano de Ética Judicial, em se levar em conta os fatores extraprocessuais, *no âmbito da decisão judicial*, para além de uma simples igualdade normativa formal e abstrata, há muito vem sendo postulada e denominada pela doutrina como "discussão dos efeitos" (M. Kriele, R. Zippeluis), "orientação pelos efeitos" (T.w.wälde, H. Rottleuthener), "consideração dos efeitos" (Teubner, Koch/Rüssmann), "argumentos consequencialistas" (N. Maccormich), "legitimação pelos efeitos" (Podlech).[115]

Frente a concepção metodológica taxidérmica e conceitualista clássica, esforçada no descobrimento de supostas naturezas e princípios jurídicos que haviam perdido toda conexão com a realidade, propõe-se o escrutínio consciente e aberto por parte do jurista e dos objetivos sociais a satisfazer, ou seja, *as consequências que sua decisão pode ensejar no meio particular e social*. Desse modo, os olhos do jurista voltam-se não mais para o passado, mas, sim, para o futuro, ou seja, para avaliação das previsíveis consequências práticas que acarretará a aplicação das normas.[116]

No entender de Oliver Holmes, o novo jurista não pode ser simplesmente um estudioso das antiguidades jurídicas, senão o *expert* em estatísticas, sociologia, economia, uma pessoa capaz de avaliar e sopesar os fins das normas, os meios para alcançá-los e seu custo. E para que o jurista assim possa se conduzir, ele precisa de auxílio de outras disciplinas que lhe guiem na ponderação do valor das distintas demandas e objetivos sociais a satisfazer por meio do Direito. Esse giro de perspectiva jurídica exige uma revolução nos modos de pensamentos: *"o jurista, acostumado a 'pensar palavras', deve agora antes de tudo 'pensar coisas"*.[117]

A concepção funcional e instrumental do Direito reclama, portanto, um novo enfoque de caráter interdisciplinar:

> Frente ao ideal clássico de autonomia e autossuficiência de uma ciência jurídica dobrada sobre si mesma, o jurista pragmático requer o auxílio de outras

---

115 Neves, A. Castanheira, *Metodologia jurídica – problemas fundamentais*. Coimbra: Coimbra Editora, 1993. p.197.

116 Pound, R. 'Law in Books and Law in Action', in W.W. Fischer, M.; M. J. Horwitz e T.A. Reed. *American Legal Realism*. Oxford University Press, 1993. p. 40.

117 Holmes JR., O. W., op. Cit., p. 29.

> disciplinas em sua tarefa de avaliação da adequação das normas às demandas sociais. A ética, a economia, a política, a sociologia, a história, a psicologia, são âmbitos do saber cujas aportações não podem desconhecer o jurista se deseja realizar eficazmente sua tarefa de ordenação e ajuste das relações sociais.[118]

Para que se possa romper com essa perspectiva mecanicista, taxidérmica, em prol dessa postura reclamada ao jurista moderno, deve-se pensar a *justiça* sob a perspectiva de dois modelos: a) o deontológico – que compreende o caráter do dever ser de um *processo justo*; b) o consequencialista – que compreende o caráter finalístico de uma *decisão justa*.

Diante da dominância do modelo processual prático pelos juristas, Paul Ricouer reavaliou a temperança da equidade aristotélica, o julgamento prudencial, muito mais apto a guiar a prática concreta do magistrado cujas decisões possuem um impacto bastante concreto e direto sobre os destinos humanos. Para essa perspectiva, *"conhecimento e ação, teoria e prática, deixam de ser universo separado"*.[119]

7. O "justo processo" e a "justa decisão"

Ao se indicar, por meio de uma interpretação jurídica e filosófica, o critério de justiça proposto pelo Código Ibero-Americano de Ética Judicial, consubstanciado na filosofia jurídica indiana, em especial no diálogo realizado entre Arjuna e Krishna, insere-se no centro da interpretação e aplicação do direito o enfoque deontológico e consequencialista, razão pela qual, o delineamento do que seja um 'justo processo' e uma 'justa decisão' torna-se imperativo para o reforço argumentativo do pensamento até então desenvolvido.

7.1. 'Justo processo' e a 'justa decisão' – correlação entre *niti e nyaya* no exercício da atividade jurisdicional ibero-americano

O critério de justiça recomendado pelo Código Ibero-Americano de Ética Judicial, com base em *niti* e *nyaya* (segundo a perspectiva hermenêutica desenvolvida neste trabalho), permite realizar uma nítida distinção entre

[118] Holmes Jr., O. W., idem, p. 31.
[119] Holmes Jr., O. W., idem., p. 23.

justo processo e *justa decisão*. Daí por que não ser suficiente afirmar-se que se *deve fazer justiça*, senão que também se deve verificar que *se há feito justiça*

A observância dos princípios garantidores de um *justo processo* é imprescindível para a construção de uma solução jurisdicional *justa*.

A perspectiva de um *justo processo* nos leva à consideração de uma justiça baseada em *niti*, ou seja, na idoneidade das instituições e na correção dos comportamentos institucionais existentes no exercício da atividade jurisdicional.

O problema é que as soluções de caráter nitidamente instrumental, postas e impostas no sistema jurídico ibero-americano, frequentemente tendem a individualizar as regras procedimentais de tal forma que no passar do tempo essas são consideradas não mais como instrumentos para atuação dos direitos individuais ou coletivos, mas como fim em si mesmo. Uma vez prescritas essas regras, a sua razão de ser tende a ser esquecida, e começam a ser consideradas intrinsecamente justas, perdendo a sua função instrumental. É o que se denomina de *'institucionalismo transcendental'*. Frequentemente são elevadas à condição de direitos e garantias constitucionais, de tal forma que toda decisão que decorra de um processo conforme tais preceitos normativos pode ser considerada como um processo justo.[120]

Não se deve jamais esquecer que a função de tais garantias procedimentais reside no fato de que elas são instrumentos que permitem a atuação do direito material dos indivíduos que participam do processo jurisdicional e que não podem ser consideradas justas em si mesmas, devendo encontrar justificação no respeito aos direitos reconhecidos pelo ordenamento jurídico aos indivíduos.[121]

Na perspectiva meramente instrumental, os *process values*, como a imparcialidade do juiz, o direito ao contraditório, a igualdade das partes no processo, a razoável duração da causa têm a função de exprimir o respeito do ordenamento nos confrontos dos indivíduos. Somente inci-

[120] BERTOLINO, Giulia, *Giusto processo civile e giusta decisione – riflexioni sul concetto di giustizia procedurale in relazione al valore della accurateza delle decisión nel processo civile*. Tese de Doutorado em Alma Mater Studiorum – Universidade di Bologna (XIX CICLO), p. 122.
[121] BERTOLINO, G., idem, loc. Cit.

dentalmente e secundariamente isso corresponde à função de conduzir a decisões mais acertadas.[122]

O 'justo processo', por si só, não significa a existência de uma 'justa decisão', uma vez que se está diante de dois termos que muito embora estejam paralelamente imbricados, são autônomos e distintos.

A 'justa decisão', que decorre do *nyaya*, exige muito mais do que a correção institucional das regras procedimentais.

A postulação por uma decisão justa vai além dos próprios limites traçados pelo processo jurisdicional, uma vez que deverá ser objeto de avaliação em relação às consequências sociais, culturais e econômicas que estão além dos limites da relação jurídica processual.

Por isso, não há justiça no seu sentido ontológico quando a decisão é 'injusta', apesar de o processo ser justo.

A 'injustiça da decisão', por mais que o processo tenha sido justo em razão da observância das garantias constitucionais, é causa de insatisfação social e de ilegitimação do Poder Judiciário.

Diante dos limites intrínsecos do processo, o esquema de um silogismo judiciário perfeito que faça uma verificação absoluta dos fatos e da realidade imposta para além do próprio processo constitui de certa forma uma 'ilusão filosófica'. Contudo, esse entrave não deve levar à negação de que a verdade possa constituir um ideal regulativo, ignorando o fato de que se pode tender a um modelo ideal, na tentativa de construir, por meio de técnicas legislativas e judiciárias, um modelo de justiça do processo mais ou menos satisfatório.[123]

7.2. Aspectos estruturais de um "justo processo"

O 'justo processo' é um significado culturalmente e historicamente muito importante, tanto que no passado e ainda hoje está sujeito a uma minuciosa análise.

Por meio do 'justo processo' consagra-se o *due process of law* de tradição constitucional norte-americana e o *procès équitable* da Convenção Europeia dos Direitos do Homem.

[122] Bertolino, G., idem, p. 124.

[123] Bertolino, G, idem, p. 86.

Sem dúvida, a partir da obra de John Rawls, o conceito de justiça procedimental há provocado a atenção de juristas, filósofos, políticos, sociólogos e psicólogos. Comum a essas reflexões, inclusive as de Luhmann, é a ideia de que os procedimentos desenvolvem uma função de legitimação e de justificação dos êxitos no âmbito das instituições sociais e das práticas sociais, quando ali não ocorra o consenso em relação aos princípios de justiça substancial que devem caracterizá-los.[124]

O *justo processo formal* é um processo decorrente daquilo que John Rawls denomina de *justiça procedimental pura*, vinculado à simples observância do procedimento sem qualquer preocupação com prévios critérios de justiça. O fato de seguir o procedimento é suficiente para determinar a qualidade da justiça e do resultado.

O 'justo processo' decorre da perspectiva *niti* da filosofia indiana, descortinada por Amartya Sen.

O conceito de 'justo processo', em seu aspecto meramente procedimental, é efetivamente distinto daquele de justiça substancial.

'Justo processo' é a princípio interpretado como sinônimo de processo correto, reenviando tal conceito à garantia do contraditório (entre as partes e entre estas e o juiz), ao direito de ação e de defesa, aos poderes instrutórios das partes, ao direito de impugnação. Outra parte da doutrina assinala que a locução 'justo processo' tem um significado 'aberto', por meio do qual, também no futuro, poderá ingressar no ordenamento jurídico ulteriores garantias individuais previstas pela Corte constitucional.[125]

É justamente isso que exige o *niti* da filosofia indiana, ou seja, a idoneidade dos institutos e a correção do comportamento.

A justiça substancial, ao invés, é a justiça material do resultado avaliado em si mesmo, é a justiça decorrente do *nyaya*, ou seja, do que surge, como surge, e a vida que as pessoas possam realmente viver.

O justo processo 'procedural':

> regolano il conflito fra pretese e interessi, evitando il conflitto distruttivo, e svolgono una funzione di legittimazione, permettendo una migliore accettazione dei resultati, collocandosi 'super partes', in una posizione neutrale

[124] Bertolino, G., idem, p. 45.
[125] Bertolino, G., idem, p. 13 e 14.

> rispetto alle divergenti coneizioni sostanziali sul bene e sul giusto. É però importante, perché ci sia accettazione della decisione, che le procedure siano 'giuste' o 'correte'.[126]

A construção analítica de um 'justo processo', obrigatoriamente, deve transitar pelos princípios consagrados pelas Constituições dos diversos países ibero-americanos, entre eles: a) o justo processo deve ser regulado pela lei; b) todo processo desenvolve-se por meio do contraditório entre as partes, em condição de igualdade; c) deve existir um juiz terceiro e imparcial; d) a lei deve assegurar a razoável duração do processo; e) no processo penal, a lei deve assegurar que a pessoa acusada de um crime seja, o mais rápido possível, informada reservadamente da natureza e dos motivos da acusação contra si formulada; que a pessoa disponha de tempo e das condições necessárias para preparar sua defesa; f) que a pessoa tenha a faculdade diante de um juiz de interrogar ou de fazer interrogar as pessoas que fazem declarações contra ela, bem como de obter a convocação e o interrogatório de pessoas em prol de sua defesa, nas mesmas condições da acusação e tenha a possibilidade de realizar todos os meios de prova em seu favor; g) toda pessoa tem direito de ser assistida por um intérprete se não compreende ou não fala a língua empregada no processo; h) o processo penal é regulado pelo princípio do contraditório na formação da prova; i) a culpabilidade do réu não pode ser provada com base em declarações de pessoas que, voluntariamente, se esquivam ao interrogatório por parte do réu ou de seu defensor; j) a lei deve regular os casos em que a formação da prova não se dá em contraditório por consenso do réu ou por comprovada impossibilidade de natureza objetiva ou por efeito de comprovada conduta ilícita; l) todos os provimentos jurisdicionais devem ser motivados; m) contra a sentença e contra os provimentos sobre a liberdade pessoal, pronunciados pelos órgãos jurisdicionais ordinários ou especiais, é sempre admitido recurso de Cassação por violação da lei. Pode-se excepcionar esta norma apenas para as sentenças dos tribunais militares em tempo de guerra.

[126] Bertolino, G., idem, p. 42.

Giulia Bertolino esquematizou, com base em Schimidt, os *standars* mínimos avaliados pela literatura sobre a justiça procedimental: a) *La comprensività:* as regras do procedimento devem ser tais que possam assegurar ou permitir que todas as questões (normativas e factuais), relativas a um caso, possam ser consideradas no procedimento e possam ter peso na decisão. As questões irrelevantes, por sua vez, não devem ser levadas em consideração; b) *La sensibilità alle informazioni*: similar, mas não idêntico ao critério precedente, requer que o procedimento seja designado de tal maneira que se possa obter o maior número de informação pertinente ao caso; c) *La partecipazione*: o procedimento deve ser desenhado de tal modo que seja dado oportunidade àqueles que são diretamente ou indiretamente envolvidos pela decisão de serem ouvidos; d) *La trasparenza*: as regras do procedimento devem ser suficientemente precisas, previsíveis, e conhecíveis para evitar que elas sejam adequadas ao caso concreto por interesses de oportunidade; e) *La responsabilità*: os órgãos de decisão devem ser considerados responsáveis por suas decisões. Particularmente, esses devem ser induzidos ou obrigados a motivá-las; f) *La reversibilità*: devem ser previstas regras de procedimento que permitam a revisão ou a correção das decisões. Particularmente, devem ser previstos órgãos de revisão.[127]

Diante desse rol de garantia procedimental, deve-se ter em mente a seguinte advertência feita por Judith Shklar:

> La mitad de la Carta de Derechos de los Estados Unidos trata sobre los juicios justos y la protección del acusado en juicios penales, ya que es ante un tribunal donde el ciudadano se encuentra con el poder del Estado, y no se trata de una disputa entre iguales. Sin unos procedimientos bien definidos, unos jueces honrados y oportunidades de recibir asistencia letrada y de poder recurrir, nadie tiene ninguna posibilidad. [128]

Nesse sentido, pode-se afirmar que o procedimento jurisdicional legitima e justifica formalmente o ato de decidir, prevendo como êxito final a

[127] BERTOLINO, G., idem, p. 71.

[128] SHKLAR, Judith. *El liberalismo del miedo.* Trad. Alberto Ciria e Ricardo García Pérez. Barcelona: Herder Editorial, 2018. Posição 612 e 613 e-book.

emanação da sentença. A decisão encontra, nessa perspectiva, sua justificação com o respeito às normas processuais e constitucionais. Assim, se a decisão como ato é justificada em razão da observância das regras procedimentais, pode-se afirmar que é o próprio procedimento que fornece à decisão a qualidade de ser justificada, e, portanto, justa em referência aos critérios de justiça fornecidos pelas normas processuais.[129]

Porém, Roberto Braccialini faz a seguinte indagação:

> quando falamos em 'justo processo', nos referimos somente às regras processuais como a garantia do contraditório, ou temos também em mente os objetivos 'substanciais' do processo e nos convencemos que isso seja o real instrumento de realização dos direitos e não somente o sistemático instrumento para torná-los não efetivos? Seria o juiz apenas um árbitro deste jogo de igualdade de armas, ou deveria também ser um garantidor do seu justo resultado, isto é, a realização em concreto do direito lesionado?[130]

Segundo Roberto Braccialini, essa é a contribuição conceitual mais significativa e que inspira todo o articulado, o seu estímulo mais fecundo; esta é a pergunta inevitável que ainda coloca em mora a doutrina processual-civilística italiana e, porque não dizer, ibero-americana.[131]

Na perspectiva de Antonio Carrata, o significado de 'justo processo' decorre da tradução latina do *dues process of Law* de origem etimológica anglo-saxã, e tem por objetivo a salvaguarda dos princípios Constitucionais sobre as matérias que regulam a função jurisdicional. Contudo, continua o mestre italiano, não se pode olvidar que a expressão justo processo evoca algo mais, isto é, a denominada 'justiça da decisão'.[132]

O que importa é deixar evidenciado:

[129] Bertolino, G., op. cit. p. 81.

[130] Braccialini, Roberto. Garanti o no del risultato sostanziale? Spunti tardivi sul giusto processo. In *Questione Giustizia,* 1, 2005, FrancoAngeli, p'.1.212.

[131] Braccialini, R., idem, p. 1.213.

[132] Carrata, Antonio. Prova e convincimento del giudice nel processo civile. In *Rivista di Diritto Processuale,* Bologna, CEDAM, Anno LVIII, gennaio-marzo, 2003, p. 36.

> la contrapposizione tra una concezione della giustiza del processo che trova i suoi limiti nel concetto di regolarità data dal rispetto del dato normativo (le garanzie processuali formulate in costituzione), ed una concezione di giustizia del processo che invece intende tali garanzie quali strumenti, sì necessari, ma non sufficienti, per pervenire ad una decisione giusta, essendo garanzia di giustizia della decisione anche un accertamento veritiero dei fatti de causa, poichè come è stato detto 'una decisione di mertio basata su una rappresentazione della realtà difforme dal vero non tutela il diritto ma necessariamente lo viola.[133]

As normas constitucionais e infraconstitucionais, ao disciplinar os princípios do devido processo legal para o exercício da jurisdição, buscam, de uma maneira geral, a concretização de um 'justo processo'. Mas, evidentemente, somente o respeito formal (*niti)* não é suficiente à concretização de uma 'justa decisão' (*nyaya*). Na verdade, *"o respeito aos princípios do denominado justo processo é necessário para a existência de uma decisão 'constitucionalmente legítima', mas não é suficiente para ter uma decisão que possa afirmar-se 'justa'.*[134]

O princípio do justo processo decorrente da Constituição e das leis processuais se reduz ao respeito das garantias processuais em si, significando inserir o processo jurisdicional no âmbito de uma perspectiva meramente formalista. Tal perspectiva, porém, ignora que a real função do processo jurisdicional é de produzir decisões que sejam compatíveis com as expectativas jurídicas, sociais, econômicas e culturais dos cidadãos, e que a função das garantias processuais não é um fim em si mesmo, *"ma di fungere da meccanismo di protezione per i singoli contro quei pericoli di ingiustizia della decisione che possono caratterizzare una procedura imperfetta qual è quella giurisdizionale".*[135]

Na busca de um conteúdo material para as cláusulas do *due process of Law,* deve-se ter em mente a seguinte advertência do saudoso Michele Taruffo: *"a ideologia segundo a qual o processo deve ser concluído com uma decisão*

[133] Bertolino, G., op. Cit., p. 16.
[134] Carrata, A., op. Cit., p. 37.
[135] Bertolino, G., op. Cit., p. 125.

justa parece coerente com uma interpretação não formalista e não meramente repetitiva da cláusula constitucional do 'giusto processo".[136]

Quando se pensa no "justo processo" em seu aspecto material e não meramente procedimental, realiza-se uma reflexão de que o processo venha a ser um instrumento de real realização dos direitos, e não apenas um sistemático instrumento para rendê-los sem eficácia e sem efetividade. O que se pretende é a justiça do processo vinculada com a justiça da decisão e não sua mera regularidade ou legalidade.

Conforme se afirmou, a existência de um 'justo processo' (niti – concepção deontológica) não é suficiente para se pensar na justiça em uma visão holística, sendo necessário pensar também em uma *justa decisão* com base em critérios consequencialistas (nyaya).

7.3. Aspectos estruturais de uma "justa decisão"

Existiu uma época em que a ideologia prevalente era no sentido de que o processo seria um lugar em que havia plena liberdade das partes, como se fosse um jogo, no qual deveria vencer o competidor mais ágil e hábil. Neste jogo, deveriam existir regras e instrumentos processuais necessários à disposição das partes, para que pudessem desenvolver suas iniciativas numa competição individual, diante de um juiz árbitro, cuja função seria somente aquela de assegurar a correção e legitimidade do confronto. Contudo, essa ideológica de processo entrou em crise. A cultura jurídica, em particular a processualista, interpretou essa crise e a mudança ocorrida falando de uma função social do processo jurisdicional (Franz Klein), prescrevendo ao processo a finalidade de atuar o direito substancial; começou-se a falar da natureza publicista e não mais privatista do processo jurisdicional; começou-se a analisar a questão da eficiência e da funcionalidade do processo em relação aos seus escopos internos e externos, que não se restringiam mais à garantia da livre competição das partes privadas à margem da realidade dos fatos. Tornou-se evidente que a *qualidade* da decisão não poderia mais ser ignorada, uma vez que seria necessário resolver a controvérsia com base em decisões justas e legítimas de acordo com a verdade e realidade dos fatos.

[136] TARUFFO, Michele. Poteri probatori delle parti e del giudice in Europa, In: *Rivista Trimestrale di Diritto e Procedura Civile*, Milano, Giuffrè, 2006, p. 476 e s.

Nesse contexto, decorrente da evolução social e cultural do processo, a construção de uma 'decisão justa' vinculou-se à válida individualização e interpretação da norma aplicada ao caso concreto, mediante a reconstrução verdadeira e racionalmente controlável dos fatos.[137]

A intuição diz que *"nel processo, esiste un nesso molto stretto tra giustizia e verità... La sentenza sarà giusta se il giudice avrà trovato la soluzione vera sia della questione di diritto, che della questione di fatto".*[138]

A justiça da decisão, a partir desse momento, passou a ser avaliada de acordo com o grau de aproximação à realidade dos fatos, colocando em evidência a função do processo como lugar de acertamento da verdade.

Na concepção de Kellner, o único e essencial critério em torno do qual o jurisdicional deve ser construído, é aquele da construção da verdade objetiva ou material.[139]

A aproximação da construção ou reconstrução da verdade objetiva ou material é um dos pressupostos necessários para a 'justiça da decisão'. A decisão é justa, nessa perspectiva, conforme ensina Sergio Chiarloni:

> quando passa por um exame de duplo critério de verdade; quando é fruto de uma correta interpretação das normas e de uma exata reconstrução dos fatos; evidentemente que não se trata de uma verdade absoluta, como ocorre do raciocínio matemático dedutivo; na verdade, a correção do raciocínio interpretativo depende da bondade da formação profissional assegurada aos juízes e dos controles em sede de impugnação.[140]

137 *"Del resto lo rilevava to stesso Chiovenda, quando nella realzione al Progetto elaborato dalla Commissione da lui presieduta, osservava che 'il giudice, salvo i limiti espressamente stabiliti dalla legge, deve disporre quanto è necessario per chiarire la verità dei fatti e per assicurare alla causa una decisione conforme a giustizia' (Relazione sul progetto di riforma del procedimento elaborato dalla Commissione per il dopo guerra, in Chiovenda, Saggi di diritto processuale civile, II, ristampa, Milano, 1993, i ss., spec. 61; Il c.vo è nel esto). Sulla stessa lunghezza d'onda le insuperate pagine di Calamandrei, Processo e giustiza, in Riv. Dir. proc. 1950, 287, ss...;".* (Carrata, A., op. Cit., p. 37).

138 Chiarloni, Sergio. Processo civile e verità , In: *Questione Giutizia*, Sommario n.1, 1987, p. 504.

139 Monteleone, Girolamo. Intorno al conceitto di verità 'materiale' o 'oggettiva' nel proceso civile. In: *Rivista di Diritto Processuale.* CEDAM, 2009. Volume LXIV (II Serie), Anno 2009, p. 2.

140 Chiarloni, Sergio. *Giusto processo, garanzie processuali, giustizia della decisione.* op. cit., p. 147.

A referência à noção filosófica de 'justiça' como *'conformità all'ordine storico degli accadimenti'* ou como *'riconoscimento della verità'*, conduz a considerar a 'verdade' como o próprio pressuposto da realização da justiça, na plena consciência de que *"quem não crê na verdade será tentado inserir toda decisão, toda escolha, à força, segundo o princípio que, já que não se pode determinar isso que é justo, é justo isso que é possível determinar"*.[141]

Essa percepção filosófica de reconhecimento da verdade até então exigida para a constituição de uma decisão justa diz respeito tão somente à verdade histórica, referente a fatos passados.[142]

O Código Ibero-Americano de Ética Judicial, por sua vez, introduz um giro filosófico e epistemológico quanto à questão do reconhecimento da verdade como pressuposto para uma 'justa decisão'.

Na perspectiva do Código Ibero-Americano de Ética judicial, além do reconhecimento da verdade em relação a fatos histórico-passados, há necessidade também de uma vinculação da decisão judicial com a verdade dos acontecimentos futuros, ou seja, com as possíveis consequências sociais, econômicas e culturais que poderão advir, provenientes dos efeitos da tomada de decisão.

A partir desse giro filosófico e epistemológico, a 'justa decisão' decorre, sim, de uma aproximação à verdade histórica, acontecimentos passados, mas, também, à verdade decorrente das consequências futuras dos efeitos da decisão.[143]

[141] Carrata, A., op. Cit., p. 39 e 40.

[142] *"È vero che talvolta il giudice civile, per risolvere la situazione di fatto controversa, deve occuparsi non già di ricostruire avvenimenti del passato, bensì di accertare situazioni del presente. Basta pensare all'ipotesi in cui si compia un accesso sui luoghi per accertare se una distanza è stata violata, una pietra di confine rimossa. In tali casi il paragone più appropriato (anche qui si parva licet componere magnis) sarebbe con l'attività del geógrafo o del esploratoree, piuttosto che con quella dello storico"* (Chiarloni, Sergio. Reflexioni sui limiti del giudizio di fatto nel processo civile. In: *Rivista Trimestrale di Diritto e Procedura Civile,* Anno XL, 1986, Milano, Giuffrê Editore, p. 820.

[143] Não é nosso objetivo tratar do que é verdade ou realidade. Porém, importante é a seguinte advertência de Gonçal Mayos: *"El capitalismo cognitivo genera otro proceso mathusiano añadido al incremento de información, pues los 'simulacros' y experiencias 'virtuales' están sepultando las experiencias 'reales' y cotidianas...Se cumpliría pues la tesis de Nietzsche (1998) de que no hay realidad o verdad, tan solo interpretaciones. También Walter Benjamin insistía (y parece vinculado con el fenómeno comentado) que se estaba volviendo imposible la 'experiencia' (real y según los pará-*

Segundo essa concepção filosófica de justiça, para que haja uma *decisão justa,* não é suficiente que ela seja simplesmente constituída de modo regular, conforme o sistema de normas vigentes, ou que seja, *"risultato di una corretta interpretazione aplicativa delle norme rilevanti nel caso concreto' e dunque che sia immune da 'errores in judicando', né che sia 'il risultato finale di un procedimento nel quale siano state rispettate le garanzie processuali', e dunque immune anche da 'errores in procedendo',* mas que também seja proveniente de um acertamento verdadeiro (e, como tal, racionalmente conduzido) em relação às considerações factuais passadas e futuras.[144]

Com base nessas considerações, é possível afirmar que a questão da verdade interna no processo estaria relacionada às considerações factuais passadas, ou seja, à reconstrução dos acontecimentos como fundamento de fato na tomada de decisão. Por sua vez, a questão da verdade externa no processo estaria relacionada às consequências sociais, econômicas e culturais que a tomada de decisão pode acarretar na vida das pessoas.

Segundo o critério de justiça baseado em *nyaya, a* constituição de uma 'justa decisão' vai além da busca da verdade interna factual, uma vez que é de rigor conceber outras verdades que estão para além dos limites impostos na relação jurídica processual.

A visão a-histórica do processo como uma visão desencarnada das consequências sociais, econômicas e culturais, ou seja, da vida que as pessoas possam realmente viver, sem atentar para o fundamental de que o pensar é dialogar com a circunstância (Ortega y Gasset), não é suficiente para se alcançar uma 'justa decisão'.

O Código Ibero-Americano de Ética judicial não se limita à escolha de instituições justas que valorizem a deontologia como fim último de sua existência, muito menos com a verdade histórica e passada dos fatos introduzidos na relação jurídica processual.

O olhar para além dos limites da relação jurídica processual recomenda a necessidade de uma compreensão da decisão justa baseada na realização, uma vez que a justiça não pode ser indiferente às vidas que as

metros que se le adjudicaban tradicionalmente)..." (Mayos, Gonçal. *Homo obsoletus – precariedad y desempoderamiento en la turboglobalización.* Barcelona: Linkgua Pensamiento, 2016. p. 76.

144 Carrata, A., op. cit., p. 40.

pessoas podem e devem efetivamente viver de fato para além das fronteiras do processo jurisdicional.

Conforme bem esclarece Amartya Sen:

> a importância das vidas, experiências e realizações humanas não pode ser substituídas por informações sobre instituições que existem e pelas regras que operam. Instituições e regras são, naturalmente, muito importantes para influenciar o que acontece, além de serem parte integrante do mundo real, mas as realizações de fato vão muito além do quadro organizacional e incluem as vidas que as pessoas conseguem – ou não – viver.[145]

A necessidade de uma compreensão da justiça baseada em resultados factíveis está relacionada com o argumento de que a justiça não pode ser indiferente *às vidas que as pessoas podem realmente viver*.

Em vez de uma justiça baseada em esquemas, deve-se focar em uma justiça baseada em *realizações*.

Percebe-se, portanto, que o fim último da análise consequencialista, baseado no critério de justiça em *nyaya*, é tão somente tentar evitar a *injustiça* na tomada de decisão, pois a *injustiça* percorre todo o organismo social e solta suas raízes onde encontra um terreno propício.

8. O critério consequencialista como contraponto às *injustiças*

O juiz, quando da tomada de decisão, deve ter em mente o diálogo promovido entre Arjuna e Krishna.

Não é recomendável que o magistrado, no momento de decidir, deixe de levar em consideração o que possa acontecer à vida das pessoas em razão dos efeitos de sua decisão, reconhecendo somente uma justiça baseada em *niti*, independentemente das circunstâncias sociais, econômicas, culturais que de seu ato possam, no futuro, advir.

Alguns exemplos concretos podem servir de base para se demonstrar a necessidade desse constante e imprescindível diálogo deontológico/consequencialista em situações da vida real, a saber:

[145] SEN, Amartya. *A ideia de justiça*. Trad. Denise Bottmann e Ricardo Doninilli Mendes. São Paulo: Companhia das Letras, 2009. p. 48.

a) Diante de uma penhora realizada pelos respectivos credores de um hospital particular que atende exclusivamente determinada comunidade pelo sistema de saúde pública, o juiz deverá avaliar seu dever deontológico, pagamento dos credores com a alienação do hospital, conforme determina a lei, ou também deverá avaliar as consequências sociais da comunidade que deixará de ter o atendido público de saúde?
b) Uma mulher que foi encarcerada por transporte e venda de entorpecentes, apresenta-se muito debilitada em sua saúde, com câncer e HIV, tendo ainda sob os seus cuidados três crianças. O juiz deverá avaliar seu dever deontológico em manter presa pessoa que transporta e aliena substância entorpecente, conforme determina a lei, ou avaliar as consequências de manter essa prisão, tanto para a saúde da mulher quanto para as crianças que estão sob sua guarda?
c) Uma família que será despejada de uma casa alugada por falta de pagamento do aluguel, sendo que no seu interior há uma criança em condições especiais que se encontra acamada, sobrevivendo em condições especiais por um aparelho ligado na eletricidade. O juiz deverá avaliar seu dever deontológico em decretar o despejo por falta de pagamento, segundo determina a lei, ou avaliar as consequências do despejo em relação à sobrevivência da criança.

O critério consequencialista, baseado na justiça em *nyaya*, procura introduzir no âmbito de uma relação jurídica processual essas verdades futuras, ou seja, possíveis consequências sociais, econômicas, culturais, provenientes de uma decisão judicial.

Pensar as consequências futuras decorrentes de uma decisão judicial, é pensar nas possíveis *injustiças* que possam ser cometidas em um processo judicial.

O combate às *injustiças*, inclusive provenientes de decisões judiciais, decorre, especialmente, da *"(...) necesidad de eliminar la explotación económica y los abusos y discriminaciones sociales"*.[146]

[146] Morello, Augusto. *El proceso justo*. Buenos Aires: Abeledo – Perrot, 1994. p. 346.

Geralmente, a fonte de *injustiças* encontra-se em um sistema que reproduz a *igualdade onde somente há desigualdade*.

Os efeitos futuros da tomada de decisão, em algumas situações particulares, são piores e mais devastadores do que a simples resolução momentânea do caso concreto.

Judith Shklar tem especial inquietude em relação aos abusos dos poderes públicos de todos os regimes. Preocupa-se com os excessos dos organismos oficiais em todos os níveis de governo e pressupõe que estes são capazes de impor a cargar mais pesada aos *pobres e aos débeis*. A história dos pobres, comparada com a das diferentes elites, *"lo deja de sobra patente"*.[147]

A *injustiça* torna-se mais repugnante quando advém do próprio Poder Judiciário, que tem por missão combatê-la a todo custo, em especial quando os efeitos futuros de uma decisão judicial reafirmam a exploração econômica e os abusos descriminatórios sociais e culturais.

O papel do juiz ibero-americano, no Século XXI, é justamente evitar a *injustiça* proveniente das consequências futuras de sua decisão.

Na expressão de Judith Shklar, evitar o sofrimento é a máxima. E, sobretudo, exorcizar o medo, e o 'medo ao medo'.[148] Segundo a primeira mulher catedrática da Universidade de Harvard do Departamento de Ciência Política:

> Podrá haber dudas respecto a la condición 'universal' de determinadas normas, pero no en lo que atañe a algo que nadie en su sano juicio puede desear: la tortura, la violencia, la crueldad, la muerte. Significa, pura y llanamente, enjuiciar toda acción política desde le perspectiva de la victima, no desde la 'razón' o desde los intereses y los supuestos 'atributos naturales' de un grupo cultural específico, con sus explicaciones inamanentes sobre la realidad.[149]

[147] Shklar, Judith. *El liberalismo del miedo*. Trad. Alberto Ciria e Ricardo García Pérez. Barcelona: Herder Editorial, 2018. posição 411 e-book.

[148] Shklar, Judith. *Los rostros de la injusticia*. Trad. Alicia García Ruiz. Barcelona: Herder Editorial, 2010. p. 15.

[149] Shklar, J. idem, ibidem.

O magistrado ibero-americano do Século XXI deve evitar a denominada *"injustiça passiva"*, ou seja, aquela em que se realiza comportamento para não prevenir danos quando tenha possibilidade de assim fazê-lo.

A *injustiça passiva,* segundo Judith Shklar, não significa a indiferença habitual à desgraça dos demais, senão algo muito mais definido e específico: o fracasso cívico em deter atos privados ou públicos de injustiça. A possibilidade de uma autoridade cívica preventiva é maior em uma sociedade livre que em uma sociedade autoritária ou regida pelo medo, sendo, portanto, uma obrigação conferida aos cidadãos somente em democracias constitucionais.[150]

É certo que as barreiras econômicas, sociais, culturais impostas a todos os seres humanos podem ser, como muitas vezes são, acontecimentos naturais. Porém, quando o juiz ibero-americano não atua para atenuá-las ou mesmo derrubá-las, ele contribui, de alguma forma, para a existência de *injustiças passivas.*

Como bem asseverou Judith Shklar:

> Um terremoto é seguramente um acontecimento natural, porém, isso não é tudo o que cabe fazer ou dizer sobre ele, especialmente quando se produz um enorme dano e perecem muitas pessoas. Também se considerará uma injustiça, muito embora por diferentes razões. Os religiosos culparão a Deus: 'por que nós', se lamentarão. 'Não somos mais malvados que outras cidades, por que nos marcou com esse castigo? Ou, inclusive de modo mais particular, se escutarão lamentações como 'por que meu filho?'. Entre as vítimas menos devotas, uns poucos dirão simplesmente que a 'natureza é cruel'. Porém, não serão muitos. Porque a ideia de um mundo arbitrário, levado pelo azar, é dura de suportar e, desolada, a gente começará a buscar agentes humanos responsáveis. E pode ser que os encontre de pronto. Haverá muita gente que terá contribuído para piorar o impacto da catástrofe. Muitos edifícios terão desmoronados devido a que os construtores descumpriram com as normas de segurança e enganaram os inspetores...[151]

[150] Shklar, J., idem. p. 33.
[151] Shklar, J., idem. p. 29.

O funcionário público (e nesse rol encontram-se os juízes) tem mais probabilidade de ser *passivamente injusto*, pois muitas vezes é treinado para não sair das rotinas e das regras de seu ofício, evitando desagradar seus companheiros, receando enfrentar seus superiores ou procurando não ser notado demasiadamente. A injustiça resultante não se deve a forças naturais nem a um sistema particularmente injusto, senão a muitas mãos colaboradoras no assunto, as quais devem ser advertidas constantemente sobre as consequências de sua inação.[152]

O juiz ibero-americano, ao estar consciente das 'injustiças passivas', deve deixar sua zona de conforto, buscando promover a remoção de barreiras que geram maiores danos às vítimas das injustiças.

Recém sejam derrubadas as 'barreiras', bem como sejam removidos os obstáculos que na realidade inserem valas insuperáveis às demandas jurisdicionais – em concreto e não em sonhos que prometem a leitura dos textos constitucionais, *"(...) podremos, sin hipocresías, afirmar que ha llegado el tiempo de los Derechos Humanos – entre los cuales el primero y capital, el proceso justo, es la palanca con la cual brincar al modelo adulto y solidarista del acceso a la Justicia"*.[153]

Mudanças fundamentais que vão mais além do que atualmente se vem oferecendo são necessárias, a fim de que a jurisdição seja uma atividade efetivamente igualitária, solidária e humana, que reconheça, por meio da interdisciplinaridade/transdisciplinaridade e do multiculturalismo a diversidade social, econômica e cultural daqueles que de certa forma serão atingidos pela tomada de decisão.

Um caso paradigmático da humanização e solidariedade introduzida no âmbito da relação jurídica processual, encontra-se no conteúdo da decisão proferida pela Corte de Berlin, quando ela renunciou ao julgamento do ex-presidente da ex-República Democrática Alemã (Erich Honecker), sob o fundamento de que o estado de saúde (câncer terminal) do acusado era suficientemente grave, o que justificava o seu não

152 SHKLAR, J., idem, p. 34.

153 MORELLO, A., op. cit.. p. 351.

julgamento como forma de *preservação dos direitos humanos* que estabelece a Constituição teutona ('La Nación", enero 28 de 1993, p.6).[154]

A decisão judicial proferida no caso Erich Honecker é um importante paradigma de humanização do processo e da aplicação do critério consquencialista.

Algumas referências de humanização do processo (justiça em *nyaya*) são igualmente observadas em decisões proferidas pelos Tribunais brasileiros, a saber:

Na Ação Rescisória n. 919, julgada pela Terceira Seção do Superior Tribunal de Justiça, Relator para o acórdão Ministro Hamilton Carvalhido, ficou expressamente consignado que a solução final para a questão foi proferida "*pro mísero*", ou seja, segundo as condições sociais e econômicas do autor, levando-se em conta o critério consequencialista:

> Ação Rescisória.. Previdenciário. Aposentadoria por Idade. Rurícola. Certidão de Casamento. Erro de Fato. Solução "Pro Misero".
> 1. A certidão de casamento, que atesta a condição de lavrador do cônjuge da segurada, constitui início razoável de prova documental, para fins de comprovação de tempo de serviço. Precedentes. 2ª a 3ª Seção deste Superior Tribunal de Justiça tem considerado fundamento no Art. 485, inciso IX, do C. P. C., o erro na valoração da prova, consistente na desconsideração da prova constante nos autos, dadas as condições desiguais vivenciadas pelo trabalhador rural e adotando-se a "solução pro mísero"."

Utilizando-se do mesmo critério consequencialista, foi a decisão proferida pela 3ª Seção do Superior Tribunal de Justiça na Ação Rescisória n. 2.162/SP, relator para o acórdão Ministro Gilson Dipp:

> I – A teor da farta jurisprudência da Eg. Terceira Seção deste Tribunal, ao analisar as condições desiguais vivenciadas pelo trabalhador rural, deve-se

[154] Morello, A., idem, ibidem. No dia 13 de janeiro de 1993, o ex-chefe de Estado e de Partido da antiga Alemanha Oriental, Erich Honecker, deixou a prisão preventiva. Por motivos de saúde, havia sido arquivado o processo contra Honecker, de 80 anos, acusado da morte junto ao Muro de Berlim.

levar em conta, sempre que possível, a solução "pro mísero", especialmente se houver prova preexistente colacionada à exordial da ação originária.

O juiz ibero-americano, diante de circunstâncias especiais, deverá promover uma intensa reflexão sobre a conjugação de valores envolvidos no processo e fora dele, de efeitos, e de ponderações sobre possíveis *injustiças futuras* que possam advir de sua decisão.

9. A ética material universal como fundamento filosófico para utilização do critério consequencialista no exercício da atividade jurisdicional

O Código Ibero-Americano de Ética Judicial, segundo a perspectiva hermenêutica jurídica/filosófica adotada no presente trabalho, indicou o critério consequencialista a ser observado no âmbito da tomada de decisão.

Em que pese o desvelamento do critério consequencialista adotado pelo Código Ibero-Americano de Ética Judicial, há ainda necessidade de se indagar filosoficamente sobre o resultado a ser alcançado em decorrência da utilização desse critério na tomada de decisão.

A resposta a essa indagação parte de uma perspectiva filosófica (critério de justiça consequencialista) para outra perspectiva filosófica (a ética *material* como fim último do exercício da atividade jurisdicional).

A recomendação de realização da justiça aos juízes ibero-americanos, como fim último do exercício da atividade jurisdicional, rompe com uma perspectiva ética helenocentrista, egoísta e subjetivista, em prol de uma ética de caráter universal, solidária e mais radical, que ultrapassa as denominadas éticas materiais regionais.

Recomenda-se uma abordagem ética material universal na qual o juiz, quando no exercício da atividade jurisdicional, reconheça eventuais *injustiças ativas e passivas* provenientes dos efeitos futuros de sua decisão, agindo no sentido de eliminá-las.[155]

[155] *O conteúdo material também faz parte do pensamento de Pietro Barcellona, nos seguintes termos: "Bastaría con que el jurista se limitase a salir del círculo mágico de sus fórmulas abstractas, del cerrado horizonte de las normas, y afrontase directamente el problema de los contenidos materiales de la justicia. Pero actuando de esta forma, está claro, debería renunciar a la aparente esterilidad axiológica de sus construcciones, a la indiferencia ante los valores, a la neutralidad frente a los conflictos.*

O *processo de reconhecimento* de possíveis vítimas injustiçadas pela tomada de decisão passa a ser o ponto de referência de uma decisão justa. As relações éticas de uma sociedade representam as formas de uma intersubjetividade prática na qual o vínculo complementário e, com isso, a comunidade necessária dos sujeitos contrapondo-se entre si são assegurados por um movimento de reconhecimento mútuo.[156]

Esse processo de reconhecimento denota que o indivíduo é uma totalidade que se constrói por meio da diferença. E o reconhecimento dessa diferença é o postulado de uma ética de caráter universal, e que somente pode decorrer, conforme afirma o filósofo argentino, radicado no México, Enrique Dussel, da constatação antropológica de que o ser humano é o único ser vivente responsável pela sua própria vida e da *"(...) obligación universal de producir, reproducir y desarrollar la vida humana concreta de cada sujeto ético en comunidad"*.[157] Este princípio caracteriza-se por ser um princípio *a priori* universal e também fundamental *"(...) de una ética que intenta justificar filosoficamente las luchas de los oprimidos"*.[158]

Nesse sistema de eticidade e de luta por reconhecimento, o conflito representa um processo de comunitarização social, que força os sujeitos a reconhecerem-se mutuamente no respectivo outro, de modo que, por fim, sua consciência individual da totalidade acaba se cruzando com a de todos os outros, formando uma consciência unitária.[159]

Segundo Hegel, a formação da identidade do sujeito deve estar vinculada ao modo necessário à experiência do reconhecimento intersubjetivo, pois sua consideração implica também na ilação de que um indivíduo que não reconhece seu parceiro de interação como um determinado gênero de pessoa tampouco pode experienciar-se a si mesmo integral ou

Debería sumergirse en la política, en la ética, en la práctica. (Barcellona, Pietro; Hart, Dieter; Mückenberger, Ulrich. *La formación del jurista – capitalismo monopolístico y cultura jurídica.* Madrid: Editorial Civitas, S.A., 1993. p.44).

156 Honneth, Axel. *Luta por reconhecimento – a gramática moral dos conflitos sociais.* São Paulo, Editora 34, 2003. p. 46.

157 Corominas, Jordi. *Ética primera – aportación de x. zubiri al debate ético contemporáneo.* Bilbao: Editorial Desclée de Brouwer, S.A., 2000. p. 74

158 Corominas, J., idem, ibidem.

159 Honneth, A. op. cit. p. 64.

irrestritamente como tal gênero de pessoa. O ser humano é necessariamente reconhecido e necessariamente reconhecente.[160]

Hegel dá um passo decisivo ao preconizar que a luta por reconhecimento não somente contribui como elemento constitutivo de todo processo de formação para a reprodução do elemento espiritual da sociedade civil como influi também de forma inovadora sobre a configuração dela, no sentido de uma pressão normativa para o desenvolvimento do direito.[161]

George Herbert Mead, com base em uma perspectiva psicológica, chega à concepção intersubjetivista da autoconsciência humana, no sentido de que um sujeito só pode adquirir uma consciência de si mesmo na medida em que ele aprende a perceber sua própria ação da perspectiva, simbolicamente representada, de uma segunda pessoa.[162]

Segundo George Herbert Mead, a maneira pela qual uma sociedade continua a se desenvolver decorre de uma influência recíproca, como a que se efetua ali onde uma pessoa pensa algo até o fim. Muda-se constantemente, em alguns aspectos, nosso sistema social, fazendo com inteligência, porque podemos mudar.[163]

Hegel e Mead perceberam semelhante relação na circunstância de que só se pode chegar a uma compreensão de nós mesmos, como portadores de direitos, quando possuímos, inversamente, um saber sobre quais obrigações temos de observar em face do respectivo outro: apenas da perspectiva de um 'outro generalizado', que já nos ensina a reconhecer os outros membros da coletividade como portadores de direitos, nós podemos nos entender também como pessoa de direito, no sentido de

[160] *"Em nenhuma outra teoria, a ideia de que os sujeitos humanos devem sua identidade à experiência de um reconhecimento intersubjetivo foi desenvolvida de maneira tão conseqüente sob os pressupostos conceituais naturalistas como na psicologia social de George Herbert Mead".* (Honneth, A., idem, p. 78, 86 e 125).

[161] O que pode ser criticado no pensamento de Hegel é que só a relação ética do Estado é considerada por ele o verdadeiro lugar de um reconhecimento da 'vontade singular', no âmbito do espírito do povo representado pelo Estado. (Honneth, A., idem, p. 95 e 105).

[162] Honneth, A., idem, p. 131.

[163] Honneth, A., idem, p. 143.

que podemos estar seguros do cumprimento social de algumas de nossas pretensões.[164]

Importante, porém, é a seguinte advertência de Axel Honneth:

> (...). Por isso, na estrutura do reconhecimento jurídico, justamente porque está constituída de maneira universalista sob as condições modernas, está infrangivelmente inserida a tarefa de uma aplicação específica à situação: um direito universalmente válido deve ser questionado, à luz das descrições empíricas da situação, no sentido de saber a que círculo de sujeitos ele deve se aplicar, visto que eles pertencem à classe das pessoas moralmente imputáveis. Nessa zona de interpretações da situação referidas à aplicação, as relações jurídicas modernas constituem, como veremos, um dos lugares em que pode suceder uma luta por reconhecimento.[165]

Do reconhecimento do ser humano enquanto tal se distingue então a estima por um ser humano, porque está em jogo nela não aplicação empírica das normas gerais, intuitivamente sabidas, mas, sim, a avaliação gradual de propriedade e capacidades concretas. Logo, há um confronto com a forma de reconhecimento da comunidade de valores.[166]

Na realidade, a integridade do ser humano se deve a padrões de assentimento ou reconhecimento, pois, na autodescrição dos que se veem maltratados por outros, desempenham até hoje um papel dominante de categorias morais que, como as de 'ofensa' ou de 'rebaixamento', se referem às formas de desrespeito, ou seja, às formas do reconhecimento recusado.[167]

É do entrelaçamento interno de individualização e reconhecimento, segundo Hegel e Mead, que resulta aquela vulnerabilidade particular dos seres humanos, identificada com o conceito de 'desrespeito'.[168]

A particularidade nas formas de desrespeito, como as existentes na privação de direitos ou na exclusão social, não representa somente a limitação violenta da autonomia pessoal, mas também sua associação com o

[164] Honneth, A., idem, p. 179.
[165] Honneth, A., idem, p. 186.
[166] Honneth, A., idem, p. 187.
[167] Honneth, A., idem, p. 213.
[168] Honneth, A., idem, p. 213.

sentimento de não possuir 'status' de um parceiro de interação com igual valor, moralmente em pé de igualdade; para o indivíduo, a denegação de pretensões jurídicas socialmente vigentes significa ser lesado na expectativa intersubjetiva de ser reconhecido como sujeito capaz de formar juízo moral; nesse sentido, de maneira típica, vai de par com a experiência da privação de direitos de autorrespeito, ou seja, uma perda da capacidade de se referir a si mesmo como parceiro em pé de igualdade na interação com todos os próximos.[169]

A degradação valorativa de determinados padrões de autorrealização tem para seus portadores a consequência de eles não poderem se referir à condução de sua vida como algo a que caberia um significado positivo no interior de uma coletividade; por isso, para o indivíduo, vai de par com a experiência de tal desvalorização social, de maneira típica, uma perda da autoestima pessoal, ou seja, uma perda de possibilidade de se entender a si próprio como um ser estimado por suas propriedades e capacidades características.[170]

A essas experiências de desrespeitos e as suas consequências individuais podem, metaforicamente, ser assim descritas: nos estudos psicológicos que investigam as sequelas pessoais da experiência de tortura e violação, é frequente falar de 'morte psíquica'; nesse meio tempo, no campo de pesquisa que se ocupa, no caso da escravidão, com a elaboração coletiva da privação de direitos e da exclusão social, ganhou cidadania o conceito de 'morte social'; e, em relação ao tipo de desrespeito que se encontra na degradação cultural de uma forma de vida, é a categoria da 'vexação' que recebe um emprego preferencial. Nessas alusões metafóricas à dor física e à morte, expressa-se linguisticamente o fato de que compete às diversas formas de desrespeito pela integridade psíquica do ser humano o mesmo papel negativo que as enfermidades orgânicas assume no contexto da reprodução de seu corpo: como experiência do rebaixamento e da humilhação social, os seres humanos são ameados em sua identidade da mesma maneira que o são em sua vida física com o sofrimento de doenças.[171]

169 HONNETH, A., idem, p. 216 e 217

170 HONNETH, A., idem, p. 218.

171 HONNETH, A., idem, p. 218 e 219.

O processo de reconhecimento de potenciais vítimas na sociedade exige um resultado final na tomada de decisão visando à *produção, reprodução e ao desenvolvimento da vida humana*, o que, em outras palavras, significa dizer que o fundamento material dessa decisão encontra-se inserido em uma ética filosófica da preservação e promoção da vida humana.

A vida humana, portanto, é o conteúdo específico da ética, pois não há mais nada abrangente em conteúdo do que a própria vida humana.[172]

O Código Ibero-Americano de Ética Judicial assimila essa tendência material da ética universal quando aduz que *las consecuencias personales, familiares o sociales desfavorables surgidas por la inevitable abstracción y generalidad de las leyes* devem ser levadas em consideração na constituição de uma decisão justa.

O reconhecimento das consequências pessoais, familiares, sociais, culturais somente terá sentido se for em prol de *produzir, reproduzir e desenvolver a vida humana concreta* de cada sujeito ético em comunidade. Para Enrique Dussel, esse critério serve de fundamentação a um princípio que, por sua vez, terá pretensão de universalidade, realizando-se através das culturas e dos valores a serem perseguidos.[173]

Em razão desse princípio ético material, *"(...) toda norma, ação, microestrutura, instituição ou eticidade cultural têm sempre e necessariamente como conteúdo último algum momento da produção, reprodução e desenvolvimento da vida humana em concreto"*.[174]

A *Ética da concreção* é a ética moderna, isto é: *"A ética do nosso tempo é uma Ética existencial, que põe acima de tudo a pessoa humana, não como abs-*

[172] *"(...) O ser humano acede à realidade que enfrenta dia a dia a partir do âmbito de sua própria vida. A vida humana não é um fim nem um mero horizonte mundano-ontológico. A vida humana é o modo de realidade do sujeito ético (que não é o de uma pedra, de um animal irracional ou da 'alma' angélica de Descartes), que dá o conteúdo a todas as suas ações, que determina a ordem racional e também o nível das necessidades, pulsões e desejos, que constitui o marco dentro do qual se fixam fins. Os 'fins' (relativamente à razão instrumental formal weberiana) são 'colocados' a partir das exigências da vida humana".* (Dussel, Enrique. *Ética da libertação na idade da globalização e da exclusão.* Tradução de Ephraim Ferreira Alves, Jaime A. Clasen e Lúcia M. E. Orth. 2. ed. Petrópolis: Vozes, 2002. p. 131).

[173] Dussel, E. idem, p. 93.

[174] Duessel, E., idem, ibidem.

tração, à maneira de Boécio, mas como uma concreção vital, como valor fonte dos demais valores".[175]

Com base no critério material (vida humana concreta) devem-se subsumir os outros aspectos materiais (como os valores, a lógica das pulsões etc). Esse critério material igualmente permite fundamentar ou desenvolver um princípio ético universal, supracultural.[176]

O critério de produção, reprodução e desenvolvimento da vida humana não é algo a ser imputado à consciência humana, a certo "consciencialismo" moderno que faz perder o sentido da corporalidade orgânica da existência ética.[177]

Se a espécie humana está formatada neurocerebralmente para a preservação e desenvolvimento da própria vida, tal critério não é diferente nas relações sociais, como é o caso do direito e do processo, razão pela qual a atuação do juiz deverá também ser guiada por esse "critério de verdade" prática.[178]

O critério material sobre o qual se funda a ética, produção, reprodução e desenvolvimento da vida humana, é universal, não solipsista, mas comunitário. Diz respeito a uma comunidade de vida.

Se a humanidade perdesse consciência do *Outro*, diante de sua miséria, de sua impotência social, econômica e cultural, poderia precipitar-se num suicídio coletivo.[179]

[175] Reale, Miguel. A ética do juiz na cultura contemporânea. In: *Uma nova ética para o juiz*. Coord. José Renato Nalini, São Paulo: Revista dos Tribunais, 1994. p. .146.

[176] *"De fato, não há 'um horizonte último comum' cultural, mas há um princípio material universal interno a cada uma e a todas as culturas, e isto Taylor não vê. Não é um 'horizonte'; é um modo de realidade: a própria vida humana".* (Dussel, E., Op. Cit., 2002, p. 122).

[177] Dussel, E., idem, p. 95.

[178] *"Do ponto de vista cerebral, o sistema avaliativo/afetivo cerebral responde da seguinte forma: em primeiro lugar responde às necessidades objetivas primeiras; em segundo lugar, articula-se com o nível lingüístico-cultural e histórico; em terceiro lugar responde às exigências superiores e culturais universais de uma ética crítica.*(Dussel, E., idem. p. 104).

[179] *"O projeto da Libertação dos oprimidos e dos excluídos é aberto, partindo da exclusão do Outro e indo mais além (jenseits) de qualquer situação apresentada. A estruturação de alternativas – mesmo que fosse necessária (o que não podemos descartar a priori) a de uma utopia ou a de uma nova sociedade – não consiste na 'aplicação' de algum modelo ou situação ideal ou transcendental, nem tampouco na execução autêntica de um determinado 'mundo da vida' (quer seja ele o moderno ou outro diferente), muito menos se for idealizado como efeito indestrutível de uma lógica necessária (a da teologia ou*

O reconhecimento do Outro, como forma de produção, reprodução de desenvolvimento da vida humana, transforma-se de um *critério de verdade prática* numa exigência ética: *no dever-reconhecer.*[180]

A solidariedade, segundo Axel Honneth, tem um importante papel nesse reconhecimento social:

> Por isso, sob as condições das sociedades modernas, a solidariedade está ligada ao pressuposto de relações sociais de estima simétrica entre sujeitos individualizados (e autônomos); estimar-se simetricamente nesse sentido significa considerar-se reciprocamente à luz de valores que fazem as capacidades e as propriedades do respectivo outro aparecer como significativas para a práxis comum. Relações dessa espécie podem-se chamar 'solidárias' porque elas não despertam somente a tolerância para com a particularidade individual de outra pessoa, mas também o interesse afetivo por essa particularidade: só na medida em que eu cuido ativamente de que suas propriedades, estranhas a mim, possam se desdobrar, os objetivos que nos são comuns passam a ser realizáveis. Que o termo 'simétrico' não possa significar aqui estimar-se mutuamente na mesma medida é o que resulta de imediato da abertura exegética fundamental de todos os horizontes sociais de valores: é simplesmente inimaginável um objetivo coletivo que pudesse ser fixado em si de modo quantitativo, de sorte que permitisse uma comparação exata do valor das diversas contribuições; pelo contrário, 'simétrico' significa que todo sujeito recebe a chance, sem graduações coletivas, de experienciar a si mesmo, em suas próprias realizações e capacidades, como valioso para a sociedade.[181]

razão histórica de Hegel ou a do marxismo standart ou de Stalin); mas deverá ser uma 'des-coberta' responsável, como resposta à 'interpelação' do Outro, dentro de um lento processo de prudência (em que a teoria de uma 'comunidade de comunicação real' – que racional e processualmente chega a um consenso de validade intersubjetiva – nos ajuda a compreender melhor o progredir seletivo da fronésis de libertação), durante o qual o filósofo (tal como 'intelectual orgânico' de Gramsci deve tratar com seriedade as motivações ética (com Taylor) da libertação dos oprimidos e excluídos". (Dussel, Enrique. Filosofia da libertação. crítica à ideologia da exclusão. 2. Ed. São Paulo: Paulus, 1995, p. 119-120).

180 Dussel, E., idem, p. 141.

181 Honneth, A., op. cit. p. 211.

O Poder Judiciário, como instrumento dessa Ética existencial, pois é uma *instituição* que também atua mediante princípios éticos, deve pautar sua *ação prática racional,* no momento de realizar sua atividade básica e essencial, segundo o princípio material universal de *produção, reprodução e desenvolvimento da vida humana.* Para tanto, deve (princípio ético) reconhecer as *desigualdades sociais, econômicas e culturais,* que possam existir no âmbito da relação jurídica processual e que possam ser aprofundadas pelos efeitos da tomada de decisão.

A exigência da ética material filosófica está expressamente consignada e fundamentada no próprio texto constitucional brasileiro, quando afirma, em seu art. 1º, que a República Federativa do Brasil, da qual faz parte o Poder Judiciário, constitui-se em um Estado Democrático de Direito, e tem como fundamento a *dignidade da pessoa humana,* ou seja, *a produção, reprodução e desenvolvimento da vida humana.*

Por sua vez, em seu art. 3º, a Constituição Federal brasileira estabelece que constituem objetivos fundamentais da República Federativa do Brasil a construção de uma *sociedade livre, justa e solidária,* mediante a *erradicação da pobreza e da marginalização, conjugando esforços no sentido de reduzir as desigualdades sociais* e regionais. Em outras palavras, a Constituição Federal brasileira exige uma ética universal material no sentido de que os órgãos e instituições da República Federativa do Brasil ajam de forma a *produzir, reproduzir e desenvolver a vida humana.*

Por tudo isso:

> (...) propomos a seguinte descrição inicial do que chamaremos princípio material universal da ética, princípio da corporalidade como 'sensibilidade' que contém a ordem pulsional, cultural-valorativa (hermenêutica-simbólica), de toda norma, ato, microfísica estrutural, instituição ou sistema de eticidade, a partir do critério da vida humana em geral: Aquele que atua eticamente deve (como obrigação) produzir, reproduzir e desenvolver auto-responsávelmente a vida concreta de cada sujeito humano, numa comunidade de vida, a partir de uma 'vida boa' cultural e histórica (seu modo de conceber a felicidade, com uma certa referência aos valores e a uma maneira fundamental de compreender o ser como dever-ser, por isso também, com pretensão de retidão) que se compartilha pulsional e solidariamente, tendo como referência última toda a humanidade, isto é, é um enunciado norma-

tivo com pretensão de verdade prática e, em além disso, com pretensão de universalidade.[182]

Diante das desigualdades sociais, econômicas e culturais, somente se pode postular um critério/princípio da produção, reprodução e desenvolvimento da vida humana, sob um aspecto ético material, desde que se perceba o surgimento do "rosto" que se destaca na ordem social vigente, e que representa as vítimas não intencionais ou mesmo intencionais de um determinado sistema totalizado e porque não dizer globalizado. Isto é, *"(...) o rosto sensível do outro homem, que tem fome e sangue, encontra-se para além do sistema onde o ser é o pensar (...). O 'tu', outro homem, é exterior ao âmbito ser-pensar (...)."*.[183]

Enrique Dussel, voltado para a efetiva existência de vítima de um determinado sistema, reporta-se, a partir desta vítima, à verdade do sistema totalizador que começa a ser descoberta como não verdade, ao válido como não válido, e ao factível como não eficaz. A construção temática passa do âmbito da positividade para a negatividade da existência de vítima.

A ética propriamente dita é a que a partir das vítimas pode julgar criticamente a "totalidade" de um sistema de eticidade. A partir das vítimas possa julgar e pôr em dúvida a verdade e a legitimidade da concepção ontológica de uma justa decisão.

A partir da exterioridade de uma dada totalidade, em que se situam as vítimas, é que se estabelece uma consciência crítica do sistema de eticidade dado. As vítimas *"(...) são reconhecidas como sujeitos éticos, como seres humanos que não podem reproduzir ou desenvolver sua vida, que foram excluídos da participação na discussão (...)"*.[184]

182 Dussel, E., op. cit.. p. 143.

183 Dussel, Enrique. *Método para uma filosofia da libertação – superação analética da dialética hegeliana.* São Paulo: Loyola, 1986. p. 148.

184 *" (...) o sistema de eticidade vigente, que era para a consciência ingênua (que pode ser científica, ocupar a função de autoridade política ou econômica, ou ainda ser membro da elite moral do sistema, a "raça sacerdotal" de Nietzsche) a medida do "bem" e do "mal", converte-se diante da presença de suas vítimas, enquanto sistema, no perverso (o "mau"). É toda a questão do "fetichismo" de Marx, a "inversão dos valores" de Nietzsche, a descoberta do "superego" repressor em Freud, a sociedade*

No sistema de eticidade "o bem" inverte-se no "mal" e causa dor, sofrimento, infelicidade ou a própria morte das vítimas.

É na Alteridade do Outro "como outro" que o sistema ético crítico se impõe. É a alteridade da vítima como oprimida (classe) ou como excluída (pobre) (negros) (muçulmanos) (judeus) (latino-americanos) (índios) (mulheres subjugadas) (crianças abandonadas) etc. É o descobrimento do "outro" que se encontra encoberto pelo mito da Modernidade. Trata-se de uma ética que demonstra o terror de uma razão fechada na Totalidade, entre outras, a razão da Modernidade.

Enrique Dussel não está só nessa jornada ética humanitária. Vale-se, também, das categorias do pensamento de Emmanuel Lévinas, nascido em Kovno, Lituânia, que se desponta no seio da Europa, centro do sistema mundo capitalista, e que representará um marco teórico extremamente importante na construção filosófica da ética material universal.

Essa construção filosófica em que se localiza o Outro como exterior a um dado sistema de eticidade, como já se afirmou, deve-se muito às contribuições do pensamento do filósofo francês Emmanuel Lévinas, principalmente a partir do diálogo crítico que ele teve com a ontologia existencial de Heidegger, e sua conclusão de que a ética seria considerada como a filosofia primeira.

A primazia da ontologia heideggeriana repousa na afirmação de que para conhecer o "ente" é preciso ter compreendido o "ser" do ente. A prioridade do "ser" em relação ao "ente" já estabelece uma visão sobre a essência da filosofia.

Segundo Heidegger, o ser é o ser do ente, o que significa dizer que o ente "é". O ser do ente é o objeto da ontologia.[185] Com isso, abandona-se a noção tradicional de consciência como ponto de partida, com a decisão de buscar no acontecimento fundamental do ser a base da própria consciência.

Na concepção de Heidegger e de sua ontologia, o existente humano é uma descrição fenomenológica existencial do ente que tem a forma de

"excludente" de Foucault, a "dialética negativa" em Adorno e " totalidade" de Lévinas". (DUSSEL, E. Ibidem. p. 303).

185 COSTA, Márcio Luis. *Lévinas – uma introdução.* Petrópolis: Vozes, 2000. p. 54 e 55.

ser do *Dasein* (o *Dasein* se restringe ao ser humano).[186] Sua essência radica na existência, porque não pode fazer senão existir.[187]

Para se realizar a evasão do ser (de um justo processo para uma decisão justa), a primeira tentação seria opor o nada ao ser (que nada existe além da concepção clássica do justo processo).[188] Porém, mesmo opondo o 'nada' ao ser, isso somente vem justificar, ainda mais, a impossibilidade de se evadir do ser. Em regra, existir é o confronto nu e cru do ser. Não há saída para o existente, não há saída para a concepção ontológica do processo justo instrumental. Nessa maneira de pensar, *a existência é uma brutal condenação a um permanente confronto com o inevitável, não há escapatória, não há forma de suspendê-la, não há repouso nem inércia*, o juiz é um simples aplicador do Direito e nada mais.[189]

Porém, Emmanuel Lévinas não está convencido de que não haja uma *porta de saída* do ser e de que não haja forma de evadir-se da existência. Tal porta, evidentemente, não pode ser o *nada*, como negação do ser, pois todo o recurso ao *nada como negação do ser* acaba reafirmando-o.

Se o *nada* não pode funcionar como negação do ser, talvez funcione como *intervalo* no ser. Tal intervalo poderá ser produzido pela consciência em sua capacidade de *sono, de suspensão*.

Para entrar no tema do nada como intervalo produzido pela consciência no ser, Emmanuel Lévinas analisa a *insônia* e a presença insistente do ser – *il y a*, "há". Ele compara a presença do ser – *il y a* , "há" – com o peculiar estado de um sujeito que não consegue dormir de noite, mesmo não havendo razão ou necessidade para ficar acordado. Permanece-se velando quando não há mais nada para velar. O fato nu e cru de que estamos sujeitos ao ser, sujeito a ser. Não há intenção, nem atenção dirigida ao objeto, só há o fato de que o sono se nega a atender ao apelo do sujeito.

186 *"Em Sein und Zeit Heidegger visa descrever o ser ou o existir do homem – não a sua natureza. O que se chamou o existencialismo foi, certamente, determinado pelo Sein und Zeit. Heidegger não gostava que se desse ao seu livro este significado existencialista; a existência humana interessava-lhe enquanto "lugar" da ontologia fundamental".* (Levinas, Emmanuel. *Ética e infinito.* Lisboa: Edições 70 Ltda., 1982. p.32.

187 Costa, M. L., Op. Cit., p. 75.

188 Lévinas, E. *Da existência ao existente.* Trad. Paul Albert Simon. Campinas: Papirus, 1998., p.30.

189 Costa, M. L., Op. Cit., p. 78.

A metáfora da *insônia* é aplicada como recurso ilustrativo de uma existência inevitável como confronto com o ser (a inevitável concepção clássica de que o juiz não é responsável pelas consequências naturais de sua decisão, pois é um mero aplicador do Direito ao caso concreto). A obra de ser do ser é inevitável, contínua e ininterrupta.

A porta de saída do ser (a porta de saída do justo processo na sua concepção ontológica – *niti*), de sua fatalidade e da continuidade de sua obra está na *consciência que dorme* e em seu poder de *evanescência, de sono e de inconsciência.*[190]

A consciência pode romper com a inevitável presença do ser (do justo processo na sua perspectiva meramente instrumental, *niti*) e de dar à existência um novo sentido para além do sentido ontológico de confronto com o fato nu e cru do ser (reconhecer a existência de uma justa decisão, *nyaya*). A consciência pode esquecer o "há" e suspendê-lo por meio de sua possibilidade de *dormir.* O sono seria uma modalidade do ser pela qual ele se retira de si mesmo e se liberta de seu próprio domínio sobre si mesmo, de seu próprio existir. Dormir é suspender as atividades mentais e físicas; o sono é a inércia da consciência. Uma consciência dormida não está consciente também de seus *de*...(não há saída além de um *justo processo – niti*), de seus *objetos*. Evidentemente que não se prega ou se faz apologia ao inconsciente, mas se procura alertar que a consciência humana não se caracteriza fundamentalmente por um permanecer consciente.

A suspensão da consciência pelo sono possibilitou a Emmanuel Lévinas o desvelamento de uma porta de saída do "ser". Consequentemente, o existente (*Dasein*) pode suspender sua existência, livrar-se dela e dominá-la. É possível suspender a concepção de que somente existe um justo processo – *niti* – na sua visão clássica ontológica, livrar-se dela e reconhecer também a existência de uma justa decisão – *nyaya* é a porta de saída do ser.[191]

Diante dessa perspectiva, o mal seria compreendido como o existir em sentido ontológico, tornando-se carga de si-mesmo. O bem, por sua vez, é sair de si-mesmo para o *Outro-diferente-de-si*, para o diferente de si-

[190] Lévinas, E. Op. Cit., 1998. p.32.
[191] Costa, M. L., Op. Cit., p. 76.

-mesmo. O mal é pensar na justiça somente na perspectiva de um justo processo, o bem é sair dessa concepção clássica para o de que há outra espécie de justiça, ou seja, aquele que se denomina de *justa decisão.*

A construção teórica de Emmanuel Lévinas questiona o *status* da ontologia como filosofia primeira, sendo que, deixando de lado a tradição filosófica e a primazia do conceito de "ser", defende a anterioridade da ética entendida como "responsabilidade pelo outro". É um pensamento crítico desvinculado do "ser", e que ressalta a constituição da subjetividade como *sensibilidade*, conceito originário da ética-filosofica-primeira, origem da *responsabilidade para com o outro* anterior a toda ordem social.[192]

Dessa maneira, o juiz, antes de se intitular como um pertencente a uma instituição justa e correta – *niti*, numa perspectiva meramente ontológica, ele está sujeito à anterioridade ética que reclama sua *responsabilidade pelo outro*, outro aqui entendido como a parte vitimizada por um determinado sistema totalitário, outro entendido como vítima injustiçada pelas consequências da tomada de decisão.

A proposta ética levinasiana configura-se na interpelação do discurso filosófico a partir do Outro. Esse Outro: *"(...)é um pensamento eminentemente ético que tem origem num modo diferente de pensar, enraizado noutros conceitos e fundamentalmente numa acepção do verbo ser absolutamente alheia à cosmovisão helenizante"*.[193]

A ética de Emmanuel Lévinas opõe-se à metafísica do ser como filosofia primeira.

A razão ética pré-originária é de ser sempre lembrada, pois são tantos os que morrem devorados pela violência do *inter-esse* universal, pela necessidade implacável do ser. Neste momento, tudo indica que o filósofo francês revive sua experiência "traumática" de cinco anos em seu corpo vulnerável concreto no campo de concentração nazista (Stammlager). Foi uma vítima do holocausto judeu no coração da Europa moderna.

A existência de vítima, seja para Lévinas, seja para Dussel, é sempre refutação material ou "falsificação" da verdade do sistema que a origina.

A partir das vítimas o problema da legalidade, da legitimidade, da coação de direito e tantos outros temas exigem ser desenvolvidos em seu

[192] Costa, M. L., idem, p.9.
[193] Costa, M. L., idem, ibidem.

novo significado. Dessa maneira, aos olhos das vítimas, a legitimidade legal do sistema perde validade (torna-se ilegítima) e sua coação (que era legítima) torna-se violência.[194]

É na *alteridade do outro* que se constrói uma filosofia ética universal. É na metáfora do sono que se ressalta a possibilidade de se romper com a dogmática de um sistema ético totalizado (processo jurisdicional em que não se reconhecem as diferenças sociais, econômicas e culturais, ou seja, que não se reconhece a necessidade da aplicação de uma racionalidade consequencialista), percebendo-se a existência de algo que lhe é exterior, a vítima (processo jurisdicional em que se reconhecem as diferenças sociais, econômicas e culturais).

A metáfora do sono permite a Emmanuel Lévinas construir novo fundamento que vem reforçar a percepção de que há algo além da totalidade ontologicamente dogmatizada (além da atual concepção dogmática do justo processo).

Porém, não foi somente a metáfora do sono que permitiu a Emmanuel Lévinas romper com a totalidade ontológica. Também sua maneira de pensar a "temporalidade" contribuiu para essa transcendência filosófica.

Para a ontologia existencial de Heidegger, a temporalidade é sincrônica, configura-se por meio de uma série contínua de instantes ininterruptos sobre a qual desliza a inevitável existência – o instante presente é inevitavelmente a continuidade do instante anterior e o mesmo acontece com o instante seguinte em relação ao instante presente. *"O tempo dura perpetuamente numa série sucessiva de instantes contínuos"*.[195]

Na concepção de Emmanuel Lévinas, a categoria *supratemporal* escapa a essa sincronia dos instantes, sendo que, na sua visão, a *temporalidade* é *diacrônica*, deixando entrever a possibilidade de relação fora do âmbito da existência e a possibilidade de um tempo que escape à sincronia. Indica com essa maneira de pensar que a ontologia não é o único caminho, muito menos o mais originário. Sugere a existência de relações fora do âmbito da racionalidade ontológica, sustentando uma nova racionalidade. Na verdade, o filósofo francês encontra outro âmbito de racionalidade, diferente, anterior, não coincidente e não subordinado ao ontológico. Em

[194] Dussel, E., Op. Cit., 2002, p. 375, 376 e 554.
[195] Costa, M. L., Op. Cit., p. 21 e 22.

razão disso, pode-se concluir que não é possível reduzir tudo à existência, sendo que há relações *fora da existência.*[196]

A chamada *temporalidade diacrônica* sugerida por Emmanuel Lévinas constitui-se de instantes descontínuos e separados por intervalos produzidos pela consciência: *"O dormir põe fim a um instante e o despertar inicia outro instante que não é continuação do instante anterior (...). A consciência adormece e, ao despertar, o tempo já é outro tempo, tempo de começar e não de continuar".*[197]

A questão da *temporalidade diacrônica* é importante para a percepção sensível da *alteridade do Outro*.

Concebendo-se o tempo como "instante" ou como "presente", não ocorre a libertação do "eu" e de sua condição primeira e originária de estar referido a si-mesmo. O tempo concebido como um movimento de "um instante" ao "instante seguinte" , de maneira que o "eu" se reencontra consigo mesmo, é um tempo sincrônico, é um mesmo tempo, ou tempo do mesmo, tempo que não visa a libertar o "eu" de si-mesmo; trata-se de um tempo egoísta.[198]

A concepção do 'processo justo', formal e instrumental, está inserida nessa perspectiva de tempo sincrônico, tempo que não visa a libertar o "juiz" de si-mesmo; trata-se de uma concepção egoísta e solipsista de pensar a justiça.

De modo diferente é a concepção da temporalidade diacrônica, que procura colocar de outra maneira a questão da temporalidade, de forma que ela seja constituída em "saída-de-si" para o "de-modo-diferente-de-si".[199]

Há um esforço para sugerir uma visão do tempo como um modo do "para além do ser", para além do sujeito isolado e sozinho, como relação do sujeito com o "outro" e como diacronia. O tempo, portanto, "*(...) não é o fato de um sujeito isolado e sozinho, mas é a própria relação do sujeito com o outro.*[200]

[196] Costa, M. L. idem, ibidem.
[197] Costa, M. L., idem, ibidem.
[198] Costa, M. L., Idem. p. 90
[199] Costa, M. L., Idem. Ibidem.
[200] Costa, M. L., Idem. p. 91.

É a concepção do tempo diacrônico que permite ao juiz sair do seu solipsismo ontológico e confortável decorrente de um 'processo justo' para se deslocar a um modo-diferente-de-si, para dirigir-se, por meio de uma 'justa decisão' ao *outro rosto* que o interpela por justiça.

A alteridade do tempo presente está representada pelo outro tempo diacrônico, situado após um intervalo da consciência e para além da alteridade do "eu" isolado; decorre de *outro rosto* assimetricamente situado para além de toda identidade por similitude.[201]

Já é possível perceber que a formulação da temporalidade diacrônica tem por objetivo libertar a subjetividade humana de um solipsismo monádico, inserindo as raízes da constituição dessa subjetividade num nível intersubjetivo, assimétrico e diacrônico, como anterioridade a toda e qualquer ontologia.[202]

A "justa decisão" é fruto dessa temporalidade diacrônica, que liberta o juiz de um solipsismo monádico, inserindo sua responsabilidade pelas vítimas do sistema num nível intersubjetivo, assimétrico e diacrônico, anterior a toda e qualquer ontologia.

A categorização formulada por Emmanuel Lévinas, seja referente ao sono como forma de suspensão da consciência, seja em relação à temporalidade diacrônica, tem por objetivo encontrar uma forma de se evadir, de sair do ser, de romper com a totalização do ser, distanciando-se cada vez mais da ontologia fundamental de Heidegger.

A saída do *ser* ou o sair do *ser*, que não significa uma negação do *ser*, pois é preciso sair do *ser sem negá-lo*, segundo Emmanuel Lévinas, é romper com o círculo heliológico de um *ser* que se manifesta como fenômeno desvelando-se em sua própria luz.[203]

A saída de si está na *responsabilidade pelo "outro"*; em se ocupar com o *"outro"*; está em pensar no *"outro"*, em sua vida e sua morte, antes de se preocupar consigo mesmo. A responsabilidade pelo outro é o conteúdo ético por excelência, anterior a toda anterioridade.

[201] COSTA, M. L., Idem. p. 93.

[202] COSTA, M. L., Idem. p. 94.

[203] *"A aniquilação de todos os entes por sua redução ao nada não nega o ser; no fundo do nada onde não há nada subsiste o há (il y a) do não há. Se há, então há algo, portanto, há ser".* (COSTA, M. L., Idem., p. 23).

A responsabilidade pelo outro conduz a uma filosofia de vida em que se revela um profundo compromisso com a vida. A vida é realizada e confirmada segundo a concretude do cada dia.

Para Martin Buber, o projeto da filosofia é explicitar a concretude vivida da existência humana a partir do próprio interior da vida.[204]

No interior dessa filosofia de vida, Emmanuel Lévinas procura construir a subjetividade e a intersubjetividade humanas num nível *pré-originário*, o qual seria anterior a qualquer tematização. *"O existente humano singular e concreto já se move num âmbito anterior ao mundo como horizonte de compreensão"*.[205] Existe um nível anterior ao *ser* e à *sua obra de ser*, e encontrá-lo e nele se refugiar é o que se entende por *sair* do *ser* sem apelar para sua negação. Sair do *ser* é criar um intervalo no *ser*, sem, contudo, negá-lo. O primeiro, portanto, não é ontológico, não é o *ser*, não é a aventura de *compreender e do saber*, é algo diferente. É a ética como anterior à ontologia.[206]

Em defesa da ética como anterior à ontologia, Emmanuel Lévinas sustenta ou identifica a ontologia com o dogmatismo, e demonstra que a crítica é anterior ao dogmatismo (*niti*). A ética é crítica, portanto, a ética é anterior a ontologia fundamental que é dogmática. O dogmatismo é uma postura epistemológica existente no interior da ontologia em que se afirma a liberdade cognoscente do sujeito frente a exterioridade do objeto cognoscível. *"Ser livre significa que o saber é uma relação do Próprio com o Outro onde o Outro se reduz ao Próprio (...) onde o pensamento se refere ao outro, mas onde o outro já não é outro enquanto tal, onde ele já é o próprio, já meu"*.[207]

A ética como filosofia primeira coloca em questão ou em dúvida essa liberdade cognoscente. Assim, esse colocar em questão, insere a metafísica num âmbito eminentemente crítico. Âmbito em que, segundo a visão de Márcio Luis Costa:

[204] Buber, Martin. *Eu e tu.* Trad. do alemão por Newton Aquiles Von Zuben. 8. ed. São Paulo: Cortez & Moraes, 1974. p.XXVIII.

[205] Costa, M. C., Op. Cit., p. 24

[206] Costa, M. L.,dem. p. 25.

[207] LÉVINAS, Emmanuel. *Transcendência e inteligibilidade.* Lisboa: Edições 70 Ltda., 1984. p. 14.

> Dá-se o encontro de um ente-humano frente a outro ente-humano antes de iniciar-se a tematização recíproca das respectivas qüididade (essência). Assim, a ética como metafísica é anterior à ontologia como inteligência dos seres. Antes da relação de compreensão e inteligibilidade em que um ente-humano pode aniquilar e subsumir a exterioridade do outro pela representação de sua qüididade nos limites de um horizonte dado como mundo, há uma ética pré-orginária, há um face-a-face como experiência ética por excelência no pensamento de Lévinas e funda no aparecer do rosto do outro a possibilidade de universalização da razão (...).[208]

O face-a-face de um ser humano para com outro vai além da visão; a verdadeira essência do ser humano se presentifica no rosto, quando ele se demonstra *infinitamente outro.*

A ética visa a resgatar aquilo que a inteligibilidade não pode alcançar na compreensão da quididade do ente.

Na ética há sensibilidade para com e recebimento do que não pode ser inteligido porque escapa infinitamente à luminosidade da face heliológica do ser. Enquanto a racionalidade ontológica compreende o ente em sua quididade desvelada, a racionalidade ética pré-originária é sensível à recepção do ente em sua infinita exterioridade, alteridade e excedência.[209]

Compreender o outro – operação tipicamente onto-fenomenológica – é violentá-lo e faltar-lhe ao respeito com a *verdade.* A ética questiona a liberdade dogmática ontológica do *eu* que se move no mundo de representações, representando o outro à luz do ser. A ética acede ao outro sem representá-lo à luz do ser.

A ética é primeira, segundo Emmanuel Lévinas, porque ela é anterior à *visão, a intelecção, ao saber, à representação, à dogmatização.*[210] A ética é primeira e anterior porque é relação entre entes-humanos concretos e não relação entre um ente-inteligente e o ser (quididade) de outro ente-inteligível.[211]

208 Costa, M. C., Op. Cit., p. 26.
209 Costa, M. L., idem. p. 27.
210 Costa, M. L.,Idem. Ibidem.
211 Costa, M. L., Idem. Ibidem.

O reconhecimento da ética como filosofia primeira conduz o pensamento a assinalar a anterioridade da *vida sensível*, do *des-inter-esse* e da *singularidade* como mais originário que o *ser*, seu *modo de ser* e sua *obra de ser*.

O *inter-esse* é a *obra de ser do ser* e o *des-inter-esse* é a saída do *ser* ou a suspensão de sua obra de *ser*. A *individuação* do ente-humano está no interior da ontologia, está fundada na liberdade epistemológica que intelige e representa sua própria quididade pela autoconsciência e a quididade de outros entes pela *consciência de... "A singularidade do ente-humano é produzida no nível pré-temático ou pré-originário por força da sensibilidade. O ente-humano, antes de ser individualizado pelo saber, já está singularizado pela sensibilidade"*.[212]

A *subjetividade* não é razão temática, mas, sim, *sensibilidade*. Já a *intersubjetividade* não é estratégia arrazoada, é *recebimento*. Dessa maneira, como a *sensibilidade* e o *recebimento* são anteriores à razão temática e estratégica, assim também a ética é anterior à ontologia fundamental existencial e a toda filosofia possível.

Há uma saída para o "eu" e o "presente", há uma saída para o juiz e a concepção dogmática do simples processo justo, a qual não está inevitavelmente presa ao ser; talvez haja a possibilidade de abrir uma porta de saída. Esta porta de saída para a libertação do "eu" está condicionada, por um lado, pelo desafio de alcançar ao "Outro" diferente do "eu", a "alteridade".

A relação originária com o outro significa o estourar a quadratura da modalidade ontológica, monádica e solipsista de constituição da subjetividade, como também da modalidade vicinal de constituição da intersubjetividade e da sociabilidade. Implica, além do mais, na ruptura radical com a noção auto-referente de "eu". É para eu estar em lugar diferente de mim mesmo.

O "eu" não tem poder sobre o "outro". O "outro" já não é mais visto, mas sim "ouvido". *"Ouço o que me diz aquele que é exterior ao meu mundo e irrompe neste mundo exigindo justiça"*.[213]

A quebra da totalidade para Emmanuel Lévinas somente é possível como experiência da exterioridade transcendente no "rosto do Outro".

[212] Costa, M. L., Idem. p. 28.
[213] Dussel, E., Op. Cit., 1986, p. 185.

A relação com o "Outro" permite ter uma ideia de quão infinito é o "Outro ser humano" em proporção à ideia que o representa como conhecimento inteligido. Desejar o outro ser humano é retirá-lo da posição de um objeto a ser conhecido, para inseri-lo em frente com um ser diante-de, diferente, distante e inaçambarcável pelo toque das mãos ou pelo olhar sinóptico.[214]

O *rosto do Outro ser humano* é a sua forma de "apresentar-se", e não de ser tematizado ou representado, diante do "eu" que o olha e o toca mas sem objetivá-lo, nem à mão, nem diante dos olhos, nem a um lado de. O rosto na relação face-a-face supera a ideia que o "eu" tem do "Outro", superando em originalidade e radicalidade as representações inteligidas.[215] O "cara a cara" faz o "eu" responsável pelo outro antes de qualquer vínculo com ele, antes de qualquer pacto, consentimento, ato de fala, emoção ou sentimento de amor, ódio ou compaixão.[216]

O que vem do "Outro" como excedência, como exterioridade, como ideia de infinito, como rosto e como ensino, põe em crise e questiona e acusa a liberdade individual, ingênua e solipsista do "eu".

O outro interpela-nos como vítima, como pobre, como oprimido, como não pertencente a determinada cultura, não como o "senhor". A vontade é livre para assumir essa responsabilidade no sentido que queira, mas não é livre para recusar essa responsabilidade em si mesma.

De certa maneira, pode-se concluir que a ética da libertação de Enrique Dussel, a qual insere a racionalidade crítica no âmbito da exterioridade, a partir das vítimas, adotou em parte o pensamento de Emmanuel Lévinas.

No pensamento do filósofo argentino radicado no México, a partir das vítimas, a verdade começa a ser descoberta como a não-verdade, o válido como o não-válido, o factível como o não eficaz.

Transportando-se o pensamento de Emmanuel Lévinas para a Ética da Libertação de Enrique Dussel, pode-se afirmar que o sistema de eticidade corresponde a um nível ontológico de totalidade, que começa a

214 COSTA, M. L., Op. Cit., p 125.
215 COSTA, M. L.,Idem. Ibidem.
216 COROMINAS, J., Op. Cit., p. 93.

ser questionado, refutado, por um juízo ético material da razão crítica negativa que se encontra na exterioridade do rosto das vítimas.

Na perspectiva de Emmanuel Lévinas a ética é metafísica, sendo que a sensibilidade (pré-ontológica) anterior a toda inteligibilidade parte de uma concepção do sujeito que deve reconhecer o *Outro* como exterioridade (pós-ontológica). Eis aí a finalidade ética, como ética material, do uso da racionalidade consequencialista no exercício da atividade jurisdicional.

Parte-se de uma concepção ética para se chegar a outra concepção ética.

Através de uma racionalidade crítica que rompe com a totalidade processual dominante (atual concepção de que somente há um justo processo), o juiz deve abandonar sua subjetividade solipsista de apenas realizar um ato de conhecimento no âmbito de atividade jurisdicional, para, por meio de sua sensibilidade, também humana, reconhecer a exterioridade das vítimas, das diferenças sociais, econômicas e culturais (reconhecendo a necessidade de uma justa decisão).

Através da metáfora do "sono" e do "tempo", é possível ao juiz ibero-americano libertar-se da dogmática de seu "solipsismo", de sua "subjetividade egoísta", do seu conforto de realização de um justo processo, sem outra responsabilidade, para alcançar o "outro" que se encontra num âmbito transcendental, e confirmar a sua responsabilidade que é pré-ontológica.

O juiz não deve tematizar o Outro (vítima inferiorizada na relação jurídica processual), mas deixar transparecer um desejo metafísico de proferir uma decisão *équo e justa*, pois o juiz, em relação às vítimas do sistema, tem uma responsabilidade ética pré-originária à totalidade do sistema jurídico positivado.

Tendo em vista essa responsabilidade ética pré-originária não tematizadora do Outro, o método que antecede a própria *dialética* (que para Enrique Dussel seria o método por excelência da totalidade) a ser desenvolvido pré-originariamente no processo seria o *método analético,* que permite a abertura efetiva ao Outro e, concomitantemente, a derrubada do sistema e da totalidade cerrada, para o fim de libertar o Outro negado em sua dignidade.

Para que isso efetivamente possa acontecer, o arquétipo de uma Justiça representada pela deusa Têmis (A deusa da Justiça), com os olhos vendados, segurando em uma das mãos a espada e na outra uma balança em equilíbrio, deve adequar-se a esse *método analético.*[217]

Com base na ética como filosofia primeira, a venda da deusa da Justiça necessita ser retirada, para que se possa reconhecer no processo a *racionalidade do outro*, a sua diferença sócio-cultural-politico-econômica nos países ibero-americanos. A balança, diante da realidade ibero-americana, deve ser desequilibrada, a fim de representar as desigualdades sociais, econômicas e culturais existentes num continente regrado por injustiças sociais, econômicas e culturais. E a espada, por fim, deveria ser substituída por uma "lupa", para que se possam avistar as concepções ideológicas que existem por detrás de um determinado ordenamento jurídico de cunho capitalista e neoglobalizante.

[217] *"A figura da mulher representando a Justiça é, segundo a mitologia grega, a deusa Témis. Témis, filha de Urano (o Céu) e de Gaia (a Terra), era a poderosa deusa da Justiça. Por ser dotada de grande ciência tinha honras de conselheira de Zeus, o deus supremo, de quem era esposa. Criadora das leis e dos ritos e também dos oráculos, era a guardiã de juramentos, dispensatária dos destinos. Teve muitas filhas famosas: as Horas, guardas dos partos dos Céus; as Parcas, fiandeiras da vida dos homens; a virgem Astreia, introdutora da felicidade na humanidade, enquanto reinou; as ninfas do rio Eridan, a quem o invencível Hércules perguntou o caminho para o jardim que produzia pomos de oiro, guardado por terrível dragão com cem cabeças (o Jardim das Hespérides). As leis e os oráculos que Témis produzia eram obrigatoriamente acatadas por deuses e homens.*
A espada que exibe representa a força dos seus ditames. A balança significa o senso, o equilíbrio, a ponderação, a justeza das suas decisões. A venda nos olhos, quando existe, traduz o propósito de objectividade, o desejo de nivelar o tratamento de todos os justiçados, quem quer que sejam. Por outro lado, a ausência de venda (como é o caso) aponta para a necessidade de ter os olhos bem abertos para que nenhum pormenor, relevante para a formação da decisão, lhe escape". (GRAÇA, José Pereira. *Témis – a deusa da justiça.* Coimbra: Livraria Almedina, 1987. p.139 e 140).

Segunda Parte
Dos Pressupostos e dos Marcos Estruturantes do Desvelamento do Critério de Justiça no Código Ibero-Americano de Ética Judicial

1. A necessidade de superação da cisão ôntica do ser humano como pressuposto para o critério de justiça indicado pelo Código Ibero-Americano de Ética-Judicial – um diálogo entre o iluminismo e o romantismo

Na segunda parte da tese, conforme já explicado na introdução, pretende-se indicar os pressupostos e os marcos estruturantes que permitem o desvelamento do critério de justiça no texto normativo de ética judicial.

Um dos pressupostos para se desvelar o critério de justiça indicado pelo Código Ibero-Americano de Ética Judicial decorre do reconhecimento de alguns fatores circunstanciais filosóficos e antropológicos que possam levar à *injustiça* das decisões judiciais proferidas pelos juízes ibero-americanos.

Existem fatores que podem contribuir, e muito, para que diversas decisões proferidas pelos juízes ibero-americanos estejam contaminadas pela discriminação social, racial, econômica e cultura, ou seja, por critérios *injustos*. Essa contaminação pode decorrer, num primeiro momento, pela dicotomia filosófica e antropológica proveniente da *unidade ou cisão* da constituição epistemológica do ser humano.

A chamada unidade ou cisão do ser humano (histórico e natural), sem dúvida, é um problema ético, antropológico, social e político que sempre causou inúmeras divergências conceituais, seja nas sociedades arcaicas como nas sociedades históricas.

A possibilidade de cisão do ser humano, em dois entes diferentes (natural e racional), é fator importante para a *discriminação e para a exclusão social.*

Entre os gregos, o *logos* concebido como razão epistêmica passou a ser o elemento unificador dos dois mundos, enquanto justificados ou conhecidos.[218]

Em Sócrates, o ético e o natural são pela primeira vez submetidos à unidade de explicação do logos epistêmico.[219]

Em Hegel, a unidade é logicamente exigida a partir da constatação de que no pensamento tudo se dá, inclusive o dualismo teórico e prático. Desde o início, é evidente a unidade do pensar, ao mesmo tempo em que essa unidade se mostra como totalidade. Os dualismos internos do pensamento são, portanto, não realidades que se excluem abstratamente por eliminação, mas aspectos que se superam na unidade total do pensamento, a ser demonstrada por Hegel como unidade gnosiológica na *Fenomenologia do Espírito*, como unidade lógica na *Ciência da Lógica*, como unidade absoluta e ontológica na Filosofia do Espírito, enquanto sabe ser toda a realidade como pensamento de si mesmo (Lógica novamente).[220]

Para Hegel, um indivíduo, ser humano, só pode ser determinado como igual ao outro pela mediação da liberdade. Só do ponto de vista de ser um ser livre é que pode alguém ser igual ao outro. Essa igualdade, contudo, é igualdade na desigualdade, pois cada indivíduo tem a sua particularidade. Essa particularidade, a diferença, não é algo apenas natural, mas também produzido pela cultura.[221]

Não se pode negar, porém, que o marco principal da civilização ocidental foi ter se dado a consciência da *cisão ôntica* a que se submete o ser humano na sua vida social: de um lado, a necessidade do conhecer teórico da natureza que ele precisa dominar para estar-aí; de outro, o mundo da história em que se impõe a ordem normativa para a sua conduta.

[218] SALGADO, Joaquim Carlos. *A ideia de justiça em Hegel.* Edições Loyola: São Paulo, 1996. p. 16.

[219] SALGADO, J. C., idem, ibidem.

[220] SALGADO, J. C., idem, pág. 18.

[221] SALGADO, J. C., idem., p. 452.

O esforço do pensar ocidental tem seguido nesse sentido, ou seja, no reconhecer a cisão entre essas duas esferas de constituição do ser humano, ou de dar unidade a essas duas realidades, natural e a histórica ou espiritual, quer fazendo preponderar uma sobre a outra, quer eliminando uma em proveito da outra, como no materialismo e no espiritualismo (ou idealismo) extremo.[222] Essa cisão é bem delineada pelos racionalistas.

Kant considera a história como uma 'segunda natureza', especificamente humana, claramente diferenciada da primeira. Assim, Kant rompe totalmente com a natureza físico-cosmológica; nessa perspectiva, a história equivale a um processo de humanização marcado pelo desenvolvimento da razão, que se configura dominando o animal e emancipando-se do estritamente natural.[223]

Para Kant, o processo histórico se dá mediante o rompimento com o animal para constituir uma 'segunda natureza' de tipo puramente 'ético-político' que se caracteriza pelo desenvolvimento das potencialidades racionais do ser humano. Segundo essa visão, a essência da história humana, por ser sócio-política e constituir-se através de instituições necessariamente artificiais, rompe com o cosmológico e o animal. Somente a humanidade, que vive em sociedade, tem história. E a meta da história é justamente uma sociedade cosmopolita e jurídica caracterizada por uma institucionalização do direito internacional em uma sociedade de nações.[224]

Na sociedade cosmopolita, a sociedade, o direito e as instituições políticas são consideradas como instituições humanas artificiais que rompem com o natural e que se afiançam na razão (daí a necessidade de uma ideia de pacto ou contrato civil, que pressupõe uma reflexão racional que o instaure).[225]

Para a maioria dos iluministas, incluindo Kant, a ruptura que nos separa da animalidade é desejável para se alcançar a grandeza máxima da humanidade. Esse abismo existente entre o racional e o animal causa

[222] Salgado, J. C., idem., p. 16.

[223] Mayos, Gonçal. *Ilustración y romanticismo – introducción a la polémica entre Kant y Herder*. Barcelona: Herder, 2004. p. 103

[224] Mayos, G., idem, p. 104.

[225] Mayos, G., idem, p. 246.

uma profunda e dolorosa cisão no interior do próprio ser humano. Só a razão permite ao ser humano escapar de sua submissão animal, natural e aos seus instintos.[226]

Apesar de Kant falar continuamente de natureza humana, sempre a distingue da natureza puramente animal.[227] Por isso, o ser humano, para ser tal, deve romper com sua animalidade e, inclusive, deve contradizer sua biologia mais instintiva e corporal, deve controlar racionalmente o sentimental, passional e emotivo.

O Iluminismo, com Kant, pressupõe a cisão radical entre o humano e o animal, entre razão e natureza. Demonstra a existência de uma dualidade: o humano e o racional.[228]

A partir do momento em que o ser humano adquire o uso da razão, deixa de ser um ser natural, um mero animal, e passa a ser sujeito de liberdade e moralidade. Com isso surge um mundo moral por cima e independente do mundo natural.

[226] Mayos, G., idem, p. 238.

[227] *"La Naturaleza es pensada dentro de los términos tradicionales de aquello por definición constante, permanente y regular. Aceptan que dentro de ella existe el movimiento, pues los fenómenos y las cosas cambian (como las estaciones, las posiciones celestes etc.) pero la Naturaleza misma no cambia, no se metamorfosea, no evoluciona, no está ella misma marcada por la 'historicidad'. Así, las leyes físicas y biológicas que expresan la Naturaleza son eternas y constantes, no cambian ni evolucionan. Por ello, podemos decir que la Naturaleza ilustrada (como la del Racionalismo del XVII) está marcada por el llamado 'eterno retorno de lo mismo".*
Ciertamente las filosofías de la historia especulativas de la Ilustración como la kantiana) introducen (a diferencia de los racionalistas del XVII) un desarrollo teleológico en función de la idea de progreso. Introducen pues una cierta historicidad, pero que afecta exclusivamente al mundo humano, al ámbito de las instituciones político-culturales. Sólo la humanidad escapa, pues, del eterno retorno y se abre a una perspectiva basada en la idea del progreso. La consecuencia de éste reconocimiento de la historicidad, si bien aplicada exclusivamente a los aspectos político-culturales del género humano, provoca que la humanidad sea pensada – como hemos visto en nuestra primera oposición – de manera escindida del mundo animal y físico. Así la humanidad (y sólo ella) goza de una biología – la famosas 'disposiciones naturales' de Kant – que rompen con el determinismo y se abren a un proceso de evolución" (Mayos, G., idem, p. 222).

[228] *"Kant opina que la posición erecta es un efecto de la aparición de la razón en el hombre y que, rompiendo con la postura natural en los animales, es forzada y antinatural. Así se explican las muchas molestias que provoca al comprimir de manera no prevista por la Naturaleza las vértebras y órganos internos".* (Mayos, G., idem, p. 215.

O iluminismo e Kant tendem a definir a razão como uma faculdade diferente da sensibilidade e da imaginação; seu funcionamento é muito diverso e as subordina. A hierarquia entre essas faculdades é clara, assim como o privilégio da razão. Além do mais, Kant opõem-se a iluministas como Hume, Hutchenson, Adam Smith, Rousseau e Diderot, os quais tendiam a minimizar a influência real da razão no campo da ética e da moralidade.[229]

A única maneira de proceder e pensar, segundo Kant, é por meio de ideias da razão. A perfeição humana só se pode lograr pelo domínio pleno da razão. Por isso, segundo ele, a ruptura que nos separa da animalidade é desejável, pois somente com isso surge a grandeza máxima da humanidade.[230]

Essa perspectiva de cisão humana defendida por Kant talvez possa ter contribuído para a consagração de condutas *injustas e discriminatórias.* Essa afirmação pode ser constatada em um dado histórico bem delineado: No século XVII, quando os bôeres (na maioria, branco holandês) colonizaram a África do Sul, a segregação racial não se dava tanto pela cor da pele, mas pelo fato de que os negros se comportavam como se fizessem parte da natureza, o que, para os europeus, significou a inexistência de um âmbito humano separado do mundo natural. Segundo os colonizadores, essa ligação íntima dos nativos, com a natureza, transformava-os em seres estranhos à espécie humana. Tendo em vista que pertenciam à natureza, passaram a ser um "objeto" de exploração, o que justificava serem configurados como escravos (mão de obra de produção mecânica) ou mesmo dizimados.[231]

O colonialismo pode ser entendido como um estado social que deforma as relações intersubjetivas de reconhecimento mútuo.

229 Mayos, G., idem, p. 215.

230 *"Por tanto, este abismo entre lo racional y lo natural marca una profunda y dolorosa escisión en el interior del propio hombre (en esto acepta Kant el veredicto rousseauniano). La razón, aunque es una facultad que forma parte de las disposiciones naturales del hombre y aunque en 'Idea' afirma que se desarrollará a partir de las constricciones de la Naturaleza, representa la componente que separa al hombre de la animalidad. Sólo la razón configura una nueva y específica naturaleza humana".* (Mayos, G., idem, p. 238).

231 Arendt, Hannah. *Origens do totalitarismo.* São Paulo: Cia das Letras, 1998. p. 223.

Conforme afirmou Sartre, a respeito do movimento anticolonialista da *escravidão, "o nativo permanece no sistema colonial sem reconhecimento do 'status de ser humano', porque seu modo de vida e sua forma de auto-realização específica não são estruturalmente tolerados".*[232]

Em relação ao colonialismo, há o seguinte desabafo de Frantz Fanon :

Não faz muito tempo a terra tinha dois bilhões de habitantes, isto é, quinhentos milhões de homens e um bilhão e quinhentos milhões de: indígenas. Os primeiros dispunham do Verbo, os outros pediam-no emprestado. Entre aquêles a êstes, régulos vendidos, feudatários e uma falsa burguesia pré-fabricada serviam de intermediários. Às colônias a verdade: se mostrava nua; as "metrópoles" queriam-na vestida; era preciso que o indígena as amasse. Como às mães, por assim dizer. A elite européia tentou engendrar um indigenato de elite; selecionava adolescentes, gravava-lhes na testa, com ferro em brasa, os princípios da cultura ocidental, metia-lhes na bôca mordaças sonoras, expressões bombásticas e pastosas que grudavam nos dentes; depois de breve estada na metrópole, recambiava-os, adulterados. Essas contrafações vivas não tinham mais nada a dizer a seus irmãos; faziam eco; de Paris, de Londres, de Amsterdã lançávamos 3 palavras: "Partenon! Fraternidade!", e, num ponto qualquer da África, da Ásia, lábios se abriam: "... tenon! ... nida -de!" Era a idade de ouro. Isto acabou. As bôcas passaram a abrir-se sózinhas; as vozes amarelas e negras falavam ainda do nosso humanismo, mas para censurar a nossa desumanidade. Escutávamos sem desagrado essas corteses manifestações de amargura. De início houve um espanto orgulhoso: Quê! Êles falam por êles mesmos! Vejam só o que fizemos dêles! Não duvidávamos que aceitassem o nosso ideal porquanto nos acusavam de não sermos fiéis a êle; por esta vez a Europa acreditou em sua missão: havia helenizado os asiáticos e criado esta espécie nova: os negros Greco-latinos. Ajuntávamos, só para nós, astutos; deixemos que se esgoelem, isso os alivia; cão que ladra não morde. Surgiu uma outra geração que alterou o problema. Seus escritores, seus poetas, com incrível paciência trataram de nos explicar que nossos valôres não se ajustavam bem à verdade de sua vida, que não lhes era possível rejeitá-los ou assimilá-los inteiramente. Em suma, isso queria dizer: de nós

[232] HONNETH, Axel. *Luta por reconhecimento – a gramática moral dos conflitos sociais*. São Paulo: Editora 34, 2003. p. 249.

fizestes monstros, vosso humanismo nos supõe universais e vossas práticas racistas nos particularizam.[233]

O colonizado não é o semelhante do ser humano. A violência colonial não tem somente o objetivo de garantir o respeito desses seres humanos subjugados; procura desumanizá-los. Nada deve ser poupado para liquidar as suas tradições, para substituir a língua deles pela dos colonizadores, para destruir a sua cultura sem lhes dar a deles. Ao colonialismo não basta encerrar o povo em suas malhas, e esvaziar o cérebro colonizado de toda forma e todo conteúdo. Por uma espécie de perversão da lógica, ele se orienta para o passado do povo oprimido, deforma-o, desfigura-o, aniquila-o. Essa tarefa de desvalorização da história do período anterior à colonização adquire hoje sua significação dialética. Nada foi feito ao acaso e que o resultado global pretendido pelo domínio colonial era convencer os indígenas de que o colonialismo devia arrancá-los das trevas.[234]

Segundo Charles Taylor, Frantz Fanon tornou muito familiar essas análises para o contexto colonial, razão pelas quais suas categorias foram transferidas a muitos outros ambientes, em particular àquele da emancipação feminina.[235]

Também em um sentido de desabafo, preconiza Jared Diamond, que as sociedades tradicionais, especialmente as colonizadas, indicam milhares de experimentos sobre como construir uma sociedade humana. Elas idealizaram milhares de soluções aos problemas humanos, soluções distintas das adotadas pelas nossas sociedades WEIRD modernas. Algumas dessas soluções: *"por ejemplo, el modo en que las sociedades tradicionales crían a tiempo libre y resuelven disputas – pueden sorprenderles, al igual que a mí, por considerarlas superiores a las prácticas normales del Primer Mundo. Tal vez*

[233] FANON, Frantz. *Os condenados da terra*. Prefácio Jean-Paul Sarte. Trad. José Laurênio de Melo. Rio de Janeiro, 1968. p. 3 e 4.

[234] FANON, F. idem, p. 175.

[235] TAYLOR, Charles. *Etica e umanità*. Trad. Paolo Costa. Milano: V&P Università, 2004. p. 235.

podríamos beneficiarnos si adoptáramos selectivamente algunas de esas prácticas tradicionales".[236]

Sem pensar nessa grave consequência de dominação histórica, Kant praticamente cinde o ser humano em vários sujeitos e faculdades isoladas entre si. Como se no ser humano houvesse um sujeito razão, um sujeito sensível, um sujeito entendimento, um sujeito vontade.[237]

Kant analisa o passado histórico da humanidade e constata a presença inseparável da insociabilidade e sociabilidade. Para Kant, o esforço por melhorar as leis e o direito tinha como objetivo final colaborar com a tarefa de configurar uma sociedade racional, cosmopolita e ilustrada onde a sociabilidade humana se impusesse claramente à insociabilidade. Assim, o ser humano começa a romper com a animalidade quando a razão começa a animar-se e a buscar por si mesma.[238]

Só a razão, junto com a liberdade e a moralidade que nela se baseiam, pode fazer possível que o dever ético se imponha ao egoísmo natural dos homens.[239]

A liberdade, em sentido cosmológico, seria efetivamente uma ideia pura transcendental.

Com isso, a razão humana não somente se distancia cada vez mais do fundo instintivo, natural e selvagem do ser humano, senão que ademais entra em luta contra tudo isso até os dominar em todas as suas facetas.[240]

Porém, ninguém pode tornar-se independente de suas faculdades, isto é, sair de toda experiência originária, interna ou externa, livrar seu pensamento de todo seu empírico.

É certo que a razão pode guiar a liberdade prática de um ser humano; contudo, não pode fazer com que seu ato, enquanto fenomênico e enquanto incidente no mundo natural, realize efetivamente o fim que deseja perseguir. Na realidade, os princípios morais da razão dão lugar aos atos livres, e não a leis da natureza. De todo modo, existe a possibili-

236 DIAMOND, Jared. *El mundo hasta ayer – ¿Qué podemos aprender de las sociedades tradicionales?* Trad. Efrén del Valle. Barcelona: Debolsillo, 2013. p. 24.

237 MAYOS, G., op. cit., p. 264.

238 MAYOS, G., idem, p. 108 e 109.

239 MAYOS, G., idem, p. 239.

240 MAYOS, G., idem, p. 239.

dade de um mundo moral no mundo "na medida em que seja conforme a todas as leis éticas".[241]

Herder, com razão para o *sentido de justiça* defendido neste trabalho, não concorda com essa cisão humana (natural e política/ética).

Herder postula o monismo e a continuidade entre o humano e o animal, entre a razão e a natureza.[242] Para ele, a filosofia da história apresenta uma base naturalista, que ocorre mediante a integração do conjunto da natureza,

Segundo Herder, a natureza atua desde o interior dos indivíduos, de tal modo que eles mesmos, por sua 'natureza' ou 'disposição natural', encaminham-se até o fim fixado no próprio plano da natureza. Trata-se de um mecanismo interno congênito do ser humano, que mostra já uma tendência ativa para o seu desenvolvimento como espécie.[243]

Herder destaca que em primeiro lugar o indivíduo está em uma inseparável e necessária relação *linguística, cultural e sentimental com seu povo*; em segundo lugar, que o direito, as constituições civis e o Estado são basicamente instituições artificiais que facilmente podem degenerar e apartar-se da autêntica natureza humana.[244]

A posição de Herder é de que a Natureza, inclusive a meramente física e biológica, é ela mesma a potencialidade dinâmica, é 'virtude', é 'energia'. A Natureza é algo vivo que se transforma, a sí mesma, e que se alça desde o estado inerte ao estado vivo e, deste, ao espírito.

Segundo Herder, natureza e espírito, vida vegetal, animal e humana são estádios teleológicos de um mesmo e imensamente rico organismo total que caminha até a consciência e subjetividade humana. Por isso, nessa perspectiva, a razão está intimamente ligada com os sentidos, a

[241] Mayos, G., idem, p. 117.

[242] *"Herder, en cambio, considera aquel posición erecta es condición para el posterior gran desarrollo de la razón, al permitir a los primeros humanos levantar la mirada y mirar lejos de sí a su alrededor. Tal desarrollo de la razón es pues resultado de un proceso natural que enlaza con profundos mecanismos naturales"* (Mayos, G. Idem, p. 215).
Herder aceita plenamente o princípio da continuidade racionalismo de Leibniz e Spinoza. (Mayos, G., idem, p. 243).

[243] Mayos, G., idem, p. 153.

[244] Mayos, G., idem, p. 164.

imaginação, os sentimentos, os instintos, e sem eles não seria nada. Tudo que a razão é e pode obter é graça à natureza. [245]

Não haveria nenhum sentido dizer que a razão (que é uma faculdade natural) possa ir de encontro a outras faculdades também naturais.

Segundo essa perspectiva, o ser humano é um ser natural e animal que não pode se isolar e nem romper-se (como pretende o iluminismo). A humanidade peca de 'vanidad' e orgulho quando pretende colocar-se acima da natureza. Por isso o direito e as instituições sócio-políticas têm uma origem natural vinculada ao ser particular e específico do povo.[246]

O ideal de humanidade de Herder encontra-se definido, como é óbvio, no contraste com a animalidade. Porém, Herder nega explicitamente a possibilidade de se definir o ser humano em oposição absoluta ao animal. O ser humano ocupa o lugar central da criação sem por isso transcendê-la.[247]

Herder inclui na humanidade a harmonia com os instintos animais, a autoconservação, o desejo de participação com outros seres e o desejo de comunicação. Inclui também o instinto sexual, o amor, o sentimento de simpatia, que são a base de toda relação afetuosa, por exemplo, a paterno filial. Também inclui a regra de *justiça e verdade*, pois, 'sem estrita *equidade e verdade* não há razão nem humanidade concebível'.[248]

Ainda que Herder não renuncie ao ser humano em geral, quando faz o seu enlace com a humanidade, tem grande preocupação com *o ser humano concreto, com suas singularidades e determinações vitais e históricas.*

Herder e os românticos de uma maneira geral sustentam que a razão e a filosofia não podem renunciar a admirar e a expressar a riqueza e a diversidade da vida e da Natureza. O universo é vivo, vigorosamente exuberante, rico e cheio de variação, razão pela qual, em todo momento o filósofo deve expressar e recolher ao máximo essa rica variedade natural. O contrário supõe impor os estreitos, abstratos e fossilizados conceitos,

[245] Mayos, G., idem, p. 244.
[246] Mayos, G., idem, p. 247.
[247] Mayos, G., idem,, p. 251.
[248] Mayos, G., idem, p. 252

definições e classificações de que se glorifica o Iluminismo, tanto a especulação humana, como a riqueza da vida e da Natureza.[249]

A humanidade inclui em si mesma uma infinidade de legítimas diversidades e, portanto, a história manifesta também uma rica pluralidade de desenvolvimentos e perspectivas, todas elas válidas. Em uma perspectiva diversa de Kant, afirma Herder: *"Como la gran madre no podía o no deseaba crear en nuestra tierra una cosa eternamente uniforme, no tenía otro recurso que fomentar la más enorme diversidad y crear al hombre de tal material que soportara tamaña diversidad"*.[250]

Herder, ao contrário de Kant, pensa o conhecimento como resultado da colaboração harmônica e em uma maior igualdade (sem a existência de uma hierarquia tão estrita) entre razão, os sentidos, a imaginação e, inclusive, a fantasia, os sentimentos, os instintos, as intuições do coração.[251]

A humanidade, portanto, pode pensar e conhecer somente por meio do enlace entre a razão com as outras faculdades naturais e intuições.

A sociedade, segundo essa concepção, constitui uma espécie de segunda natureza que, em continuidade, aperfeiçoa a primeira, sem qualquer rompimento (ao contrário do pensamento kantiano). O processo de humanização realiza-se, em grande medida, por meio do desenvolvimento político-social.[252]

O mundo racional não rompe com o mundo natural, senão que há uma continuidade harmônica.[253] Por detrás das diferenças humanas sempre se manifesta a profunda *unidade da humanidade*.

Por isso, na concepção de Herder, *a história é o cenário da humanização e racionalização do ser humano*, inclusive de sua liberdade, não porque essas tenham sido dadas desde o princípio, senão porque são resultados e metas da história.

249 Mayos, G., idem, p. 232.

250 Mayos, G., idem p. 334.

251 Mayos, G., idem, p. 216.

252 Mayos, G., idem, p. 167.

253 "Herder acepta plenamente el principio de continuidad del racionalismo de Leibniz y Spinoza. Como Hamann, lo basa en la seguridad que el mismo Dios que creó la Naturaleza también creó la historia (y por supuesto no tenía sentido que lo hiciera desde parámetros o modelos completamente distintos y escindidos." (Mayos, G., idem, p. 243.

Goethe, em *Poesia y Verdade*, atribui a Hamann este princípio chave do Romantismo: *"todo cuanto el hombre se propone realizar, ya fuere en la esfera de la acción ya en la de la palabra, ha de brotar de todas sus energías reunidas; todo lo aislado debe rechazarse"*[254]

O mal do humanismo racionalista ocidental foi inserir o ser humano como um sujeito absoluto no universo dos objetos, legitimando-o em seus domínios e nas suas conquistas em relação à natureza. Esse humanismo racionalista também contribui para que se estabelecessem, dentro da própria espécie humana, alguns subprodutos, os quais seriam:

> el resultado de la identificación de la idea del hombre con el concepto supuestamente racional del hombre blanco, procedente del mundo occidental, técnico, adulto, masculino; de suerte que el 'primitivo', el no-industrial, el joven, la mujer, etc., figuraban como tipos inacabados, no consumados, imperfectos, pervertidos o decadentes de la humanidad.[255]

O Século XX foi o "estallido" do humanismo no Ocidente. O racismo decorrente do nacional-socialismo foi um exemplo notável disso, uma vez que contestava, inclusive por meio de análises biológicas, a própria natureza humana, ou seja, contestava a interligação entre o natural e o racional.

É certo que a partir do desenvolvimento do racionalismo das Luzes e da ideologia da Revolução Francesa, passou-se a preconizar a abolição da escravatura, o reconhecimento do direito de cidadania do povo judeu, a emancipação do proletariado e a liberação dos povos colonizados, tendo em vista que todos os seres humanos são detentores de direitos livres e iguais. [256]

Atualmente, na cultura ocidental, muitos preconizam que o conceito de *homo*, ou seja, a unidade do ser humano, *"es de tal ingenuidad que un vistazo medianamente crítico bastaría para disiparla"*. Muito embora se perceba

[254] Mayos, G., idem, p. 35.

[255] Morin, Edgar; Piattelli-Palmarini, Massimo. La unidad del hombre como fundamento y aproximación interdisciplinaria. In: *Interdisciplinariedad y ciencias humanas.* Trad. Jesús Gabriel Péreza Martín. Madrid: Editorial Tecnos, 1983. p. 190.

[256] Morin, E.; Piattelli-Palmarini, M. , idem, p. 189.

que pertence o *homo* à mesma espécie natural, há outras opiniões etno-sociocêntrica *"según la cual solo son llamados hombres los miembros del grupo, y del cual esta excluído el extranjero, el otro"*.[257]

Nas sociedades históricas, por exemplo, os povos estrangeiros não eram considerados seres totalmente humanos, mas como inacabados, como bárbaros. Da mesma forma ocorria nas sociedades escravagistas, como na Grécia de Aristóteles, em que o escravo, muito embora fosse considerado um ser humano sob o ponto de vista anatômico, não o era do ponto de vista psíquico, uma vez que não passava de um simples animal. Modernamente, muito embora seja amplamente divulgada em cada cultura a ideia de unidade da espécie humana, percebe-se a fragilidade dessa afirmação. Na verdade:

> Basta que estallen conflictos entre naciones, grupos o indivíduos para que muy rapidamente el otro, el enemigo, sea calificado de 'perro'. Este calificativo, así como los de 'rata', 'víbora' , 'cucaracha', 'bestia inmunda', en resumen, todos los insultos que reducen al otro al estado de animal, cuando no al de materia excrementicia, son la prueba de que el rechazo del hombre fuera de la humanidad está estrechamente ligado al fenómeno de enemistad, de conflicto, de desprecio.[258]

O humanismo racionalista, por vezes, representa a aparência de um ser humano "desencarnado", fundado não na natureza humana, mas com base e por direito e a título ideal. Esse pensamento esteve amplamente difundido na cultura ocidental no Século XIX. Esse humanismo racionalista não chegou a eliminar nem a rechaçar a consciência de que havia, em algumas esferas, uma separação entre os seres humanos, entre nós e os outros. Nessa época, o humanismo elevava de forma exacerbada o nacionalismo e o imperialismo de todo tipo. Doutrinas segundo as quais o inimigo e o colonizado não se igualavam ao nacional e ao colonizador, e, portanto, não eram integrantes da humanidade. Em razão disso, o huma-

[257] Morin, E.; Piattelli-Palmarini, M., idem., p. 188.
[258] Morin, E.; Piattelli-Palmarini, M., idem., p. 189.

nismo decorrente do racionalismo iluminista não passou de uma noção meramente idealista.[259]

O que se pode concluir, diante dessas considerações, especialmente em razão do diálogo entre Herder e Kant, é que a perspectiva unidimensional *do ser humano* em seu aspecto filosófico e antropológico, apesar das críticas, é imprescindível ao desvelamento da justiça como critério estabelecido no Código Ibero Americano de Ética Judicial. Isso significa dizer que não pode haver uma ruptura entre o ser humano natural e o ser humano racional. Existe um liame entre essas duas dimensões que não pode sofrer cisão, especialmente quando se pretende ser justo no momento de decidir uma determinada questão.

Não se poderia encerrar esse tópico sem antes realizar uma reflexão sobre a seguinte advertência feita por Gonçal Mayos: "*Não obstante haja uma única humanidade em relação aos problemas e perigos existentes, assim não agimos para realizar projetos, propostas e soluções comuns (no caso, um critério de Justiça uniforme e comum)*".[260]

A perspectiva unidimensional do ser humano, na esfera filosófica, antropológica e epistemológica não interfere e não pode interferir no reconhecimento da autonomia cultura.

Por isso, no próximo item, far-se-á referência à necessidade do reconhecimento multicultural como segundo pressuposto para o desvelamento do critério de justiça indicado no Código Ibero-Americano de Ética Judicial.

2. A exigência do reconhecimento *multicultural* como pressuposto para o desvelamento do critério de *justiça* indicado pelo Código Ibero-Americano de Ética Judicial

No item anterior, fez-se referência à necessidade de uma visão *unidimensional do ser humano* como importante pressuposto para o desvelamento

[259] MORIN, E.; PIATTELLI-PALMARINI, M., idem., p. 189 e 190.

[260] MAYOS, Gonçal. Introdução. In: *Interrelación filosófico – jurídica multinível: estudios desde la interconstitucionalidad, la interculturalidad y la interdisciplinaridad para un mundo global*. Org: Saulo de Oliveira Pinto Coelho; Alexandre Walmott e Moacir Henrique Junior. Barcelona: Ed: Macrofilosofía Linkgua, 2016. p. 9.

do critério de *justiça* indicado pelo Código Ibero-Americano de Ética Judicial.

Neste tópico, o foco de análise será o segundo pressuposto indispensável para o desvelamento do critério de *justiça*, qual seja, a exigência de reconhecimento da autonomia das diferentes culturas existentes entre os diversos países ibero-americanos.

O reconhecimento da autonomia cultural e de uma relação intercultural seria o segundo passo ou pressuposto, junto a exigência do critério unidimensional do ser humano no campo filosófico e antropológico para o desvelamento do critério de justiça ibero-americano.

Não se nega que o conceito de cultura paira numa indeterminação característica.

Conforme já teve oportunidade de afirmar Hans-Georg Gadamer:

> Se eu fosse um poeta filosófico da categoria de Platão, talvez não me fosse difícil escrever um diálogo em que Sócrates perguntasse a cada um de nós o que é que realmente queria dizer com cultura. E todos continuaríamos, no fim, a dever uma resposta, Isto é, saberíamos todos que a cultura é algo que nos sustenta, mas nenhum de nós saberia o suficiente. Conhecemo-lo a partir do nexo quase indestrutível entre cultura e crítica da cultura, entre orgulho cultural e pessimismo cultural.[261]

O conceito autônomo de cultura encontra-se pela primeira vez como um conceito de valor proveniente do Iluminismo, no sentido de algo que é elevado para além da crueza do estado natural, progredindo neste caminho até alcançar a completa previsão e administração racional das coisas, ou seja, até a perfeição humana, aflorando a orgulhosa confiança da incipiente modernidade.[262]

Para Axel Honneth, a integração social de uma coletividade política só pode ter êxito irrestrito na medida em que lhe correspondem, pelo lado

[261] Gadamer, Hans-Georg. *Elogio da teoria*. Lisboa: Biblioteca de Filosofia Contemporânea – Edições 70,1983. p. 9.

[262] Gadamer, H. G., idem, ibidem.

dos membros da sociedade, *hábitos culturais que tem a ver com a forma de seu relacionamento recíproco.*[263]

O fundamento estrutural do Código Ibero-Americano de Ética Judicial é justamente o reconhecimento da diversidade cultural como ponto inflexível na reflexão ética do comportamento do juiz.

O Código Ibero-Americano em nenhum momento procurou unificar ou sugerir a supremacia entre as diversas culturas dos países ibero-americanos; ao contrário, o reconhecimento da autonomia e da complexidade multicultural é princípio básico de um código modelo de caráter regional.

A necessidade da autonomia e de respeito intercultural decorre do fato de que a melhor visão do mundo não é um privilégio desta ou daquela Nação.

A diversidade de culturas é imprescindível para a convivência e vivência humana, trazendo importantes complexidades, fazendo parte integrante da história universal.

Não se pode esquecer que a experiência moral é realidade de cada um, mas também depende da dimensão histórica e cultural, sendo a ética a reflexão sobre esse fenômeno da moralidade. Porém, como ponto central dessa dimensão histórico-cultural dos valores, encontra-se a vida humana, pois é o ser humano o construtor da história e da cultura e todo o valor é vivido nessa circunstância; a cultura não é algo apenas construído (espírito objetivo de Hegel), mas também o campo para a ação transformadora do ser humano, pois se não salvo a circunstância, se não a modifico, não salvo também a própria vida. A vida é constitutivamente moral. Para se entender o ser humano, deve-se considerar suas ações.[264]

Segundo acentúa Judith Shklar:

> (...) la línea de demarcación entre lo natural y lo humano tampoco es totalmente irrelevante. La cultura, con su omnipresencia, puede actuar sobre nosotros de una manera muy parecida a como lo hace el medio ambiente y no es más fácil – al contrario, puede ser más difícil – de controlar y modificar.

[263] HONNETH, A., op. cit. p. 108.

[264] CARVALHO, José Maurício de. Vida e valores na filosofia da razão vital de Ortega y Gasset. In: *Problemas e teorias da ética contemporânea.* José Maurício de Carvalho (Org.). Porto Alegre: Coleção Filosófica 170, 2004. p. 65.

El ejemplo más obvio es la pigmentación, que es algo ciertamente natural, pero nada de lo que significa tener piel oscura en Estados Unidos lo es. Tener piel oscura en este país es una condición social, no natural.[265]

Uma filosofia da cultura, conforme bem ponderou Ortega y Gasset, não pode ser elaborada fora de um contexto histórico que considere cada uma das culturas ao longo do tempo. Falar em geral de uma cultura fica parecendo um idealismo não justificado.[266]

Contudo, no contexto histórico algo aconteceu que impediu essa aproximação e reconhecimento[267] de diversas culturas para o efeito da análise do comportamento ético, reforçando o estudo da ética apenas em determinados contextos setoriais, compartimentalizados, sem qualquer vínculo intercultural.

Percebe-se que ao longo da história, em vez de um ponto de convergência que levasse em consideração as diversas formas culturais existentes no momento de se analisar o comportamento ético, houve, sim, um grande distanciamento, quando não um discurso discriminatório entre as culturas.

Optou-se pelo isolamento e pelo solipsismo, ao invés do reconhecimento e da alteridade. Isso, evidentemente, não foi obra do acaso.

Quando Rousseau, em 1750, ofereceu determinada resposta à questão, oriunda do espírito do Iluminismo, proposta a prêmio pela Academia de Dijon, sobre os progressos morais que a humanidade devia ao desenvolvimento das ciências e das artes (*"si le rétablissement dês scienses et des arts a contribué a épurer lês moeurs'*), e em que ele enaltecia a inocência e a pureza simples da natureza, o orgulho racional do Iluminismo deixou de ser incontroverso. Kant confessou: '*Rouseau corrigiu-me*' e fundou o princípio da moralidade na autonomia da razão ética, que é igual para todos. Herder seguiu a tal ponto a crítica de Rousseau à corrupção

[265] SHKLAR, J., op. cit. p. 28.

[266] ORTEGA Y GASSE. José. *Las ideas de Léon Frobenius.* Obras completas, vol. III, 2ª reimpresión, Madrid: Alianza, 1994. p. 253.

[267] Aproximação, respeitando-se a autonomia cultural de cada povo, mas necessitando de um ponto de convergência para a construção de uma ética voltada a produção, reprodução e desenvolvimento da vida humana.

dos costumes que contrapôs a verdadeira cultura à civilização. Foi essa, durante bastante tempo, uma distinção determinante para o espaço da língua alemã e muito além dele.[268]

Conforme afirma Judith N. Shklar:

> It would be a mistake to assume that the 18th century and the Enlightenment coincide exactly. Such symmetry is not to be expected in history. Even before the French Revolution, the Enlightenment was vehemently refuted by at least one group of intellectuals, the romantics.[269]

Herder foi o primeiro a descartar as regras impostas racionalmente à arte, defendendo a supremacia do sentimento poético primitivo. Em suas origens, o romantismo era a revolta da sensibilidade estética contra o espírito filosófico. Além disso, essa diferença estética implicou em uma ruptura com o iluminismo como um todo e o nascimento de uma atitude em relação à natureza e à sociedade. [270]

Com o Iluminismo *"not man, the rational animal, but Prometheus, the defiant creator, was the new ideal. Historical optimism was rejected in the consciousness of the tragic in both life and art"...Individuality, not social reason, was to become the highest moral aim".*[271]

O ideal humanístico está baseado em um padrão universal, e não mais em uma aspiração romântica, segundo a qual cada pessoa é completamente diferente em relação a todas as outras. Não era apenas que Deus estava morto, mas também que a cultura havia perecido.

O diálogo entre Iluminismo e Romantismo, em especial, entre Kant e Herder, muito contribui para os argumentos defendidos neste capítulo, razão pela qual se deve debruçar um pouco mais entre as duas perspectivas filosóficas, a fim de que se verifique qual das duas posições mais se amolda ao critério de justiça indicado pelo Código Ibero-Americano de Ética Judicial.

[268] Gadamer, H. G., op. cit., p. 10.

[269] Shklar, Judith N. *After utopia – the decline of political faith.* New Jersey: Princepton University Press, 2015. p. 11

[270] Shklar, J. N., idem, p. 12.

[271] Shklar, J. N., idem, p. 14.

Antes de iniciar esse diálogo, não se pode deixar de refletir sobre a seguinte advertência feita por Judith N. Shklar:

> O ser humano tornou-se um estrangeiro vagando sem rumo por território desconhecido; o mundo, tanto histórico, quanto natural, tornou-se sem sentido. A relevância de todo pensamento e ação social torna-se duvidosa diante de uma situação humana em que nada é certo senão as reações do indivíduo ao mundo externo e sua necessidade de expressar sua condição interior. Como visto com os olhos internos, o mundo aparece como uma prisão estranha e hostil que não pode entender ou alterar; na melhor das hipóteses, pode ser evitado. A grande tragédia da era atual é que a histórica, a sociedade e a política, apesar de toda a sua importância para o nosso eu real, pressionam-nos inevitavelmente. O mundo exterior está esmagando o indivíduo único; a sociedade está nos privando de nosso egoísmo. Hoje, todo o universo social é totalitário, não apenas alguns movimentos políticos e alguns estados. A tecnologia e as massas são as condições da vida em todos os lugares hoje em dia, e essas, formando a essência eterna do totalitarismo, são o epítome de todas as forças da sociedade que sempre ameaçaram a personalidade individual. Este é o romantismo da derrota, o estágio final da alienação. É também o ponto mais distante do espírito do iluminismo. O romantismo começou negando o otimismo fácil dos homens da razão, mas sob o estresse das enormidades sociais da era atual, passou a rejeitar todo o mundo moderno e, implicitamente, a própria possibilidade de conhecimento social e melhorias.[272]

A questão sobre a unidade ou diversidade cultural tornou-se bem evidenciada na polêmica entre Kant e Herder, no que concerne à filosofia da história, muito bem descrita e delineada por Gonçal Mayos, em sua obra *Ilustración y Romanticismo*.[273]

[272] SHKLAR. Judith N. *After Utopia – the decline of political faith*. New Jersey: Princeton University, 2015. p. 17 e 18.

[273] *"A contribuição do romantismo para a formação do pensamento político filosófico de Hege está simplesmente no conceito de totalidade orgânica ou totalidade cujas partes não se unem por justaposição. Diferentemente, contudo, a totalidade orgânica de que se poderia falar em Hegel é dialética: a parte de tal forma integra-se no todo, que traz em si a própria universalidade do todo. O cidadão é o 'universal particular, o singular, sujeito e objeto do todo político.*

Na perspectiva kantiana, o iluminismo coloca seu ideal como 'o juiz único' capaz de julgar os costumes das diversas nações, de condená-las, de recriá-las belamente, tudo isso segundo os próprios critérios.

Kant é taxativo no sentido de que o desenvolvimento ou o complemento do ser humano somente ocorrerá na espécie.

Herder, porém, contesta esse progresso unitário, pois não aceita de nenhuma maneira o orgulho e a vaidade iluminista que impõe tiranicamente sua norma a todas as culturas, por mais longe que estejam. Não tanto porque não haja efetivamente progresso, senão porque o trivializam e simplificam até convertê-lo em um completo engano que não faz justiça à rica natureza humana. Por isso, para Herder, é indiscutivelmente falsa a ideia iluminista de um progresso que é monoliticamente linear, trivialmente unilateral e etnocêntrico, pois contempla a história somente em função da própria época.[274]

A preocupação primordial de Herder é, *sem negar a unidade*, atender de maneira privilegiada ao diferente, à diversidade contida na humanidade, a natureza e a história.

Herder, *"had a sense of the unity not only of the inner man but of all existence".*[275]

Enquanto Herder dá maior valor ao indivíduo, Kant dá mais valor à universalidade.

Como bem percebe Gonçal Mayos:

> (...). Kant busca oferecer um muito claro fio condutor que permita conceber todo o caos dos acontecimentos humanos como um *plano linear, uniforme e idêntico para toda a humanidade.* Por esse motivo, seguindo os preceitos essenciais do iluminismo, postula um progresso comum e linear para toda a

Diversamente do racionalismo da Ilustração, a reação contra o império da razão, como critério de vida teórica e prática, o romantismo surge em substituição da fé, no combate ao racionalismo, como valorização do homem no que tem de particular, mas dando primazia ao sentimento sobre a razão, ao múltiplo sobre a 'uniformidade da razão', ao Eu sensível sobre o 'cogito' racional e ao senso íntimo sobre a 'universalidade lógica'"" (SALGADO, Joaquim Carlos. *A idéia de justiça em Hegel*. São Paulo: Edições Loyola, 1986. p. 294 e 295)

274 MAYOS, Gonçal. *Ilustración y romanticismo – introducción a la polémica entre Kant y Herder.* Barcelona: Herder Editorial, 2003. p. 191 e 192.

275 SHKLAR, J. N. op. cit., p. 39.

> humanidade, sem entrar e pensar em distinções em função das épocas, dos países ou dos povos. Por isso define um desenvolvimento único para a humanidade dentro do qual é possível situar e comparar rigorosamente o lugar ocupado por cada geração ou região em relação a um único desenvolvimento que todos devem seguir sem exceção. Ao contrário, o Romantismo e Herder, inclusive quando pensam dentro da ideia de um progresso comum a toda a humanidade, buscam reconhecer e distinguir toda a riqueza e variedade das formas – crescentemente diversificadas – do desenvolvimento universal, desde o cosmológico ao humano (onde a diversidade se incrementa ainda mais pela intervenção dos fatores culturais e linguísticos). Por isso, pensam que a pauta do progresso na história e na Natureza não pode ser linear nem uniforme, senão uma pauta complexa e de grande variedade de formas.
>
> Em segundo lugar, o Iluminismo e Kant, precisamente por pressupor um plano único para toda a humanidade, hão de afirmar que o fim da história, é dizer, o destino da humanidade, não pode realizar-se nos indivíduos senão tão somente na espécie. Herder e o Romantismo, ao afirmar um plano da história complexo e, inclusive, não redutível a um único denominador comum, podem postular ao mesmo tempo que, em certa medida, cada indivíduo ou componente parcial desse plano – por exemplo, uma civilização ou um povo – consegue e satisfaz o essencial de seu destino próprio.[276]

Na visão de Joaquim Carlos Salgado, a universalidade abstrata do racionalismo da Ilustração é oposta à universalidade orgânica do romantismo, razão é oposta à vida, individualidade autônoma da Ilustração é oposta à individualidade que se consome no uno do Romantismo.[277]

Herder, na realidade, pretende afirmar um progresso certo e indubitável, porém, que reconheça a *diversidade humana, de todos os povos e culturas.*[278] Trata-se, portanto, de um resultado entre as escolhas humanas, por meio do qual se manifestam os valores. A cultura, entre outras palavras,

[276] G. M., op. cit., p. 232 e 233.

[277] Salgado, J. C., op. cit. p. 296.

[278] A cultura é um produto do espírito. Para Ortega y Gasset, a cultura *"é aquilo para o que nossa atenção se dirige preferencialmente"*. (Ortega y Gasset, José. *El hombre y la gente*. Obras Completas. Vol. VII. 2ª reimpresión. Madrid: Alianza, 1997. p. 172).

seria o mundo em que o ser humano constitui, usando a razão, opondo-se à vida natural. Seria o espaço da criação humana.

A sociedade atual não é nem unitária nem homogênea, senão que está composta por distintos grupos e subgrupos (sociais, culturais, religiosos, econômicos, políticos), o que nos obriga a configurar, estruturar, interpretar e aplicar o ordenamento jurídico a partir de novas perspectivas que incorporem e respeitem a diversidade e pluralidade, assumindo o pluralismo, o respeito às minorias, a transparência na tomada de decisão, o respeito e garantia aos direitos humanos.[279]

Herder faz uma crítica a toda violência e tendência 'imperialista' do iluminismo moderno ocidental de se impor e menosprezar a riqueza do resto dos povos e culturas. O Romantismo, assim como o Historicismo, define-se como amante das diferenças culturais humanas. Herder, portanto, pretende ocupar-se das *diversidades humanas*, com base numa pluralidade de 'ideais justapostas'. Por isso, para Herder, não há um tipo ideal nem universal de sociedade.[280]

É certo, porém, que Herder oscila entre a diversidade e a incomensurabilidade dos povos (nacionalismo generalizada não excludente) e o progresso linear e da unidade da espécie (ecumenismo cristão e continuidade da criação).

Por sua vez, Kant, com base no iluminismo, defende um ideal de cosmopolitismo político-cultural (que unifica claramente a humanidade), se bem construído e mediatizado pela essencial autonomia da razão pessoal que é a base de toda responsabilidade e moralidade. Kant admite uma filosofia da história marcada pela unidade e linealidade. Para ele, a unidade da humanidade predomina por cima da diversidade dos povos, culturas e épocas. Por isso, ele considera as diferenças humanas como acidentais e acessórias dentro do processo unitário da história.[281]

[279] Carbonell, José Carlos Remotti. Sistema jurídico e integración constitucional multinível. In: *Interrelación filosófico – jurídica multinível: estúdios desde la interconstitucionalidad, la interculturalidad y la interdisciplinaridad para un mundo global.* Org: Saulo de Oliveria Pinto Coelho; Alexandre Walmott e Moacir Henrique Junior. Barcelona: Ed: Macrofilosofía Linkgua, 2016. p. 106

[280] Mayos, Gonçal. *Ilustración y romanticismo – introducción a la polémica entre Kant y Herder.* Barcelona: Herder, 2004. p 74 e 75

[281] Mayos, G., idem, p. 75 e 76.

Nesse conflito de pensamento entre Kant e Herder, e diante da postura que se adota neste trabalho, a diversidade dos povos e de culturas deve ser o fio condutor da Justiça e da Equidade, razão pela qual se aceita, *a priori*, a concepção de que não haveria unidade e universalidade como marco ideal da justiça ibero-americana, sem que se observe a diferença social, cultural, econômica em relação a cada qual que participa de uma relação jurídica processual.

Agiu com acerto, Herder, ao reagir ao progresso racionalista kantiano, em especial contra o orgulho etnocêntrico da europa iluminista que acreditava haver descoberto a exclusiva racionalidade humana e que, por isso, deveria menosprezar tanto as épocas anteriores quanto as outras culturas. Deve-se, indubitavelmente, valorizar a língua, a cultura e a literatura de cada povo, de cada nação. Diante dessa incomensurabilidade de culturas e de povos existentes na história, deve-se negar a ideia do progresso linear de todas as culturas, pregada pelo iluminismo kantiano. E isso é assim, uma vez que não há uma linealidade homogênea nem um único critério de valor que possa abarcar toda a diversidade humana.

Por outro lado, diante da perspectiva do reconhecimento da multiculturalidade que se postula no presente trabalho, como integração e entrelaçamento do conhecimento para fins de alcançar a *justiça e a equidade* no âmbito do processo jurisdicional, não se advoga o rompimento abrupto formulado por Kant quanto ao isolamento da filosofia da história.

O ser humano, na verdade, é um ser natural por natureza porque é um ser natural por cultura. O *homo sapiens* é um ser não apenas biossocial (como a maioria dos mamíferos e primatas), mas também biocultural.[282]

Na realidade, *"hay que construir la unidad por la diversidad, considerar la diversidad por el esfuerzo unitário de las ciências que estudian al hombre"*.[283]

Conforme bem pondera Renato Cesar Cardoso, os avanços da neurociência, das ciências cognitivas, da primatologia, da psicologia evolutiva, mostram novos 'senderos' onde seguir em busca da superação da divisão entre ciência natural e humanidade. Indicam a possibilidade de construção de novas pontes entre as ciências e as humanidades. Reconhecer

[282] Morin, E.; Piattelli-Palmarini, M., op. cit., p. 196.
[283] Morin, E.; Piattelli-Palmarini, M., idem., p. 205.

dialeticamente a implicação mútua e a interconexão axiomática entre natureza e cultura é o primeiro e mais essencial esforço nesse sentido.[284]

Foi justamente com a finalidade de se demonstrar que as coisas não são tão esquemáticas como se pensava que surge uma nova visão epistemológica, a qual se pode denominar de biocêntrica, e que leva em consideração a complexidade do mundo e suas redes de relações. Tal perspectiva visa a romper com a visão de que o ser humano é o centro do conhecimento; vivendo no mundo, faz parte dele. Vive-se com os outros seres vivos, compartilhando-se, com eles, do processo vital. *"Construímos o mundo em que vivemos durante as nossas vidas. Por sua vez, ele também nos constrói ao longo dessa viagem comum"*.[285]

O ser humano não é sujeito do mundo e parte do mundo de dois pontos de vista diferentes, mas é sujeito e parte ao mesmo tempo.[286]

Para Humberto R. Maturana e Francisco J. Varela, o mundo não é anterior à nossa experiência, pois nossa trajetória de vida nos faz construir nosso conhecimento do mundo; por outro lado, o mundo também constrói seu próprio conhecimento a nosso respeito. *"Mesmo que de imediato não percebamos, somos sempre influenciados e modificados pelo que vemos e sentimos"*.[287]

[284] CARDOSO, Renato César. Más allá de las dos culturas. In: *Interdisciplinaridade e interconstitucionalidade 2*. Cord: Gonçal Mayos; Renato Cesar Cardoso; Moacir Henrique Junior. LAECC: Uberlândia, 2019. posição 3099 (e-Book).

[285] MATURANA, Humberto. R.; VARELA, Francisco. *A árvore do conhecimento – as bases biológicas da compreensão humana.* 3 ed. Trad. Humberto Mariotti e Lia Diskin. São Paulo: Palas Athena, 2003. p. 9 e 10.

[286] LÉVINAS, Emmanuel. *Humanismo do outro homem.* Trad. Pergentino S. Pivatto (coord.).Petrópolis: Vozes. 1993. p. 33.

[287] *"Quando damos um passeio pela praia, por exemplo, ao fim do trajeto estaremos diferentes do que estávamos antes. Por sua vez, a praia também nos percebe. Estará diferente depois da nossa passagem: terá de lidar também com o lixo com o qual porventura a tenhamos poluído. Do mesmo modo, as águas de um rio vão abrindo o seu trajeto por entre os acidentes e as irregularidades do terreno. Mas estes também ajudam a moldar o itinerário, pois nem a correnteza nem a geografia das margens determinam isoladamente o curso fluvial: ele se estrutura de um modo interativo, o que nos revela como as coisas se determinam e se constroem umas às outras. Por serem assim, a cada momento elas nos surpreendem, revelando-nos que aquilo que pensávamos ser repetição sempre foi diferença, e o que julgávamos ser monotonia nunca deixou de ser criatividade. Tomemos ainda outra metáfora: não são só os timoneiros que dirigem os navios. O meio ambiente também pilota as embarcações, por meio*

Para mentes condicionadas como as nossas, adverte Humberto Marioti, não é nada fácil aceitar essa perspectiva, tendo em vista que tal postura nos obriga a deixar o conforto e a passividade de receber informações de um mundo já pronto e acabado, da mesma maneira que se dá como um produto saído de uma linha de montagem industrial e oferecido ao consumo. *"Pelo contrário, a ideia de que o mundo é construído por nós, num processo interativo, é um convite à participação ativa nessa construção (...) é um convite à assunção das responsabilidades que ela implica"*.[288]

O mundo não é pré-dado, e o que se constrói mediante interação com ele não é apenas teoria, mas se apoia em evidências concretas. Portanto, se a vida é um processo de conhecimento, a construção desse conhecimento não é feita por meio de uma atitude passiva (imparcial), e sim pela interação, e em especial a interação cultural.[289]

A perspectiva epistemológica de Humberto R. Maturana e Francisco J. Varela não se restringe à afirmação de que o conhecimento exige essa interação entre o sujeito e o mundo, rompendo-se com uma visão meramente representacionista; ela também sugere que os seres humanos são seres vivos autônomos, isto é, *"autoprodutores – capazes de produzir seus próprios componentes ao interagir com o meio – vivem no conhecimento e conhecem no viver"*.[290]

Os seres vivos caracterizam-se por – literalmente – produzirem de modo contínuo a si próprios, o que se denomina de organização autopoiética.

A característica mais peculiar de um sistema autopoiético é que ele se levanta por seus próprios cordões, e se constitui como diferente do meio por sua própria dinâmica, de modo que ambas as coisas são inseparáveis.[291]

das correntes marítimas, dos ventos, dos acidentes de percurso, das tempestades e assim por diante. Desta forma os pilotos guiam, mas também são guiados. Não há velejador experiente que não saiba disso. Portanto, pode-se dizer que construímos o mundo e, ao mesmo tempo, somos construídos por ele. Como em todo esse processo entram sempre as outras pessoas e os demais seres vivos, tal construção é necessariamente compartilhada." (Maturana, H. R.; Varela, F. J. Op. cit., loc. cit.)

288 Maturana, H. R.; Varela, F. J., idem, p. 11.

289 Maturana, H. R.; Varela, F. J., idem, p. 12.

290 Maturana, H. R.; Varela, F.J., idem, p. 14.

291 *"Os componentes moleculares de uma unidade autopoiética celular deverão estar dinamicamente relacionados numa rede contínua de interações. Atualmente se conhecem muitas transformações*

O reconhecimento de que aquilo que caracteriza os seres vivos (humanos) é sua organização autopoiética, permite também concluir que são também unidades autônomas.

A autonomia dos seres humanos configura-se como uma alternativa à concepção representacionista. Por serem autônomos, não se limitam a receber passivamente as informações que vêm de fora. Não funcionam unicamente com as informações exteriores. Isoladamente, o ser humano é autônomo, mas nas suas relações com o meio, evidencia-se que depende de recursos externos para a produção e desenvolvimento da vida humana. Desse modo, *"autonomia e dependência deixam de ser opostos inconciliáveis: uma complementa a outra. Uma constrói a outra e por ela é construída, numa dinâmica circular"*.[292]

O ser humano nas suas relações com o meio necessita de recursos externos para a produção e desenvolvimento da vida humana.

O ser humano realiza-se e se interage com o meio, o qual também é dotado de uma dinâmica estrutural própria. Assim, entre a estrutura do meio e a unidade há uma compatibilidade ou comensurabilidade, razão pela qual meio e unidade desencadearão mutuamente mudanças de estado. A esse processo continuado dá-se o nome de *acoplamento estrutural*. O acoplamento estrutural *"é sempre mútuo; organismo e meio sofrem transformações."*[293]

Para Humberto R. Maturana e Francisco J. Varela, a ontogenia de todo ser vivo consiste em sua contínua transformação, sempre suscetível às mudanças decorrentes dos acoplamentos estruturais: O que foi dito

químicas concretas dessa rede e o bioquímico as chama, coletivamente, de metabolismo celular. Pois bem: o que é peculiar a essa dinâmica celular, em comparação como qualquer outro conjunto de transformações moleculares nos processos naturais? É muito interessante: esse metabolismo celular produz componentes e todos eles integram a rede de transformações. Em termos morfológicos, podemos considerar a estrutura que possibilita esta clivagem no espaço como uma membrana. No entanto, essa fronteira membranosa não é um produto do metabolismo celular tal como o tecido é o produto de um tear, porque essa membrana não apenas limita a extensão da rede de transformações que produz seus componentes, como também participa dela. Se não houvesse essa arquitetura espacial, o metabolismo celular se desintegraria numa sopa molecular, que se espalharia por toda parte e não constituiria uma unidade separada como a célula." (Maturana, H. R.; Varela, F. J. idem, p. 14 e 52.)

[292] Maturana, H. R.; Varela, F. J., idem, p. 14 e 52.

[293] Maturana, H.R.; Varela, F. J., idem, p. 115.

também ocorre com os seres humanos, como mostra o caso dramático das duas meninas indianas de uma aldeia bengali do norte da Índia. Em 1922, elas foram resgatadas (ou arrancadas) de uma família de lobos que as haviam criado em completo isolamento de todo contato humano. Uma das meninas tinha oito anos e a outra cinco. A menor morreu pouco depois de encontrada e a maior sobreviveu cerca de dez anos, juntamente com outros órfãos com os quais foi criada. Ao serem achadas, as meninas não sabiam caminhar sobre os pés e se moviam rapidamente de quatro. Não falavam e tinham rostos inexpressivos. Só queriam comer carne crua e tinham hábitos noturnos. Recusavam o contato humano e preferiam a companhia de cães ou lobos. Ao serem resgatadas, estavam perfeitamente sadias e não apresentavam nenhum sintoma de debilidade mental ou idiotia por desnutrição. Sua separação da família lupina produziu nelas uma profunda depressão, que as levou à beira da morte, e uma realmente faleceu. A menina que sobreviveu dez anos acabou mudando seus hábitos alimentares e ciclos de vida e aprendeu a andar sobre os dois pés, embora sempre recorresse à corrida de quatro em situações urgentes. Nunca chegou propriamente a falar, embora usasse algumas palavras. A família do missionário anglicano que a resgatou e cuidou dela, bem como outras pessoas que a conheceram com alguma intimidade, jamais a sentiram como verdadeiramente humana.[294]

A nossa experiência está indissoluvelmente atrelada à nossa estrutura social e cultural. *"Não vemos o espaço do mundo, vivemos nosso campo visual; não vemos as 'cores' do mundo, vivemos nosso espaço cromático."*[295]

Não se trata, evidentemente, de uma simples justaposição de fatores isolados, cada um repartido em uma categoria própria, *"sino de sus interacciones en el seno de un sistema global homo, constituído precisamente por esas interacciones"*.[296] É o que demonstra o chamado problema da *hominización*:

> Qué es la hominización sino el juego organizador y constructivo entre procesos anatómicos (la posición erecta, el ser bípedo, el desarrollo de la mano, la reestructuración del cerebro), genéticos (las reorganizaciones cromo-

[294] Maturana, H. R.; Varela, F. J., idem, p. 146.
[295] Maturana, H. R.; Varela, F. J., idem, p. 28.
[296] Morin, E.; Piattelli-Palmarini, M., op. cit., p. 206.

> sómicas, ontogenéticas, la disminución y la prolongación del período de la infancia), ecológicos (las modificaciones climáticas que hacen retroceder el bosque en beneficio de la sabana), tecnológicos (la constitución y el desarrollo de la cooperación durante la caza, la formación de la cultura, las reglas de organización del poder, de la distribución de alimentos, de las mujeres), etc.[297]

O jogo dialético bio-antropo-sociológico realiza-se a cada instante. Cada criança que nasce revive, da sua maneira, a simbiose entre a natureza e a cultura, animalidade e humanidade, ou seja, o processo de interações genéticas-ontogenéticas/ecológicas/tecnológicas/sociais/culturais. Em cada palavra, em cada pensamento, em cada manifestação, em cada desejo manifesta-se uma realidade sistêmica, composta por essas interações, sendo que cada fenômeno, cada momento dessa realidade, representa um aspecto psicológico, cultural, social, físico, químico, biológico.[298] Em face dessa trama de interações, seria uma utopia impossível postular-se o rompimento da unidade do ser humano conjugada com a diversidade cultura.

O ser humano, ser biocultural por natureza, não se define alternativamente pela referência corporal ou pela referência cultural; define-se de maneira total, isto é, bio-psico-social, por meio desse acoplamento estrutural.[299]

O Código Ibero-Americano de Ética Judicial procurou resgatar essa aproximação bio-psico-social – intercultural, em especial ao exigir que o juiz ibero-americano, no exercício da atividade jurisdicional, realize a *justiça* por meio do direito.

A *justiça* passa a ser o ponto comum e convergente entre as diversas culturas ibero-americanas.

Muito embora o Código Ibero-Americano de Ética Judicial tenha procurado resgatar essa interligação cultural entre os países Ibero-Americanos, em especial na exigência do critério de *justiça* na realização da atividade judicial, o certo é que, como bem ponderou Alasdair MacIntyre,

[297] Morin, E.; Piattelli-Palmarini, M., idem., ibidem.
[298] Morin, E.; Piattelli-Palmarini, M., idem., ibidem.
[299] Morin, E.; Piattelli-Palmarini, M., idem., p. 207.

a nossa sociedade não é uma sociedade de consenso, senão de divisão e conflito, pelo menos no que diz respeito à natureza da *justiça*.[300]

Essa afirmação de Alasdair MacIntyre, apesar de estar sujeita a diversas críticas, traz uma reflexão importante, qual seja, a de que a existência de diversas concepções sobre a justiça vem demonstrar que há diversas concepções culturais, autônomas e independentes.

Porém, o reconhecimento da diversidade de tradições de investigação, cada uma com seu modo específico próprio de justificação racional, não implica que as diferenças entre tradições rivais e incompatíveis não possam resolver-se racionalmente.[301]

E como se pode fazer para resolver racionalmente essa questão diante das diversas realidades culturais ibero-americanas?

Uma das possibilidades é o diálogo interdisciplinar/transdisciplinar existente entre as diversas esferas do saber, o que será objeto do próximo item.

3. A interdisciplinaridade/transdisciplinaridade como requisito legitimador da *justiça* ibero-americana

Levando-se em conta a diversidade e a complexidade de culturas existentes entre os inúmeros países ibero-americanos, destaca-se nesse estudo um problema que deve ser enfrentado pelos Estados e pelas sociedades atuais, a saber:

> Como pode o juiz do Século XXI fazer justiça em um complexo mundo contemporâneo? Se em um mesmo espaço político-territorial convivem pessoas de 'ethos' culturais tão diversos? Como pode proferir este juiz uma decisão razoavelmente 'justa', ao ponto de por fim realmente ao enfrentamento e conseguir a tão sonhada paz social? Sobretudo, levando-se em conta que o que é certo e justo em determinado âmbito cultural pode não ser correto nem justo em outro?[302]

[300] MACINTYRE, Alasdair. *Justicia y racionalidad – conceptos y contextos.* Trad. Alejo Jose G. Sison. Barcelona: Ediciones Internacionales Universitarias, EIUNS, S.A., 1994. p. 19.

[301] MACINTYRE, A, idem, p. 26.

[302] AMARAL, Arnaldo José Duarte. La realización de la justicia en un mundo turboglobalizado: necesidad de un enfoque interdisciplinar. In: *Interrelación filosófico – jurídica multinível:*

A resposta a essa indagação passa necessariamente pela interdisciplinaridade/transdisciplinaridade como requisito indispensável ao diálogo intercultural.

Para que haja interdisciplinaridade/transdisciplinaridade é necessário que existam *disciplinas*; a interdisciplinaridade/transdisciplinaridade desenvolve-se a partir das disciplinas; porém, a interdisciplinaridade/transdisciplinaridade permite que se modifique a maneira de pensar, de refletir sobre determinados pontos no interior de cada disciplina.

As duas noções "disciplina" e "interdisciplinaridade/transdisciplinaridade" não só dependem uma da outra, como também estão intimamente unidas.[303]

Não obstante o reconhecimento simultâneo das duas concepções epistemológicas, é necessário interrogar-se acerca das notas distintivas do conhecimento transdisciplinar e sua diferença em relação à perspectiva interdisciplinar.

Segundo Perla Aronson:

> La última, surgida con posterioridad a la Segunda Guerra Mundial, procuró poner orden en el conjunto de disciplinas y profesiones autónomas cuya irrupción significó una verdadera explosión de conocimientos: planteándose como una síntesis superadora de tal dispersión, no tuvo pretensiones de ocupar el lugar dejado vacante por una concepción que interpretaba a la ciencia como "unidad del saber". Ante el incremento de conocimientos, renegó de toda omnisciencia –y admitiendo la imposibilidad de saberlo todo– renunció a alcanzar una comprensibilidad armónica de todos los saberes humanos. Sin oponerse a las especialidades, su voluntad articuladora aspiró a vencer los distanciamientos entre las distintas disciplinas y trascender la pluridisciplinariedad, tendiendo puentes de reflexión metodológica que sirvieran para dinamizar las diversas áreas del saber. Entendida en términos de entrelazamiento e interfecundación, su propuesta se aplicó a suplir los "defectos" de

estúdios desde la interconstitucionalidad, la interculturalidad y la interdisciplinaridad para un mundo global. Org: Saulo de Oliveria Pinto Coelho; Alexandre Walmott e Moacir Henrique Junior. Barcelona: Ed: Macrofilosofía Linkgua, 2016. p. 14.

303 KRISHNA. Daya. La cultura. In: *Interdisciplinariedad y ciencias humanas.* Trad. Jesús Gabriel Péreza Martín. Madrid: Editorial Tecnos, 1983. p.216.

una disciplina a través de la utilización por otra de alguna ley, principio o conquista que aportara a su avance y progreso (Alfonso Borrero, 1991: 25). El cruce de conocimientos fue pensado como el modo más efectivo de que la ciencia, dentro de su universo específico, contribuyera más eficientemente a la solución de problemas y se abriera al surgimiento de nuevas disciplinas. Tendiendo al mejoramiento y la maduración de la ciencia, no renunció a la singularidad de las especialidades, ni se concibió como una tarea que excediera los límites de la actividad científica. En contraste, la transdisciplina aspira a acompañar el desplazamiento de los intereses científicos hacia un enfoque centrado en problemas (Gibbons, 1998: 45). Así como la complejidad no admite un análisis cuyas categorías se deriven únicamente de la estructura de las disciplinas, tampoco los resultados son susceptibles de reducirse al saber disciplinar. En otras palabras, la transdisciplina –además de denotar el pasaje desde una idea de ciencia como conjunto unificado de conocimientos, hacia una concepción sustentada en problemas– da cuenta de un abordaje que elabora un nuevo lenguaje teórico cuya función consiste en guiar la experimentación y proporcionar herramientas adecuadas. De esta forma, el conocimiento transdisciplinar viene a reemplazar la disgregación de la ciencia e indica la naturaleza indetenible e implacable del proceso de especialización científica, a la vez que pone en claro las dificultades de contar con una comprensión intelectual común y con una comunicación fluida entre especialidades. Fruto de la "disfuncionalidad" de los modos disciplinares para orientar por sí solos la solución de problemas, la transdisciplinaridad adquiere la importancia de un instrumento de mayor plasticidad para organizarse en torno a un núcleo teórico-epistemológico que atraviesa diversas disciplinas. Sumado al aporte de conocimientos de carácter práctico y a la cualidad de constituirse localmente en contextos de aplicación, resulta en posesión de una particular sensibilidad ante las nuevas mutaciones espaciales. Como no persigue el propósito de establecerse a la manera de un nuevo cuerpo disciplinar, ni pretende restaurar la unidad cognitiva sobre bases distintas, se constituye esencialmente como una configuración temporal que cambia aceleradamente al ritmo de los problemas a resolver, asuntos cuya índole es siempre específica y local. La transdisciplina no refiere, entonces, a un saber que se desarrolla antes (por actores distintos) para aplicarse después (por otros actores): al contrario, la solución de problemas se origina y se mantiene permanentemente vinculada al contexto de aplicación,

> un contexto que es siempre nuevo. Y pese a que incorpora elementos del conocimiento existente, su directriz es la creatividad, de forma tal que los productos son de difícil ubicación dentro de las disciplinas que intervienen en el proceso.[304]

Pode-se estabelecer uma distinção entre *interdisciplinaridade*, tomada em seu sentido restrito, e *transdisciplinaridade*. A primeira define-se por um encontro e colaboração entre duas ou mais disciplinas, cada uma delas mantendo seus próprios esquemas conceituais e seu próprio método de investigação. A *transdisciplinaridade*, por sua vez, implica que o contato e a cooperação entre as disciplinas ocorrem por meio do mesmo paradigma, de certa maneira uma teoria social global ou "uma visão do mundo".[305]

Toda disciplina é resultado de um processo paradigmatizador e de 'separação disciplinar'; ou seja, todas as ciências tiveram uma origem pré e interdisciplinar. Por exemplo, a filosofia é denominada de *"madre de todas las ciencias.*[306]

A noção de transdisciplinaridade enuncia a ideia de uma transcendência, de um princípio capaz de impor sua autoridade às disciplinas afins e particulares; estabelece um lugar de convergência, uma perspectiva de objetivos que unificará o horizonte do saber das diversas epistemologias.

Nesse estudo fez-se a opção de aceitar como requisito legitimador do critério de justiça ibero-americano tanto a interdisciplinaridade como a transdisciplinaridade.

Por meio da interdisciplinaridade/transdisciplinaridade e dentro e fora dos limites culturais pretende-se, aproveitando-se dos novos instrumentos de interconexão, pensar na possibilidade real de se somar

[304] ARONSON, Perla. La emergencia de la ciencia transdisciplinar en *Cinta de Moebio. Revista de Epistemologia de Ciencias Sociales*. Faculdad de Ciencias Sociales de la Universidad de Chile. Santiago, 2003. http://www2.facso.uchile.cl/publicaciones/moebio/18/aronson.htm. Acesso em 18.12.2109.

[305] GUSDORF, Georges. *Passe, présent, avenir de la recherche interdisiciplinar*: revue internacionale de sciences sociales (Paris, Unesco), XXIX, n. 4 (1977).

[306] MAYOS, Gonçal. *Nuevos 'fenómenos'-inter: interconstitucionalidad e interculturalidad'. In: Interrelación filosófico – jurídica multinível: estudios desde la interconstitucionalidad, la interculturalidad y la interdisciplinaridad para un mundo global.* Org: Saulo de Oliveira Pinto Coelho; Alexandre Walmott e Moacir Henrique Junior. Barcelona: Ed: Macrofilosofía Linkgua, 2016. p. 44.

os esforços das diversas disciplinas dispersas no campo dos saberes interculturais.

A relação interdisciplinar/transdisciplinar e intercultural propugnada não tem por objetivo refutar a autonomia das ciências, em especial a da dogmática jurídica, com seus conceitos e métodos próprios, ou seja, como ciência. Aliás, sem disciplinas autônomas não se pode falar em interdisciplinaridade.

O conhecimento interdisciplinar, na verdade, deve estar de acordo com uma lógica do descobrimento, uma abertura recíproca entre as disciplinas e as culturas independentes, uma comunicação entre os campos dos saberes, uma fecundação mútua, *"y no un formalismo que neutraliza todos los significados cerrando todas las salidas"*.[307]

A rede interdisciplinar de conhecimentos permitirá uma melhor compreensão da necessidade da relação intercultural e, por conseguinte, do critério de justiça a ser aplicado pelos juízes ibero-americanos.

Torna-se imprescindível, portanto, optar-se por uma análise epistemológica conduzida pela dialetização dos aspectos jurídicos, políticos, sociais, filosóficos, históricos, ou seja, dos saberes instituídos. A dialética permite abrir um canal constante de comunicação entre as diversas disciplinas afins como requisito para compreensão da necessidade do reconhecimento intercultural.

Na realidade,

> lejos de contentar-se con los horizontes limitados y estudiosos de un diálogo bilateral, este acontecimiento notable de nuestra época representa un núcleo, una encrucijada de disciplinas, en la que se han reunido las disciplinas de la vida y de los altos compuestos químicos....[308]

[307] GUSDORF. Geroges. Pasado, presente y futuro de la investigacion interdisciplinaria. In *Interdisciplinariedad y ciencias humanas.* Trad. Jesús Gabriel Péreza Martín. Madrid: Editorial Tecnos, 1983. p. 49.

[308] BENOIST. Jean-marie. La interdisciplinariedad en las ciencias sociales. In: *Interdisciplinariedad y ciencias humanas.* Trad. Jesús Gabriel Péreza Martín. Madrid: Editorial Tecnos, 1983. p. 168.

Reconhecer-se a interdisciplinaridade/transdisciplinaridade como requisito necessário à compreensão intercultural dos povos como critério de realização da Justiça ibero-americana é, justamente, animar todas essas investigações científicas que provaram que podem enriquecer e aprimorar nossos conhecimentos.

A interdisciplinaridade/transdisciplinaridade permite estabelecer relações "diplomáticas" entres as ciências afins (determinação das fronteiras e das zonas francas, constituição de um código de comunicação), abrindo o espírito sobre os demais pontos de vista. *"No es la yuxtaposición, es la organización de los puntos de vista parciales de las diferentes disciplinas lo que permite concebir la unidad compleja del fenómeno, que llamaremos unidad compleja organizada".*[309]

Lamentavelmente, o critério de justiça até então considerado no exercício da atividade jurisdicional nos países ibero-americanos, de uma maneira geral, não tem assimilado de forma apropriada a relação intercultural dos povos, uma vez que esse critério ainda está muito arraigado à independência do positivismo jurídico de cada povo.

A Dogmática Jurídica, infelizmente, é justamente o reflexo dessa falta de proposta de um projeto comum, pois, ainda hoje, encontra-se estruturada e compreendida a partir da concepção de uma ciência meramente conceitual e autorreferencial, propugnando-se por um ilusório distanciamento em relação às demais ciências humanas afins.

Atualmente, não é mais a presença de Deus ou a ciência os grandes dilemas que devem ser observados e esclarecidos, mas a uniformidade não humana originada na especialização irresponsável, no fechamento intelectual para os rumos da história humana, o narcisismo solipsista filho do idealismo. Esses são os problemas que os filósofos (os operadores do direito) precisam encarar neste Século.[310]

O disciplinamento dos saberes permite, de certa forma, mitigar a responsabilidade pela falta de intercâmbio existente entre a dogmática jurídica e as outras áreas afins, uma vez que a formação universitária dos juízes ibero-americanos, deliberadamente conduzida pelas forças de um dado sistema de saber, contribuiu, sobremaneira, para criar em si uma

309 Morin, E.; Piattelli-Palmarini, M., op. Cit. loc. Cit..

310 Carvalho, J. M., op. cit. p. 94 e 95.

falsa ilusão de que os seus métodos e conceitos são autossuficientes para a compreensão e a realização da Justiça.

Em que pese muito se diga sobre a necessidade de uma relação interdisciplinar/transdisciplinar entre os conhecimentos e disciplinas afins, concretamente muito pouco se tem feito para que isso se perfectibilize, em definitivo, no mundo real e não permaneça circunscrito ao mundo das ideias.

A compartimentação dos saberes conduz a um isolamento entre as próprias disciplinas e ciências afins, cada qual fazendo de seu método e de seus conceitos a única vertente possível para se chegar à verdade ou à Justiça, refletindo as mudanças consideráveis do disciplinamento dos saberes que advém desde o Século XVIII, em decorrência daquilo que se costumou denominar de progresso da razão, o que, na verdade, não passava de um disciplinamento de saberes polimorfos e heterogêneos.

O aparecimento das universidades, a partir do fim do Século XVIII e do início do Século XIX, deveria ter contribuído para se evitar a compartimentação dos saberes e o enclausuramento de possível intercâmbio cultural. Friedrich August Wolf, Fichte e Schleiermacher redigem para a ocasião da fundação da Universidade de Berlim (1810), que será a universidade piloto do Século XIX europeu, alguns textos de notáveis interesses sobre a natureza e fundação da universidade, a saber:

> el teólogo, el filósofo y el filólogo señalan, cada uno por su parte, la necesidad de afirmar, en su lugar de elección, la solidaridad entre lás disciplinas principales del conocimiento. La vida del espíritu es una vida en común; reúne, bajo la inspiración de una misma vocación, a hombres que persiguen investigaciones diferentes y se enriquecen mutuamente por el testimonio de la diversidad de sus intereses.En la universidad, cada orden de conocimientos existe por sí mismo, pero existe también por los demás, en su relación con la totalidad del saber. La institución universitaria define el emplazamiento interdisciplinario por excelencia; este carácter fue el de la universidad de Berlin durante la mayor parte del siglo XIX.[311]

[311] GUSDORF. Geroges. Pasado, presente y futuro de la investigacion interdisicplinaria. In: *Interdisciplinariedad y ciencias humanas*. Trad. Jesús Gabriel Péreza Martín. Madrid: Editorial Tecnos, 1983. p. 38.

O aparecimento das universidades, infelizmente, em vez do que intuíram Friedrich August Wolf, Fichte e Schleiermacher, contribuiu muito para a compartimentação dos saberes, principalmente a partir da criação da universidade napoleônica, considerada como um grande aparelho uniforme dos saberes, com suas diferentes categorias e seus distintos prolongamentos.[312]

Sobre o aparecimento das universidades e sua condensação dos saberes, destaca-se a seguinte lição de Michel Foucault:

> A universidade tem sobretudo uma função de seleção, não tanto das pessoas (afinal de contas, isso não é muito importante, essencialmente), mas dos saberes. O papel da seleção, ela o exerce com essa espécie de monopólio de fato, mas também de direito, que faz que um saber que não nasceu, que não se formou no interior dessa espécie de campo institucional, com limites aliás relativamente instável, mas que constitui em linhas gerais a universidade, os organismo oficiais de pesquisa, fora disso, o saber em estado selvagem, o saber nascido alhures, se vê automaticamente, logo de saída, se não totalmente excluído, pelo menos desclassificado *a priori*. Desaparecimento do cientista-amador: é um fato conhecido nos séculos XVIII – XIX. Portanto: papel de seleção da universidade, seleção dos saberes; papel de distribuição do escalonamento, da qualidade e da quantidade dos saberes em diferentes níveis; esse é o papel do ensino, com todas as barreiras que existem entre os diferentes escalões do aparelho universitário; papel de homogeneização desses saberes com estatuto reconhecido; organização de um consenso; e, enfim, centralização, mediação, mediante o caráter direto ou indireto, de aparelhos do Estado. Compreende-se o aparecimento, pois, de algo como a universidade, com seus prolongamentos e suas fronteiras incertas, no início do século XIX, a partir do momento em que, justamente, se operou esse pôr em disciplina os saberes, esse disciplinamento dos saberes.[313]

O Século XVIII foi o século do disciplinamento dos saberes, ou seja, da organização interna de cada saber como uma disciplina, tendo, em seu campo próprio, a um só tempo, critérios de seleção que permitem

[312] FOUCAULT, Michel. *Em defesa da sociedade.* São Paulo: Martins Fontes, 2002. p.219.
[313] FOUCAULT, M., idem., p. 219.

descartar o falso saber, o não-saber, formas de normalização e de homogeneização dos conteúdos, forma de hierarquização e, enfim, uma organização interna de centralização desses saberes em torno de um tipo de axiomatização de fato.

Essa compartimentação dos saberes não constitui obra do acaso. Ao contrário, tem por finalidade disseminar a relação de poder entre as diversas disciplinas, uma vez que o poder não é uma propriedade, não é uma potência, mas, sim, apenas uma relação que só se pode e só se deve estudar de acordo com termos entre os quais atua essa relação.

Percebe-se que a compartimentação dos saberes acarreta um imenso e múltiplo combate, não, pois, entre conhecimento e ignorância, mas um imenso e múltiplo combate *dos saberes* uns contra os outros – dos saberes que se opõem entre si por sua morfologia própria, por seus detentores inimigos uns dos outros e por seus efeitos de poderes intrínsecos.[314]

O discurso de Charles Dupuy, em 1911, ao falar do fracasso da reconstrução da unidade do saber foi decisivo para essa reflexão:

> Esa palabra 'universidad' no es más que una palabra [...], porque no encierra una organización cuyos elementos sean solidarios, cuyas partes se sientan órganos de un mismo todo [...]. Cada cual tira por su lado; los hombres del Derecho, los de Letras, forman otros tantos grupos aparte; en cada una de esas facultades, las especialidades forman asimismo grupos, yo no diria celosos, pero sí bastante cerrados los unos hacia los otros. Es de conocimiento público [...] que en la Sorbona, por ejemplo, está el grupo de los historiadores, el de los filósofos, y que existe muy poco contacto, y aun menor penetración entre ellos [...]. Por el momento, todo se somete a la especialización.[315]

Tal advertência, feita no início do século XX, ressoa na atualidade, pois o conhecimento humano[316] está inserido, muitas vezes, em uma

[314] Foucault, M., idem, p. 214.

[315] Gusdorf. G., op. Cit.., p. 39.

[316] *"(...) conocer significa, para un sujeto, obtener una representación de un objeto. El conocimiento es el resultado de dicho proceso, la representación mental, y abarca desde la aprehensión de una entidad simple o de un proceso práctico sencillo hasta una comprensión de los mecanismos más profundos de funcionamiento de la realidad"*

"patologia do saber", o que representa uma particularidade da crise que atravessa a civilização humana.[317]

Ferran Luiz Tarragó, ao analisar a interdisciplinaridade curricular no ensino moderno, afirmou:

> Así pues, la disciplinariedad curricular se instituye como el eje organizativo de la educación, con independencia de la posibilidad, planteable al menos como hipótesis, de que pudiera haber otros criterios más idóneos para la estructuración de los aprendizajes. Del hecho que la división disciplinar tal vez refleje la mejor opción que hasta ahora ha podido encontrarse para estructurar el conocimiento humano no tiene por qué deducirse que también supone la mejor forma de introducir (que de esto se trata) a dicho conocimiento. Como demuestra Howard Gardner, incluso entre los mejores estudiantes es rara la comprensión genuina del pensamiento disciplinar, lo que se pone de manifiesto cuando se les pregunta desde fuera del contexto académico en que han obtenido este conocimiento o se les pide que lo apliquen a otros ámbitos. En líneas generales, tanto los tradicionalistas como los progresistas han subestimado las dificultades que comporta la comprensión disciplinar, y todavía hoy son pocos los enseñantes que se atreven a confrontar las serias implicaciones de este hecho. Los más se refugian en sus compartimentos estancos, propiciando visiones esquemáticas, descontextualizadas y aisladas de su área de conocimiento. Una ventaja no desdeñable que

El conocimiento, pues, puede ser inmediato, trivial y derivado de una simple observación, o puede requerir un esfuerzo considerable si el objecto a aprehender no es evidente a primera vista. En cualquier caso, el conocimiento es un producto, es el resultado de procesar internamente la información que obtenemos de los sentidos, mezclarla con conocimientos previos, y elaborar estructuras que nos permiten entender, interpretar y, en último término, ser conscientes de todo lo que nos rodea y de nosotros mismos. Es decir, el conocimiento reside en nuestro cerebro y es el fruto de los procesos mentales humanos. Lo que proviene del exterior es, simplemente, información". (Brey, Antoni. La sociedad de la ignorancia. Una reflexión sobre la relación del individuo con el conocimiento en el mundo hiperconectado. In: Gonçal Mayos y Antoni Brey (Eds.), Joan Campás, Daniel Innerarity, Ferran Ruiz, Marina Subirats. *La sociedad de la ignorancia*. Barcelona: Península, 2011. p. 57 e 58.).

317 Japiassu, H. *Interdisciplinaridade e patologia do saber.* Rio de Janeiro: Imag, 1976. Citado em Gusdorf, op. Cit. p. 39.

obtienen con ello es que, además de cumplir con las normas establecidas, se evitan numerosas complicaciones.[318]

A atual arquitetura das universidades corresponde a um sistema de ensino que foi desenhado para a transmissão oral do conhecimento e o controle físico dos alunos. Determinada por sua estática concepção decimonômica, o entorno físico da sala de aula condiciona em grande medida os objetivos educacionais, os métodos didáticos, as interações e os recursos que se podem empregar. A aprendizagem está umbilicalmente unida a essa realidade. Seu mesmo desenho constitui um sério freio a qualquer expectativa de mudança, que de centralidade ao aprendiz. Ao longo de sua vigência, o espaço fechado das salas de aula materializou-se em um estado de 'proibição ou suspensão das comunicações'.[319]

O fracasso da metodologia dos saberes representa também o fracasso humano em seu conjunto, em especial, ao efetivo entrelaçamento intercultural entre os povos com diferentes culturas.

Depositaram-se muitas esperanças com o avanço da tecnologia e sua socialização. Porém, nas palavras de Carbonell:

> la tecnología y su socialización generan tensiones y divisiones en nuestras estructuras etológicas y culturales. No se ha producido, pues, una socialización efectiva del conocimiento, y ello impide que caminemos hacia la sociedad del pensamiento, tal como deberíamos hacer.[320]

Em relação à influência da tecnologia nos diversos ramos do conhecimento, não se poderia deixar de realçar a advertência formulada por Gonçal Mayos de que a própria ciência sofre esse poderoso embate e cada vez mais se vê reduzida a uma espécie de apêndice 'teórico' e 'pré-

318 TARRAGÒ, Ferran Ruiz. Educar, entre la evasión y la utopía. In: GONÇAL MAYOS Y ANTONI BREI (Eds.), JOAN CAMPÁS, DANIEL INNERARITY, FERRAN RUIZ, MARINA SUBIRATS. *La sociedad de la ignorancia,* Barcelona: Ediciones Península, 2011. p 136 E 137.

319 TARRAGÒ, F. R., idem, p. 139 e 140.

320 CARBONELL, Eudald. Prólogo, In: GONÇAL MAYOS Y ANTONI BREI (Eds.), JOAN CAMPÁS, DANIEL INNERARITY, FERRAN RUIZ, MARINA SUBIRATS. *La sociedad de la ignorancia, Barcelona:* Ediciones Península, 2011. p. II.

-aplicado' da tecnologia. Por isso, consolida-se cada vez mais a dominação 'tecnociência', enquanto que o 'amor ao saber' pelo próprio conhecer se menospreza tanto em sua versão filosófica como teórica científica. [321]

A descentralização do conhecimento no âmbito das universidades passou a concentrar e a legitimar todos os saberes possíveis, representando um disciplinamento, uma relação de poder, não tanto sobre os corpos, mas sobre o saber das pessoas. Trata-se de uma sociedade de normalização, reeducada e conduzida segundo os fins de um dado sistema de ideologia e de delimitação territorial.

O positivismo e o cientificismo correspondem a esse novo estatuto do saber, em que cada disciplina se enclausura no esplêndido isolamento de suas próprias metodologias, fazendo de sua linguagem uma espécie de saber absoluto.

Essa visão disciplinar do mundo, plenamente decimonômica em seu sentido positivista de acreditar que todo conhecimento era classificável, tinha uma missão propedêutica e seletiva de grande transcendência social, dando ademais a segurança de que o êxito no sistema tinha a empregabilidade como prêmio. O desenho fechado dos espaços era idôneo para conseguir, por sua vez, sob a premissa de custo mínimo, a transmissão de informação e o controle dos comportamentos.[322]

A centralização do conhecimento nas universidades favoreceu o isolamento institucional de cada área em seu correspondente departamento, especializando o conhecimento num jogo de poder e de verdade. É muito comum áreas afins de conhecimento estarem tão próximas estruturalmente e materialmente no mesmo prédio de uma universidade e, ao mesmo tempo, tão distantes e isoladas no que concerne à *interdisciplinaridade/transdisciplinaridade* de suas disciplinas. É lamentável que isso ainda ocorra. Por certo, a humanidade terá alguns anos para recuperar o tempo

[321] MAYOS, Gonçal. Macrofilosofia, las 'dos culturas' y la era de la postdisciplinariedad. In: *Interdisciplinaridade e interconstitucionalidade.* Cord: Gonçal Mayos; Renato Cesar Cardoso; Moacir Henrique Junior. LAECC: Uberlândia, 2019. posição 405 e 411 (e-Book).

[322] TARRAGÒ, F. R., op. Cit., p. 143.

perdido por esse proposital distanciamento decorrente compartimentação dos saberes.[323]

À medida que a progressão dos saberes decorre da especialização do conhecimento, a preocupação por uma dada esfera de interligação realça o desejo de um reagrupamento que se poderia considerar como um remédio necessário para por fim à intolerável desagregação dos campos do conhecimento e das pessoas da ciência.[324]

Perla Aronson faz a seguinte comparação entre a necessidade de um 'novo modelo' de produção de conhecimento em relação ao 'modelo tradicional':

> Si el segundo genera saber dentro de marcos rigurosamente disciplinares, el primero, en cambio, al originarse en amplias estructuras transdisciplinares (sociales y económicas), tiene la cualidad de superar el plano estrictamente cognitivo. Crear conocimiento a la manera tradicional supone ceñirse a una matriz mono o multidisciplinar que produce según las prácticas relevantes de una disciplina particular y opera con la distinción entre conocimiento "básico" y "aplicado". Crear en el marco de criterios transdisciplinares de índole práctica y buscando resolver problemas definidos, significa descargarse de la diferencia entre conocimiento "básico" y "aplicado" y trabajar en medio de una circulación constante entre niveles. En el modo tradicional, la organización cobra un perfil jerárquico que desarrolla estructuras durables y homogéneas, al contrario del nuevo modo, cuya horizontalidad configura agrupamientos heterogéneos y transitorios. Los mecanismos de control de calidad de los productos también revelan notables contrastes, ya que mientras uno utiliza una gama restringida de verificaciones –que abarca a universidades, academias nacionales y sociedades profesionales de arraigada trayectoria–, el otro emplea una escala más amplia de controles internos que no entraña la participación de instituciones estables, y su despliegue evidencia para quienes trabajan con los criterios tradicionales, una regulación dis-

[323] É muito comum nos simpósios e nos congressos jurídicos valorizar-se o discurso jurídico, dando-se pouca ênfase aos conhecimentos trazidos por profissionais de outras áreas, isso quando o jurista não se intitule especialista na transmissão exclusiva de conhecimentos que pouco ou quase nada tem em comum com sua ciência.

[324] GUSDORF. G., op. cit., p. 32.

> torsionada que opera según normas inconsistentes y provisionales. Si en el modo tradicional es la comunidad de especialistas la que convalida los hallazgos, en el nuevo modo no es posible identificar dispositivos y estructuras legitimadoras, ya que éstos resultan "disfuncionales" a la propia tarea.[325]

A possibilidade de convergência entre os diversos campos do conhecimento poderá promover, ao mesmo tempo, a interligação das diversas esferas de culturas para o delineamento de comportamento ético da humanidade, sem, contudo, macular a importância da autonomia de cada povo.

Desejar-se o intercâmbio da análise dos elementos da dogmática jurídica em convergência com as ciências humanas afins, mediante uma perspectiva interdisciplinar/transdisciplinar/multicultural, pode, em um primeiro momento, significar uma adesão irrefletida à continuidade no que parece ser uma única via da política globalizada em que se encontra o mundo. Contudo, ao contrário do que possa à primeira vista parecer, esse reclamo interdisciplinar/transdisciplinar/multicultural não significa um irrestrito apoio à globalização atualmente institucionalizada internacionalmente, mas, sim, acima de tudo, uma tentativa de resgatar o caráter humano nas relações humanas.

A humanização da atividade jurisdicional ibero-americana passa necessariamente pela relação interdisciplinar/transdisciplinar/multicultural.

A *interdisciplinaridade*, segundo Edgar Morin e M. Piattelli-Palmarini, provém do mesmo fenômeno que representa a humanidade.[326]

Na concepção de Smirnov, o marco geral para a investigação científica e a união das diferentes disciplinas entre si decorre da integração cada vez mais desenvolvida pela vida social, principalmente a partir do

[325] Aronson, Perla. La emergencia de la ciencia transdisciplinar en Cinta de Moebio. *Revista de Epistemologia de Ciencias Sociais.* Faculdad de Ciencias Sociales de la Universidad de Chile. Santiago, 2003. http://www2.facso.uchile.cl/publicaciones/moebio/18/aronson.htm. Acesso em 18.12.2109.

[326] Apostel, L; Benoist, J. M.; Bottomore, T.B.; Dufrenne, M..; Mommsen, W.J.; Morin, E.; Piattelli-Palmarini, M.; Smirnov, S.N.; UI, J. *Interdisciplinariedad y ciencias humanas.* Trad. Jesús Gabriel Pérez Matin. Madrid: Editoral Tecnos, 1983. p. 13.

momento em que se concebe uma real importância à planificação do desenvolvimento econômico e social.[327]

Pensar a dogmática jurídica desvinculada dessas circunstâncias sociais seria o mesmo que

> o autoritário pensamento de Kant e sua tentativa de sistematizar o conhecimento, em detrimento de seus aspectos político-ideológicos, a procura de uma razão pura, tentativa infrutífera, mas nem por isso deixada de ser tentada na história, que procura adstringir os antagonismos sociais a um imaginário ideal.[328]

As relações humanas necessitam, mais do que uma condição meramente material apropriada,[329] da formação conjunta dos diversos campos de conhecimento até então existentes, razão pela qual, a decisão a ser proferida pelo juiz ibero-americano, na medida do possível, deve amparar-se nos saberes de outras disciplinas, de outras áreas científicas, e na perspectiva humana de outras culturas, pois a:

> decisión no es exactamente una síntesis, si por tal se entiende, a la manera del positivismo – ya sea en su forma clásica o en sus revisiones sofisticadas –, una suma de los conocimientos esenciales, es decir, una forma de filosofia del conocimiento y por el conocimiento, fundada en la hipótesis de que el saber es una narración del mundo cuyos fragmentos pueden reunirse.[330]

Sobre a importância do conhecimento interdisciplinar, escreveu Leibniz (1646-1716):

[327] Apostel, L; Benoist, J. M.; Bottomore, T.B.; Dufrenne, M..; Mommsen, W.J.; Morin, E.; Piattelli-Palmarini, M.; Smirnov, S.N.; Ui, J. , idem., p. 15.

[328] Rocha, Leonel Severo. *A problemática jurídica: uma introdução transdisciplinar.* Porto Alegre: Sergio Antonio Fabris Editor, 1985, p.24.

[329] Não se quer dizer com isso que a estrutura material não seja importante. O que se pretende afirmar é que a estrutura humana é muito mais importante.

[330] Sinaceur, Mohammed Allal. Que es la interdisciplinariedad. In: *Interdisciplinariedad y ciencias humanas.* Trad. Jesús Gabriel Péreza Martín. Madrid: Editorial Tecnos, 1983. p. 29.

> El gênero humano, considerado en relación con las ciencias que sirven a nuestra felicidad, me parece semejante a un rebaño de gente que marcha en confusión por las tinieblas, sin tener jefe ni orden ni palabra ni otro signo con que regular la marcha y reconocerse. En lugar de caminar de la mano para guiarnos y asegurar nuestros pasos, corremos a lo loco y de través, chocando unos contra otros, lejos de ayudarnos y sostenernos [...]. Vemos que lo que más podria ayudarnos seria aunar nuestros trabajos, compartirlos con ventajas y regularlos con orden; pero, por el momento, apenas se llega a lo difícil y que nadie ha esbozado aún, y todos corren en masa a lo que otros ya han hecho, o se copian e incluso se combaten eternamente [...].[331]

Diante daquilo que Gonçal Mayos denomina de 'humanidade turbo-globalizada',[332] a situação atual é angustiante, exigindo-se o rompimento de uma dinâmica que tem sido hegemônica durante décadas, para a realização de um diálogo entre as distintas disciplinas hiperespecializadas (e complementa-se para inserir também um diálogo multicultural). Essas disciplinas devem ser retiradas de seu devaneio metodológico para que enfrentem os problemas humanos de hoje, que são globais e que pouco ou nada se circunscrevem a especialidades acadêmicas ou, inclusive, a fronteiras estatais.[333]

Na visão de J. A. Condorcet, o progresso geral das ciências tem sido de tal ordem, que não há nenhuma que, por assim dizer, possa ser reduzida à totalidade de seus princípios sem que não tenha que pedir ajuda às demais.[334]

O Código Ibero-Americano de Ética Judicial, ciente dessa necessidade de intercâmbio, preconiza em seu art. 36 que: "*la exigencia de equidad deriva de la necesidad de atemperar, com criterios de justicia, las consecuencias personales, familiares o sociales desfavorables surgidas por la inevitable abstracción y genera-*

[331] GUSDORF. G., op. cit., p. 34.

[332] Denominação proposta por Gonçal Mayos para descrever o que também se denomina de globalização por meio da internet, ou seja, globalização através da rede mundial de computadores, na qual ocorre diariamente diversas relações sociais (MAYOS, Gonçal. *Macrofilosofia de la globalización y del pensamiento único, un macroanálisis para el 'empoderamiento'*. Barcelona: Editorial Académica Española, 2012, p. 12).

[333] MAYOS, G., idem, p. 10.

[334] GUSDORF, G., op. cit., p. 36.

lidad de las leyes, estabelecendo dessa forma um estreito diálogo entre a ciência jurídica e as demais ciências afins, bem como o reconhecimento da multiculturalidade como forma de construção de uma decisão judicial justa e équo.

O juiz do século XXI deve realizar a justiça quando se pronuncia mediante suas resoluções - no sentido de torná-la realidade, razão pela qual, atualmente, uma decisão judicial não 'somente' deve ser legal, conforme a norma jurídica positiva, mas, também, deve ser 'justa' - conforme o valor de justiça.[335]

Seria ingenuidade supor que a solução - ou seja - a atuação da justiça em um caso concreto, dentro de um mundo interdisciplinar e intercultural - pudesse ser encontrada consultando unicamente o caudal instrumental oferecido pela ciência do direito.[336] Por isso, a problematização da *Justiça* vai mais além. Há necessidade de:

> aportaciones interdisciplinares que atiendan desde lo jurídico - el núcleo del 'nomos' global que es imperioso construir - a lo 'macrofilosófico' - es decir, las apuestas reflexivas más críticas y holistas - . Ese reto hacia lo inter, trans, multi, poli o - tendenciamente - postdisciplinar está, modestamente y desde la conciencia de sua imperiosa necesidad y de sus enormes dificultades, en la base de 'Interrelación filosófica-jurídica multinível: estudios desde la interconstitucionalidad, interculturalidad e interdisciplinariedad para un mundo global.[337]

Na concepção de Gonçal Mayos, já há uma nova tendência que vai além da perspectiva inter/trans/multidisciplinar. Segundo ele:

> (...)hoy la consolidación de las propuestas multi, trans e interdisciplinar que surgen en todos los ámbitos de las ciencias, están definiendo una tendencia que merece ser llamada 'postdisciplinar', en la medida que cada vez más rompe y piensa más allá de la estructura actual de las disciplinas académi-

[335] Amaral, A. J. D., op. Cit. p. 14.
[336] Amaral, A. J. D., idem, ibidem.
[337] Mayos, G., op. cit., p. 10.

> cas. Consideramos que si tal tendencia se consolida, volverá a sentirse como totalmente necesaria la tarea propiamente filosófica de explicitar as macrocoordenadas de nuestro tiempo y saberes. Sólo así la humanidad puede orientarse eficazmente en el entorno cada vez más complejo y en acelerado cambio de la sociedad del conocimiento! Pero, para ello, la filosofía debe volver a ser (si bien de nueva forma postdisciplinar) el gran metasaber trans i interdisciplinar.[338]

Para Gonçal Mayos, a filosofia deixará de ser um grande saber pré-disciplinar (ou seja, anterior à constituição independente das ciências e disciplinas acadêmicas) para chegar a ser um grande saber *postdisciplinar.* Pode voltar a ser necessário o macro e meta saber que oriente a todos; especialmente hoje no crescente caos cognitivo, sempre em profunda mudança. Necessitam desse macro saber orientador tanto a humanidade, como os cientistas e os *expert* ultraespecializados (pelo menos quando saem de seu estrito campo de trabalho). Acredita-se que a filosofia é e voltará a ser macro saber orientador, na medida em que seja capaz de recuperar, teorizar e aplicar característica experiência e memória pré-disciplinar "a los nuevos retos".[339]

Em face desse complexo cenário, Gonçal Mayos propõe um enfoque intercultural e macrofilosófico.[340]

Há necessidade, portanto, de uma *inter*-relação *filosófico-jurídica multinível.*

Denomina-se fenômenos *inter:*

[338] Mayos, Gonçal. Macrofilosofía, las 'dos culturas' y la era de la postdisciplinariedad. In: *Interdisciplinaridade e Interconstitucionalidade 2.* Coord: Gonçal Mayos; Renato César Cardoso, Moacir Henrique Júnior. Laecc: Uberlândia, 2019, posição 52 (e-book).

[339] *"Ese puede ser hoy el gran bagaje y patrimonio de la filosofía: aquel acumulado durante la constitución de las ciencias y saberes especializados. Pues solo la filosofía ha acompañado entera la evolución cognitiva de la humanidad desde la Grecia antigua hasta la actualidad, pasando sobre todo por el proceso moderno de separación, constitución e hiperespecialización de los saberes".* (G., idem, posição 443 (e-book).

[340] G. *Macrofilosofia de la globalización y del pensamiento único, un macroanálisis para el 'empoderamiento',* op. Cit., p. 9 – 15.

a los que caracterizan y dan lugar a un mundo cada vez más integrado, interdependiente e interrelacionado. Organizado a través de instituciones o nódulos, que necesitan funcionar en constante vinculación y comunicación, y que solo puede definirse detalladamente en función de esas vinculaciones.[341]

Os 'fenômenos-inter' caracterizam-se por exigir, para seu diagnóstico, complexas estratégias de integração e diálogo que vão além da tolerante 'justaposição' (análise *multi ou poli*) e inclusive do cruzamento mais ou menos pontual das fronteiras (análise *trans*).[342]

Os 'fenômenos-inter" e não meramente *multi, poli e trans*, obrigam a fortes dialéticas, profundas combinações e aceleradas integrações. Cada vez mais há necessidade de estratégias interdisciplinares, baseadas no efetivo diálogo e intercâmbio, mediante um completo reconhecimento mútuo e crescente fusão.[343]

Como sinal de um projeto unificado em prol da realização da *Justiça*, as disciplinas acadêmicas devem ir mais além das muitas louváveis propostas *multi, poli* e inclusive *transdisciplinares (cross-disciplinarity)*. Cada vez mais é maior a necessidade de investigações e de sínteses que reúnam múltiplas disciplinas ou paradigmas, que cruzem em todas as direções as fronteiras acadêmicas e que – finalmente – integrem *interdisciplinarmente* as problemáticas e as teorias.[344]

Há necessidade daquilo que Marcelo Neves, ao tratar do 'transconstitucionalismo', denomina de 'conversação' ou 'diálogo' entre a dogmática jurídica e as demais disciplinas afins, que pode se desenvolver em vários níveis. Essa 'conversação', contudo, não deve conduzir a uma ideia de cooperação permanente entre as disciplinas, já que são constantes os conflitos entre os diversos problemas jurídicos e sociais, econômicos e culturais.[345]

[341] Mayos, Gonçal. *Nuevos 'fenómenos'-inter: interconstitucionalidad e interculturalidad'. In: Interrelación filosófico – jurídica multinível: estúdios desde la interconstitucionalidad, la interculturalidad y la interdisicplinaridad para un mundo global.* Org: Saulo de Oliveria Pinto Coelho; Alexandre Walmott e Moacir Henrique Junior. Barcelona: Ed: Macrofilosofía Linkgua, 2016. p. 41.

[342] G., idem, p. 43

[343] G., idem, p. 45.

[344] G., idem, p. 46 e 47.

[345] Neves, Marcelo. *Transconstitucionalismo.* São Paulo: Martins Fontes, 2009. p. 117.

Para Marcelo Neves, se cada lei (no nosso caso, cada disciplina) quiser tratar do problema isoladamente, a fragmentação continuaria sem estrutura, razão pela qual se necessita de um 'diálogo' ou 'conversação' interdisciplinar.[346]

Contudo, em uma perspectiva *'inter'*, o diálogo ou conversação, apesar de importantes, não é suficiente para se buscar um critério de *Justiça*. Há necessidade de uma *baja intensidad* hierárquica, permeável pela circularidade de disciplinas de um modelo de integração 'em rede'. A *interdisciplinaridade* implica na atuação em rede para a solução de problemas de *Justiça*.[347]

A metáfora das redes traduz a ausência de hierarquia entre as disciplinas, diferentemente do modelo *multinível*.[348]

A abertura e a complexidade interdisciplinar/transdisciplinar não podem ser interpretadas como uma mera somatória de disciplinas afins e isoladas ou de comportamentos estanques, paralelos e sem qualquer conexão; pelo contrário, todas elas formam, a partir de sua autonomia, uma unidade sistêmica, interconectada e dirigida a alcançar fins e objetivos comuns, em nosso caso, a realização de *Justiça*.

Busca-se, portanto, uma unidade na diversidade.

O Código Ibero-Americano de Ética Judicial expressamente preconiza o reconhecimento da interdisciplinaridade/transdisciplinaridade como pressuposto para se realizar a justiça. Ao definir a exigência em questão, o art. 29 do referido preceito normativo requer que a idoneidade do juiz

[346] Neves, M., idem, p. 122.

[347] É muito usual encontrar-se nos textos acadêmicos uma posição bem definida sobre a interdisciplinaridade do direito e outras ciências afins. Contudo, no momento em que se deve efetivamente aplicar tal metodologia, observa-se uma forte tendência dos juristas em geral, não somente na área processual, de realçar a total independência da ciência do direito, rechaçando qualquer influência, por vezes muito positiva, dos outros ramos das ciências humanas.

[348] Coelho, Saulo de Oliveira Pinto; Cordeiro, Laís Vaz. Constitucionalismo multinivel, transconstitucionalismo e interconstitucionalismo, una crítica de tres modelos posibles para la comprensión de los fenómenos de integración e intercambio constitucional en iberoamérica. In: *Interrelación filosófico – jurídica multinivel: estúdios desde la interconstitucionalidad, la interculturalidad y la interdisciplinaridad para un mundo global.* Org: Saulo de Oliveira Pinto Coelho; Alexandre Walmott e Moacir Henrique Junior. Barcelona: Ed: Macrofilosofía Linkgua, 2016. p. 89.

não se limite ao conhecimento do Direito vigente, mas que se estenda às "capacidades e às atitudes éticas adequadas para aplicá-lo corretamente". Desse modo, o Código tenta superar o modelo de juiz vigente, até então, em nossos países, segundo o qual a idoneidade judicial se circunscreve ao conhecimento do Direito vigente. O Código pretende que o juiz saiba, além disso, como usá-lo de maneira prudente e equitativa em cada caso, o que supõe que em algumas ocasiões deva recorrer a saberes não estritamente jurídicos (art. 30).

4. Interdisciplinaridade/transdisciplinaridade e especialização – ponto de convergência e transversalidade

Afirmou-se no tópico anterior que o diálogo interdisciplinar/transdisciplinar entre a dogmática jurídica e as demais ciências humanas afins é requisito indispensável para legitimação do critério de *justiça* proposto pelo Código Ibero-Americano de Ética Judicial.

A necessidade de uma maior interdisciplinaridade/transdisciplinaridade entre as ciências dos saberes, como forma de se promover o intercâmbio entre as culturas, não significa, contudo, abandonar ou deixar de se reconhecer a importância da especialização do conhecimento nas diversas áreas dos saberes.

Como bem advertiu Gonçal Mayos, não se é obrigado a se especializar somente porque assim se deseja, senão porque isso é parte da condição de cada um na sociedade do conhecimento. Trata-se de uma estratégia encaminhada para manter, em todos os campos, a capacitação e o conhecimento. Deve-se ter consciência de que a ultraespecializado já não é uma livre decisão, senão uma necessidade dos novos tempos, que se impõe a todos de alguma maneira. Quem se intitula atualmente o gênio ou o sábio que não necessita especializar-se, que detém todo o saber coletivo que se é gerado ou simplesmente dispõe de uma ampla e suficiente 'cultura geral'? Diz-se, ironicamente, que são os filósofos. Oxalá fosse assim; porém, sabe-se que isso não é verdade, tanto pela experiência pessoal como, sobretudo, pela evolução que a filosofia tem experimentado nas últimas décadas. Portanto, é impositivo que haja uma crescente *hiperespe-*

cialização. Trata-se do inevitável destino da sociedade do conhecimento, em nossa enorme 'aldeia global'.[349]

Na perspectiva de Gonçal Mayos, provavelmente a sociedade do conhecimento será inevitavelmente uma sociedade de 'expertos' cada vez mais especializados em seus âmbitos particulares, e não será, em absoluto, uma sociedade de sábios generalistas, contemplativos e dos 'homens cultos' do Renascimento.[350] Nenhum ser humano poderá compreender todas as dinâmicas de todas as disciplinas e ciências afins, razão pela qual a especialização seria a solução para essa natural limitação.

Trata-se, aparentemente, do triunfo definitivo do científico em relação aos humanistas e filósofos.[351]

Na atualidade, é consenso de que resulta impossível o científico abranger globalmente os múltiplos avanços no conjunto das teorias, áreas e disciplinas científicas.

No contemporâneo processo malthusiano no saber, que multiplica exponencialmente a quantidade de informação gerada de maneira coletiva pela humanidade, o maior número de informações não implica, em absoluto, melhor informação. A experiência atual nos diz que, pelo contrário, o decisivo é a qualidade da informação e não sua quantidade. Muitas vezes a enorme quantidade de informação pode gerar intoxicação informativa (infoxicación), que vai a detrimento do conhecimento transmitido e angustia terrivelmente os indivíduos que se veem afetados. É o que o psicólogo experimental russo Ivan Pavlov chamou de 'neuro-

[349] MAYOS, Gonçal. Introducción. In: GONÇAL MAYOS Y ANTONI BREI (Eds.), JOAN CAMPÁS, DANIEL INNERARITY, FERRAN RUIZ, MARINA SUBIRATS. *La sociedad de la ignorância*. Barcelona: Ediciones Península, 2011. p. 26.

[350] G., idem, ibidem.

[351] Porém, deve-se ter em mente a advertência de Kant de que o filósofo é um legislador da razão e não uma artífice dela; já o matemático, o naturalista, o lógico são meros artífices da razão. Numa perspectiva ideal, encontra-se o mestre que os une, que os utiliza como instrumento para promover os fins da razão humana. Só a esse mestre daríamos o nome de filósofo. O filósofo autêntico vai além do mero conhecer e, em virtude do uso prático de sua razão, promove os fins da humanidade. A filosofia é, portanto, a ciência da relação de todos os conhecimentos com os fins essenciais da razão humana (teleologia rationis humanae). (Gonçal. *Ilustración y romanticismo – introducción a la polémica entre Kant y Herder*. Barcelona: Herder Editorial, 2003. p. 122.

ses experimentais': *"se produce cuando el sujeto no puede discriminar de manera suficiente entre los estímulos o informaciones que recibe. Entonces entra en angustioso conflicto con sus tendencias y condicionamientos, llegando a enfermar de gravedad".*[352]

A exigência de *interdisciplinaridade/transdisciplinaridade* não é um contraponto em relação à *especialização*. A especialização pode conviver pacificamente e necessariamente com a interdisciplinaridade/transdisciplinaridade.[353]

Como bem acentua Gonçal Mayos:

> (...) no debe comportar la idea de que la 'cultura general' ha dejado de tener sentido en el mundo actual. Hay que huir de la conclusión errónea de que no hay nada que sea necesario y que todo el mundo debe conocer o, al menos, hacerse mínimamente cargo de ello. Una sociedad (especialmente si es democrática) no se construye solo con expertos especializados y sin nada en común entre si. Lo común debe administrarse (y, por tanto, pensarse) en común. Sin ese pensamiento o cultura de lo común, la civilización es imposible, y también lo es la sociedad del conocimiento.[354]

É significativo que a investigação se faça mais e mais, não somente no interior de uma disciplina especializada, mas, também, mediante o cruzamento de suas hipóteses e resultados com as hipóteses e resultados de outras disciplinas. Isso significa dizer que o progresso da ciência, desde a metade do Século XX, não pode ser considerado linear. Em um número

[352] Mayos, Gonçal. La 'sociedad de la incultura', ?cara oculta de la 'sociedad del conocimiento'?. In: Gonçal Mayos y Antoni Brei (Eds.), Joan Campás, Daniel Innerarity, Ferran Ruiz, Marina Subirats. *La sociedad de la ignorancia.* Barcelona: Ediciones Península, 2011. p. 183

[353] *"El problema no estriba, pues, en el ámbito de los expertos y del conocimiento especializado, sino en el de los ciudadanos: de lo común, general y administrado por medios democráticos. El peligro no es que nos falten los expertos y especialisas, sino los ciudadanos y sus posibilidades reales de control de lo común, de la política y de la civilización humana. No olvidemos que, si bien en términos profesionales somos y tenemos que continuar siendo especialistas eficaces en nuestras tareas, en tanto que humanos y ciudadanos debemos ser administradores democráticos de lo común, tanto en nuestra sociedad como en la humanidad como conjunto".* (G., Introducción, op. Cit. p. 34).

[354] G., idem, p. 27.

crescente de casos não pode ser simplesmente considerado o resultado da especialização cada vez mais profunda, senão, cada vez mais, dependente da fertilização mútua das diferentes disciplinas, conceitos, problemas e métodos, em uma palavra, do cruzamento interdisciplinar. Reconhece-se que certas investigações afirmam sua própria abertura a conhecimentos que pertencem, tradicionalmente, ao domínio de outras disciplinas e que somente essa abertura permitirá o acesso aos lugares mais profundos a serem conhecidos. Pode-se dizer que a ciência descobriu ou está a ponto de descobrir tudo o que é possível descobrir através da especialização. A partir de agora, é o progresso da própria especialização que requer a transversalidade, a relação entre domínios.[355]

Trazendo essa pontual conclusão para a atividade do Poder Judiciário, pode-se fazer o seguinte paralelo: Não se nega que o juiz ibero-americano deva ser um *expert* no seu ofício que é o exercício da atividade jurisdicional. Porém, a obsolência cognitiva, em especial na sociedade do conhecimento, o ameaça, sobretudo em sua condição de cidadão que tem que decidir democraticamente e com conhecimento de causa sobre processos cada vez mais complexos. Nesse ponto, a especialização e a profissionalização podem transformar-se em grande perigo democrático, pois não se trata de resolver de maneira razoável as questões científicas, técnicas, logísticas ou administrativas. Trata-se de elucidar e decidir sobre valores éticos e morais, critérios políticos e de opções da civilização, inclusive sobre o futuro da humanidade como espécie.[356]

A especialização, portanto, pode conviver pacificamente e necessariamente com a interdisciplinaridade/transdisciplinaridade, por meio da transversalidade. Há um ponto de convergência na relação entre a interdisciplinaridade/transdisciplinaridade e a especialização

A especialização, sem dúvida, representa uma condição necessária para a própria sobrevivência na sociedade do conhecimento. Contudo, a sociedade do conhecimento não exige apenas certa 'expertise' em determinado âmbito do conhecimento, mas também prescreve um conheci-

[355] Pombo, Olga. *Interdisciplinaridade: ambições e limites*. Lisboa: Relógio D'água Editores, 2004. p. 18.
[356] G., op. cit., p. 35 e 36.

mento amplo e infinito (sem que isso signifique uma relação interdisciplinar entre eles), numa velocidade incalculável a olho nu.

Essa situação, paradoxalmente, em vez de permitir compor-se uma visão cada vez mais completa e exata do mundo em que se vive, a princípio mostra-se de uma maneira mais caótica e desconcertante do que nunca.

Ao mesmo tempo em que a nova sociedade de conhecimento (ou da ignorância) cria "expertises" pródigos ou eficientes, também estão proliferando indivíduos incapazes de se concentrar em um texto de mais de quatro páginas, pessoas que somente podem assimilar conceitos pré-digeridos em formatos multimídias, estudantes que confundem aprender com recopilar, cortar e pegar fragmentos de informação inseridos na internet, ou um número crescente de analfabetos funcionais.[357]

Conforme bem argumentou Antoni Brey:

> Persiste una lógica errónea que nos lleva a pensar que el uso de herramientas cada vez más sofisticadas implica necesariamente un mayor conocimiento, y confundimos la destreza para utilizar un complejo programa informático que nos permite escribir con el hecho de escribir algo interesante, o incluso con saber escribir. Nos hemos convencido de que disponer de una red que nos permite ver lo que emite la televisión en la otra punta del mundo es volvernos más sabios, cuando lo único que hacemos es pasar el rato o, en el mejor de los casos, adquirir conocimientos triviales. Y nos encanta oir "sociedad del conocimiento" cuando a nivel individual, en muchos casos, consiste simplemente en pasar un montón de horas chateando con los amigos o intentando ligar por Internet.[358]

A 'cultura zapping' fomenta a memória a curto prazo e uma peculiar atenção multifocal, parcial e dispersa; porém, ao contraio, diminui de maneira significativa a capacidade de reflexão, de atenção e a memória a médio e longo prazo. Isso foi devidamente comprovado por Gary Small,

[357] Brey, Antoni. La sociedad de la ignorancia – una reflexión sobre la relación del individuo con el conocimiento em el mundo hiperconectado. In: Gonçal Mayos y Antoni Brei (Eds.), Joan Campás, Daniel Innerarity, Ferran Ruiz, Marina Subirats. *La sociedad de la ignorancia*. Barcelona: Ediciones Península, 2011. p. 67

[358] Brey, A, idem, p. 79 e 80.

diretor do Centro de Investigação sobre a Memória e o Envelhecimento da Universidade de Califórnia e o 'expert' em as TIC Nicholas G. Carr em seu livro *"Águas pouco profundas. O que está fazendo a Internet a nossos cérebros"?*

Segundo Gonçal Mayos:

> No olvidemos que cada clic sobre un hipervínculo es una decisión-zapping que nos desconecta de un discurso determinado para conectarnos a otro. Es algo muy parecido – si bien normalmente más activo – que el 'zapping' televisivo. Ahora bien, el constante 'zapping', sin tiempo de desconexión, bloquea el imprescindible reordenamiento de las ideas y de los recuerdos. Desplaza otras actividades mentales necesarias (por ejemplo, la reflexión profunda sobre uno mismo, los valores a potenciar y las grandes decisiones a tomar) que equilibran los seres humanos.[359]

Quando essa cultura *zapping* dominante alcança o juiz ibero-americano, provoca consequências muito negativas para a questão da realização da *justiça* no processo jurisdicional, uma vez que o raso conhecimento do juiz, apesar de sua amplitude, pode levá-lo a uma compreensão equivocada dos fatos e conduzi-lo à construção de uma decisão injusta, especialmente pela 'desmaterialização do mundo'.

Essa maximização da quantidade de informação promovida como objetivo pela sociedade de conhecimento configura um importante impedimento para o saber qualificado, válido e relevante. Por isso, acentua-se a tendência de um saber cada vez mais especializado num âmbito cada vez mais reduzido e a necessidade da formação continuada para não se tornar prisioneiro do conhecimento obsoleto.[360]

Paul Virilio denunciou a 'desrealização' do mundo pela influência das atuais tecnologias da informação e da comunicação. Muito embora sustentem o esqueleto da atual sociedade do conhecimento, provocam, igualmente, não somente 'o império do efêmero', como também a 'des-

[359] G., op. Cit., p. 186.
[360] G., idem, p. 187.

materialização' do mundo em razão do terrível fetiche da velocidade, aceleração, a visão distante ou ao vivo de qualquer coisa.[361]

Gonçal Mayos preconiza que o capitalismo cognitivo provoca desilusão e angústia apesar de usar novas tecnologias e possibilidades que superam a clássica verticalidade entre uns poucos emissores ativos e milhões de receptores passivos.[362]

Está-se diante de um tempo absolutamente instantâneo, imediato, onipresente, acidental e circunstancial, que põe em graves dificuldades mentais o 'tempo' humano. Certamente é um tempo que se opõe à velocidade pausada da reflexão, ao tempo 'quase eterno' platônico e intemporal da 'verdade', da explicação que supera os múltiplos intento da refutação ou, ao menos, das hipóteses que devem ser consideradas com a devida atenção. Trata-se de um tempo tão veloz que dificulta qualquer reflexão, memória, análise crítica e narrativa. Fomenta as decisões e opiniões rápidas, irreflexivas e emotivas.[363]

Conforme bem alertou Gonçal Mayos:

> Que nadie se engañe! El modelo actual de sociedad del conocimiento no tiene nada que ver con utopías que afirmaban que el conjunto de la humanidad alcançazaría un conocimiento perfecto (ni tan siquiera mínimamente adecuado). Al contrario y además con toda lucidez, la actual sociedad del conocimiento no promete ni pretende convertir al conjunto de la población en experta en todo, ni tan siquiera en lo más importante y vital (que es mucho!). Màs bien apunta a una 'sociedad de expertos especializados' vinculada al modelo de crecimiento productivo y tecnológico postindustrial, pero nada más. Ahora bien, ningún experto especializado parece capacitado para ofrecernos una rigurosa y mínimamente completa visión de conjunto, es decir, de la civilización o la cultura humana actual como tal. Ni siquiera la filosofía actual se ocupa de esas cuestiones globales, comunes a toda la humanidad, transversales, interdisciplinarias, macrosociales y macrohistóricas. Por eso, en contra de la gran tradición filosófica de todos los tiempos,

[361] G., idem, p. 193.

[362] Mayos, Gonçal. *Homo obsoletus – precariedad y desempoderamiento en la turboglobalización*. Barcelona: Linkgua Pensamiento, 2016. p. 49.

[363] G., op. cit., p. 194.

> la atemorizada filosofia académica actual tiende hoy a una 'microfilosofía' especializada y experta en vaya usted a saber qué. Renunciando a los enfoques y temáticas macrofilosóficos, transversales, críticos, interdisiciplinarios, fronterizos, globales y comunes. No negaremos – pues no tiene sentido – las virtudes de la especialización o de los expertos; pero es muy importante no perder de vista también las servidumbres y peligros de la ultraespecialización. Ni unas ni otros se nos escapan, por la sencilla razón de que en la actual sociedad del conocimiento es inevitable que todos seamos (o terminemos siendo) expertos profesionales muy especializados en nuestros puestos de trabajo.[364]

Essa situação de proliferação do discurso, da intercomunicação, cria vínculos pessoais; porém, de uma maneira geral, não serve para gerar conhecimento. Ao contrário. Os códigos coletivos tendem a romper-se, as linguagens se codificam, e o sentido é cada vez menos compartilhado. Os pontos de vista se multiplicam ao extremo de chegar a "dibujar" o objeto. As exposições, quando existem, fragmentam-se sem se converter em problemas. As valorações são erráticas e pessoais, e não surgem tanto do desejo quanto da mente. É evidente que é maravilhoso estar liberando o desejo, aprender a expressar-se sem limites, perder o medo de sentir, de pensar, de falar. Porém, isso parece ter pouca relação com a sociedade do conhecimento.[365]

O mais grave é que a denominada sociedade do conhecimento gera um perigo mais imediato, não tanto em relação à exigência de que as pessoas se tornem cada vez mais expertas e especializadas, senão sobre a própria vida cidadã, a democracia[366] e a responsabilidade para com a

[364] G., idem, p. 198 e 199.

[365] Subirats, Marina. La sociedad del conocimiento y las dificultades de su producción. . In: Gonçal Mayos Y Antoni Brei (Eds.), Joan Campás, Daniel Innerarity, Ferran Ruiz, Marina Subirats. *La sociedad de la ignorancia*. Barcelona: Ediciones Península, 2011. p. 98 e 99.

[366] *"Até agora, é sabido que a democracia não é inevitável, que pode ser destruída por dentro e que mesmo as democracias constitucionais mais bem-sucedidas não são os modelos de perfeição social que o Iluminismo sonhava"*. (Shklar, Judith N. *After Utopia – the decline of political faith*. New Jersey: Princeton University Press, 2015. p. 218.

humanidade em seu conjunto, em especial, o reconhecimento e alteridade do outro.[367]

O ritmo exponencial do aumento da informação inerente ao desenvolvimento tecnológico e econômico colocou em evidência a crescente desproporção que existe entre a capacidade coletiva para criar saber e a capacidade individual para assumi-lo e integrá-lo vitalmente. O surgimento de uma sociedade poliédrica, qualificada como 'da ignorância' (Brey), 'do desconhecimento (Innerarity) e 'da incultura '(Mayos) gera decepção, pois o aumento do consumo material das sociedades atuais não vem acompanhado por um crescimento equivalente dos valores éticos dos indivíduos.[368]

A denominada 'sociedade do conhecimento' efetuou uma transformação radical da ideia de saber, até o ponto de que seria mais apropriado denominá-la de 'sociedade do desconhecimento.[369]

É evidente que não se quer dizer com isso que se deva postular a existência ou a possibilidade de que algum dia tenha existido um sábio, pessoa com um conhecimento extremo e profundo da realidade que lhe permitiu entendê-la e interpretá-la como um sistema integrado e completo. É indubitável que atualmente é possível a existência de pessoa culta que goze de um olhar muito mais extenso que a de qualquer sábio da antiguidade, sobretudo do ponto de vista científico, porém, também são igualmente extensas as zonas que ficam de fora de seu alcance. Inclusive aqueles que mais tempo e esforços dedicaram, também se deparam com grandes lacunas em seu conhecimento, que lhes limitam o alcance e a visão do conjunto. Uma *"materialização desse fato é a ausência atual de filóso-*

367 Em relação ao juiz ibero-americano, em que pese a sociedade do conhecimento lhe permita mais e mais ultraespecialização na dogmática jurídica, tornando-se um especialista em sua área, por outro lado, aumenta-se a sua dispersão (pelo excesso de informação) na análise consubstancial do reconhecimento e alteridade do outro.

368 TARRAGÓ, Ferran Ruiz. Educar, entre la evasión y la utopía. In: GONÇAL MAYOS Y ANTONI BREI (Eds.), JOAN CAMPÁS, DANIEL INNERARITY, FERRAN RUIZ, MARINA SUBIRATS. *La sociedad de la ignorancia.* Barcelona: Ediciones Península, 2011. p.128.

369 INNERARITY, Daniel. La sociedad del desconocimiento.. In: GONÇAL MAYOS Y ANTONI BREI (Eds.), JOAN CAMPÁS, DANIEL INNERARITY, FERRAN RUIZ, MARINA SUBIRATS. *La sociedad de la ignorancia.* Barcelona: Ediciones Península, 2011. p. 159.

fos que pretendam acometer a tarefa de propor sistemas completos de interpretação da realidade".[370]

Conforme afirma Antoni Brey, se não existem os sábios, por certo existem *expert* "hiperespecializados".[371]

> Vive-se em uma sociedade de 'expert'. Todos têm ciência disso, pois: A condição de 'expert' está intimamente ligada à profissionalização, uma situação que em nossos dias está constituída, em muitos casos, de proletarização. A massa de técnicos, especialistas, professores ou investigadores públicos e privados...Uma consequência direta da mercantilização do conhecimento e da profissionalização do 'expert' é a desagregação do saber em áreas cada vez mais desconectadas uma das outras e, sobretudo, do resto da sociedade. A produção do saber é um trabalho, uma ocupação laboral que não pretende mobilizar ou transformar a sociedade. Sua finalidade é completamente diferente. Deve-se desenvolver-se no âmbito fechado dos que compartilham a mesma linguagem, 'jerga', e uma maneira concreta de enfocar determinados problemas. A sociedade 'hiperconectada' favorece e potencializa ditos comportamentos, e cria uma nova força desagregadora que poderíamos denomina de 'comunitarismo autista'... Os 'expert' são terreno propício para que se dê um elevado grau de comunitarismo autista, já que a maioria de suas fontes de reconhecimento ou de castigo provém da mesma comunidade... Não há, enfim, nenhuma necessidade real de se comunicar com o resto da sociedade, e de fato poderia ser, inclusive, contraproducente. Todas as forças que atuam são, pois, claramente centrípetas...Nos encontramos hoje ante a atualização da velha ideia da 'torre de marfil'. Hoje, em lugar de uma torre existem muitas de pequenas torres onde refugiar-se, e cada 'expert' se encontra fechado em alguma delas, seja por imperativo produtivo que recai sobre o engenheiro ou o tecnólogo, seja pela convicção apaixonante hiperespecializada do científico ou, ainda, pela impossibilidade de se libertar da dinâmica endogâmica das estruturas dos saberes..[372]

[370] BREY, A., op. Cit., p. 71.
[371] BREY, A., idem, ibidem.
[372] BREY, A., idem, p. 72.

O juiz ibero-americano não está à margem dessa análise de Antoni Brey, pois é um 'expert' na ciência jurídica, ou seja, um especialista na dogmática jurídica, porém cada vez mais "ignorante" no âmbito das outras ciências humanas, incapaz de perceber e sentir do aroma diversificado da diferença cultural e humana de cada ser humano.

É importante lembrar que na *expertise* também atuam elementos de *desagregação*. A subordinação das investigações à lógica do poder – econômico, político ou midiático – frente à lógica do conhecimento, sobretudo. Unificar o conhecimento ou tratá-lo de ordená-lo? Sem dúvida que se pretende unificá-lo. Porém:

> el problema estriba en que, cada vez más, sospechamos que esta unificación, este posible nuevo orden, puede suponer una nueva centralización, un nuevo poder, todavía más egoísta, particularista y nefasto que los viejos poderes, que por fuerza han de ser más parciales y dispersos.[373]

Há ainda a questão de que se está em uma etapa da história em que a humanidade gera maior quantidade de informação cognitiva, mais informação que qualquer ser humano possa assimilar em toda a sua existência. A técnica de produção e distribuição de informação torna-se estéril se não existe maneira de situar, filtrar, organizar e resumir os dados.[374] E aqui surge um problema importante: Quem decide qual é a informação relevante e estratégica? Quem filtra a informação? Quem e como converte a informação em conhecimento e com que finalidade? O certo é que o tema da informação e do conhecimento não se pode desligar do tema do poder. Não há um espaço social sem poder.[375]

Está-se produzindo um paradoxo no sentido de que a sociedade do conhecimento acabou com a autoridade do conhecimento, tendo em vista que o saber se pluraliza e se descentraliza. Isso afeta necessariamente o poder, pois se estava acostumado, seguindo o princípio de Fran-

[373] Subirats, M., op. Cit. p 101.

[374] Moutaner, Joan Campas. La sociedad de la 'crisis de sentido'. In: Gonçal Mayos y Antoni Brei (Eds.), Joan Campás, Daniel Innerarity, Ferran Ruiz, Marina Subirats. *La sociedad de la ignorancia*. Barcelona: Ediciones Península, 2011. p. 105.

[375] Moutaner, J. C., idem, p. 113.

cis Bacon, a que o saber fortaleceria o poder, enquanto que agora é justamente o contrário, pois o saber debilita o poder. Observa-se, atualmente, uma crescente pluralização e dispersão do saber que o 'desmonopoliza' e o torna muito contestável.[376]

Para Gonçal Mayos:

> a pesar que nadie duda del enorme incremento en el conocimiento colectivo del que dispone la humanidad, los individuos perciben que sus convicciones, certezas, verdades y consolidados valores 'personales' han disminuido en número, en solidez y en seguridad. De manera inconsciente, la gente intuye que un proceso malthusiano en el saber 'corroe' las certezas, los valores y los ideales que les acompañaban, pues cada vez más les faltan la cultura y perspectiva globales necesarias para acogerlos y defenderlos de manera racional. La sociedad, los valores y los saberes han perdido su anterior solidez y hoy se muestran fluidos y líquidos, como ha teorizado Zigmunt Bauman.[377]

É possível afirmar que a condição pós-moderna apresenta uma dupla face: progresso tecnológico e decadência humana; potência coletiva nas instituições e miséria das pessoas; crescimento exponencial do conhecimento especializado e profunda degradação cultural e cívica; enorme enriquecimento midiático e profundo empobrecimento dos cidadãos.[378]

As pessoas, e nisso se inclui o juiz ibero-americano no exercício de sua atividade jurisdicional, de maneira crescente e perigosa, são mais expertas em seu trabalho (senão tornam-se obsoletas e excluídas), porém também mais incultas e incivilizadas em outras áreas. Talvez tal fato tenha ocorrido em outras épocas, contudo, nas sociedades pós-industriais do conhecimento, a exigência é maior, como o é o perigo de exclusão, obsolência ou, simplesmente, de desorientação.[379]

[376] Innerarity, D., op. Cit. p. 164.

[377] Mayos, Gonçal. La 'sociedad de la incultura', ?cara oculta de la 'sociedad del conocimiento'?. In: Gonçal Mayos Y Antoni Brei (Eds.), Joan Campás, Daniel Innerarity, Ferran Ruiz, Marina Subirats. *La sociedad de la ignorancia*. Barcelona: Ediciones Península, 2011. p.174.

[378] G. M., idem, p. 176.

[379] G. M., idem, ibidem.

Diante dessas circunstâncias, é necessário realizar uma investigação crítica dos custos humanos e dos limites da sociedade do conhecimento e a contemporânea pós-modernidade. Esses custos são tantos sociais como individuais, uma vez que não estão circunscritos ao caráter pessoal, senão à condição humana compartilhada na sociedade pós-industrial. Por isso, nenhum indivíduo pode manter-se alheio a essas profundas mudanças na natureza do saber, tendo em vista que nossa condição se insere cada vez mais no saber, na informação, no conhecimento e na comunicação.[380]

5. Origem do termo *justiça* – *a* realização da *Justiça* como antiga aspiração em todas as sociedades humanas

Estabelecidas as condições estruturais da presente tese, a saber, a compreensão unidimensional do ser humano, a importância do reconhecimento multicultural e da interdisciplinaridade/transdisciplinaridade, há necessidade, ainda, de se discorrer sobre a compreensão histórica daquilo que se compreende por *justiça*.

A preocupação pela realização da justiça, em especial nas tomadas de decisão, não é exclusiva do Código Ibero-Americano de Ética Judicial.

A análise sobre a temática – justiça – remonta ao pensamento grego.

O ponto de partida de qualquer debate é Sócrates, que cristalizou o processo de deslocamento das especulações da filosofia para o campo ético.

Com Sócrates, ocorre o deslocamento da perspectiva filosófica cosmológica (pré-socrática), perquirição em torno da questão do conhecimento da natureza do 'ser' enquanto ente submetido à ordem mundana e imerso em uma estrutura natural composta pelos cinco elementos essenciais da composição do mundo físico, para o contexto do próprio ser humano em sua relação sócio-político-cultural, exigindo-se novos esforços para o alto conhecimento do ser humano pelo ser humano.[381]

Verifica-se a passagem do pensamento cosmológico para o antropológico.

[380] G. M., idem, p. 177.

[381] Bittar, Eduardo C. B. *A justiça em Aristóteles*. Rio de Janeiro: Forense Universitária. 1999. p. 1.

O estudo sobre a *justiça* ocupa todo o livro V da *Ética Nicomacheo* de Aristóteles. A justiça é *'aquele tipo de disposição de caráter que torna as pessoas propensas a fazer o que é justo, que faz agir justamente e desejar o que é justo; por sua vez, e do mesmo modo, por injustiça se entende a disposição que as leva a agir injustamente e a desejar o que é injusto'* (V 1 1129 *a* 7).

A questão da realização da *justiça* é, de fato, uma das mais antigas aspirações em todas as sociedades, não importando qual seja a forma de sua organização ou da concepção de seu sistema. Em todos os lugares, a Sociedade, mesmo em seus esboços mais primitivos, sempre se constituiu ou tentou se constituir baseada na realização da justiça.[382]

Na Bíblia, o livro dos Juízes precede o Livro dos Reis, e na Grécia antiga, em época remota, a função de soberania teve papel comparável àquele que ela manteve nas grandes civilizações do Oriente Médio.

Marcel Detienne, ao tratar do *El Anciano del Mar*, no capítulo III de sua obra, aduz que Hesíodo enumera os descendentes de Ponto e, em primeiro lugar, o mais ancião, que é também o mais venerável, "Nereo", o Ancião do Mar: *"La onda engendro a Nereo, 'apseudés' y 'alethés', o primogênito de sus hijos. Es llamado el Anciano porque ès 'némertés' y benigno a la vez, porque jamás olvida la equidad, y porque no conoce más que justos y benignos pensamientos"*.[383]

O Ancião do Mar abrange um duplo campo: *mântica e justiça*. Na *Teogonía* hesiódica, "Nereo" é um justiceiro. Porém, para a tradição encarna uma potência mântica cuja sabedoria os antigos sempre ponderaram, e cujas 'sentenças' sempre transmitiram com o devido cuidado. Suas consultas foram célebres. "Nereo" foi inclusive a cabeça de uma linhagem de divindades oraculares. Sua filha, *Eidô*, porta o nome de Teonoé, 'porque conhece todas as coisas divinas, o presente, o porvir, privilégio herdado de seu pai "Nereo"'.[384]

O domínio da mântica é uma ordem de pensamento que concede à *Alétheia* um lugar predominante. Saber e palavras mânticas afirmam-se em uma determinada concepção da 'Verdade'. Na realidade, Olímpia

[382] Farago, France. *A justiça*. São Paulo: Manole, 2004. p. IX.

[383] Detienne, Marcel. *Los maestros de verdad en la grecia arcaica*. Versión Castellana de Juan Jose Herrera. Madrid: Taurus, 1983. p. 39

[384] Detienne, M., idem, p. 39 e 40.

é uma mestra da *Alétheia.* Depois de determinadas tradições, *Alétheia* é um nome que porta uma das "*nodrizas*" do grande deus oracular, Apolo. "Nereo" é, com pleno direito, um mestre de *Alétheia.* Porém, n*a Alétheia* do Ancião do Mar não se faz referência unicamente à sua potência *mântica;* subsume igualmente seu poder de 'jamais olvidar da equidade' e de 'não ter senão *justos* e benignos pensamentos', isto é, sua função de *Justiça.* Da mesma forma que sua filha, Teonoé, "Nereo" é, com efeito, 'um santuário vivente, augusto templo de *Diké*'. Se bem que, no pensamento religioso, a *justiça* não constitui um campo distinto daquele que corresponde à ' Verdade". As afinidades de *Diké* e *Alétheia* são inúmeras e muito testemunhadas, pois quando Epiménides vai em pleno dia à gruta de Zeus *Diktaios,* e ali permanece sonhando durante vários anos, conversa com os deuses e fala com *Alétheia* e *Diké.* A associação é tão natural que *Hesiquio* define a *Alétheia* como sendo as 'coisas de *Diké*'. Por sua vez, se Cronos é, em virtude de um jogo de palavras, Chronos-Cronos, o pai de *Alétheia,* indubitavelmente, como disse Plutarco, é porque por natureza é 'o mais justo'. Com efeito, a *Alétheia* é a 'mais justa' de todas as coisas. Fundamentalmente, sua potência é semelhante à de *Diké.* Nesse nível de pensamento não há nenhuma distância entre Verdade e Justiça. A potência da *Alétheia* abarca, portanto, um duplo campo: mântica *e justiça.*[385]

No passado, a Justiça não estava dissociada do soberano, do rei. Quando o rei olvidava da justiça, quando cometida uma falta ritual, a comunidade automaticamente via-se inserida em calamidades, na forme, na esterilidade das mulheres e dos rebanhos; o mundo entregava-se à desordem, voltando-se à anarquia. O rei porta em sua mão o cedro, prova e instrumento de sua autoridade. Em razão desse bastão, emite *thémistes*, decretos, julgamentos que são espécies de oráculos. Certamente, a palavra *thémistes* pode ser aplicada também às palavras de justiça como às palavras oraculares de Apolo. A potência da deusa *Thémis* compreende tanto o campo da mântica como o campo da justiça e da vida política. A complementação da justiça com a mântica se observa de forma mais clara na imagem mítica de Minos, pois este mito perpetua para a imaginação um tipo de rei para quem se pede uma sentença.[386]

385 Detienne, M., idem, p. 42 e 43.
386 Detienne, M., idem, p. 50, 51 e 52.

É certo que quando da decadência do sistema palatino há o desaparecimento da soberania como função absoluta, conservando-se, porém, alguns de seus privilégios e, em particular, o de ser senhor da *justiça*. Em sua descrição de Trezén, Pausanias conta que, nas proximidades de um templo dedicado às Musas, alça-se a tumba de Piteeo, rei da região. Representava-se-lhe no exercício da *justiça*, sentado em seu trono, entre seus dois assessores. Este rei da justiça era também um rei adivinho, denominado de 'cresmólogo', que passava por uma autoridade em matéria de oráculos. Era também o fundador do altar das *Thémides*.[387]

No pensamento grego arcaico, observa-se a distinção entre três campos: poesia, mântica e justiça, que correspondem a três funções sociais nas quais a palavra teve um papel importante antes de converter-se em uma realidade autônoma, antes de ser elaborada pela filosofia e pela sofística num problema de linguagem. Por isso não havia uma necessidade de uma conceituação da palavra *justiça*.[388]

A partir da tradução das poesias homéricas à língua inglesa, pela primeira vez a palavra homérica *"dike"* foi traduzida pela palavra inglesa *"justice"*. O emprego da palavra *'dike'*, tanto por Homero como por seus personagens, pressupunha que o universo teria uma singular ordem fundamental, uma ordem estruturante tanto da natureza como da sociedade, de modo que a distinção que atualmente se faz contrastando a ordem natural com a ordem social não podia, todavia, expressar-se. O ser *dikaios* significava conduzir as ações e levar o assunto de um de acordo com esta ordem. Todos os usos de *dike* na *Ilíada* referem-se ao julgamento de um juiz em uma disputa ou na apelação de uma parte em uma disputa. Uma *dike* particular é correta se se conforma com o que a *themis* requer. *Themis* é o que se há ordenado, o que se há estabelecido como na ordenação das coisas e das pessoas. Um rei julga retamente quando o faz conforme a *themistes*, ou seja, às ordens dadas por Zeus. A realeza, o governo divino e a ordem cósmica são noções inseparáveis, e as palavras *"dikes"* e *"Themis"* são substantivos derivados dos verbos mais básicos no idioma grego: *"dike" da raiz "deiknumi"; "themis" de "tithemi"*. Tanto Zeus como aqueles reis a quem Zeus entregou as *themistes* fazem cumprir a *dike*, castigando

[387] Detienne, M., idem, p. 52.
[388] Detienne, M., idem, p. 58.

aos que a desobedecem. Zeus protege especialmente aqueles cujo lugar na ordem estabelecida não está claro ou está ameaçado: o estrangeiro e o suplicante.[389]

Essa dicotomia de compreensão teológica grega sobre a necessidade de elaboração conceitual da *noção de justiça* relaciona-se à emergência da razão, principalmente pelo fato de que a injustiça, a experiência mais comum, suscitando revoltas, fez nascer o sentido do justo.

No trajeto da história ocidental, a ideia de justo sempre esteve presente em todas as reflexões filosóficas, acompanhando-a em todo o seu percurso, por vezes sendo considerada, num primeiro período (clássico), como a realização do valor da *igualdade*; posteriormente, incorpora-se em seu significado o valor *liberdade* a partir da história moderna, para, ao final, na histórica contemporânea, assimilar um novo valor da cultura europeia, que constitui um dos três elementos sem os quais não se pode entender a ideia de direito em Hegel: *o trabalho*.[390]

Sendo a injustiça talvez a primeira experiência da sociedade, não se deve se surpreender com a dificuldade em determinar e estabilizar o conceito de justiça.[391]

Os Séculos e os sistemas políticos se sucedem e as pessoas nunca estão de acordo sobre a justiça que gostariam de promover. Não se encontra consenso, mesmo na mais profunda reflexão: os filósofos não chegam a um acordo sobre os princípios de justiça, e os juristas ficam sempre tentados ao positivismo que corta o nó górdio entre o direito e o fato em benefício do estado das coisas. Mais recentemente:

> pode-se dizer que o debate sobre a justiça se assenta sobre o fato de se saber se o justo deve ser pensado dentro de uma concepção deontológica de uma justiça formal ou processual, independente da problemática do bem, problema deixado ao arbítrio de cada um, ou se ele deve ser trazido ao âmbito do quadro clássico de uma concepção teleológica da vida bondosa, o bem

389 Macintyre, A. op. cit. p. 33

390 Salgado, Joaquim Carlos. *A ideia de justiça em Hegel*. São Paulo: Edições Loyola, 1996. p. 28.

391 Farago, F., op. cit., p. X.

precedendo o justo como seu fundamento. É a neutralidade liberal que está assim posta em debate. [392]

Pode-se afirmar que a polissemia do termo *justiça* indica que tal questão encontra-se diante de um jogo decisivo para a existência humana – um eixo antropológico. Estabelecer e enumerar os atos de justiça demonstra que a questão da justiça coloca-se no âmago da relação humana em sociedade.[393]

A justiça, na eclosão da consciência moral, é apresentada como uma virtude individual. Fala-se dos atributos de um ser humano justo. Do ponto de vista pessoal, a justiça classifica-se no conceito kantiano de moralidade.

Porém, logo surge uma dimensão coletiva e social. A justiça torna-se então a qualidade das estruturas básicas de uma sociedade concebida como processo distributivo. O senso comum a compara frequentemente à equidade. A questão da *justiça*, a partir desse momento, convida a todos a uma reflexão sobre a ética.[394]

Conforme afirma Michael J. Sandel: *"a reflexão moral não é uma busca individual, e sim coletiva"*.[395]

A definição de justiça, nessa perspectiva social e coletiva, está estreitamente ligada ao senso ético como campo de ação: é a seta que indica sua orientação sob a categoria do dever ser.

Essa exigência de natureza social e política é o reconhecimento da necessidade de regras no princípio de toda a vida em sociedade. A justiça, a partir dessa perspectiva, passa a ter uma noção de existência coletiva, o fundamento necessário do 'pacto social'. A justiça está, por esse lado, intrinsecamente ligada à ética, à avaliação, remetendo as pessoas a uma corresponsabilidade relativa à sua própria organização social real.

Por meio do contato com outras sociedades, toma-se consciência de que as disposições éticas sociais não são um fenômeno natural senão uma criação humana. E o que os seres humanos fizeram e realizaram pode

[392] FARAGO, F., idem, p. XVII e XIX.

[393] FARAGO, F., idem, p. XIII.

[394] FARAGO, F., idem, ibidem.

[395] SANDEL, M. J., op. Cit., p. 38.

ser mudado por outros seres humanos. Essa percepção prepara o cenário para o surgimento de teorias de Justiça, pois uma teoria da justiça é uma teoria acerca dos tipos de disposição social que podem ser *racionalmente defendidos*.[396]

John Rawls une-se a David Hume no rechaço da noção de que há algum ajuste eterno das coisas que hão de ser descobertas. A justiça é, para ambos, uma criação humana, o que não se contradiz com que pode ser criada bem ou mal. Daí por que também para John Rawls as bases alternativas para a justiça são: a vantagem mútua e a imparcialidade.[397]

Posição intermediária foi expressada por H.L.A. HART, quando afirma que *"(...) se os homens não são demônios, tão-pouco são anjos; e o facto de que estão a meio caminho entre estes dois extremos é algo que torna um sistema de abstenções recíprocas simultaneamente necessário e possível"*.[398]

Percebe-se, portanto, que desde a época de Platão[399] até os dias atuais, o problema central em qualquer teoria de Justiça é a defesa racional das relações sociais desiguais entre as pessoas, seja em que nível for, inclusive para efeitos de regulação de uma decisão judicial justa.

Tal como os atenienses, na sociedade moderna do Século XXI há imensas desigualdades diante do poder político, da posição social e do domínio dos recursos econômicos. Evidentemente que o grau de desigualdade em cada uma dessas dimensões é diferente nas distintas sociedades.[400]

Em face dessa discrepância social, econômica e cultural, tenha-se presente a seguinte advertência feita por Rafael Jimenes de Asensio:

> O juiz nesta sociedade de princípios do Século XXI opera em um entorno muito mais complexo, não somente normativamente, mas também social,

[396] Barry, B., op. cit., loc. cit.

[397] Barry, B., idem, ibidem.

[398] Hart, Herbert L. A., *O conceito de direito*. 2ª ed. Lisboa: Fundação Calouste Gulbenkian, 1994. p. 212.

[399] *"A idéia mãe, a base de toda atitude de Platão, é a justiça...a justiça platônica é um estado interior, uma inclinação da alma, independente de nossos atos e que ainda existiria mesmo quando não agíssemos... O ser-justo supõe, portanto, em primeiro lugar, a contemplação, sem a qual ele não pode começar nem subsistir. O único objetivo da existência é realizar em si, depois fora de si, este ideal de justiça"* (Farago, F. op. Cit., p. 27).

[400] Barry, B., op. cit., p. 19.

econômico e culturalmente. Uma sociedade multicultural, prolixa em novos problemas e com um sem fim de conflitos emergentes, frente a muitos dos quais o Direito não tem todavia encontrado resposta alguma, e, no entanto, o juiz, na qualidade de terceiro imparcial, se vê envolvido em um processo decisório do que não pode fugir.[401]

Diante de tais circunstâncias, é possível assimilar a afirmação de David Hume de que a justiça seria 'inútil' em uma Idade de Ouro;[402] mas também se deve aceitar o corolário de que na vida real, onde os recursos são escassos em relação às demandas, o que faz com que a justiça seja uma virtude é justamente a sua dimensão de *equilíbrio e utilidade social.*[403]

[401] Asensio, Rafael Jiménez. *Imparcialidad judicial y derecho al juez imparcial.* Navarra: Aranzadi, 2002.

[402] *"Marx parece ter acreditado que o progresso técnico já produzido sob o capitalismo havia resolvido fundamentalmente o problema da produção, porém que os grilhões impostos sobre as forças de produção pelo sistema capitalista impediam sua realização na prática. Há passagem em que se fala de 'o crescimento ilimitado da produção', 'o desenvolvimento absoluto da produtividade social do trabalho', tal que de fato fariam possível a 'produção relativa contínua....'Define-se a abundância como a suficiência para satisfazer as exigências em um preço zero, sem deixar a nenhuma pessoa razoável insatisfeita ou buscando mais de algo (o pelo menos de algo reproduzível). Este conceito joga um rol crucial pela distribuição de recursos, dado que por definição há suficiente para cada um, e assim não há eleições mutuamente excludentes, nenhuma oportunidade é inevitável e em consequência não há um custo para a oportunidade. A Idade de Ouro, num estado de equilíbrio estável comunista, se teria alcançado. A mudança gradual, o crescimento, seriam simples e sem dor. A tarefa de planificar se transforma somente em uma rotina simples; o rol da economia virtualmente se elimina. Então, não há razão para diversos indivíduos e grupos compitam para tomar posse para seu próprio uso do que livremente está à disposição de todos... Se os outros bens estiverem tão fácil e livremente à disposição como a água está na Escócia, então se desenrolariam novas atitudes humanas: a avidez por adquirir coisas desapareceria; os direitos de propriedade e os crimes relacionados com a propriedade também seriam eliminados, não porque os cidadãos se tornaram 'bons' ao ler os livros marxistas senão porque a avidez teria perdido todo propósito". (Alec Nove. The Politics of Feasible Socialism. Londres: George Allen & Unwin), 1983, pp 15-16).* (Ver. Barry, B., op. cit., p. 170 e 171.).

[403] *"Ainda num país tão rico (ou pelo menos assim o era) como os Estados Unidos, há limites com relação ao tratamento médico custoso que pode levar a cabo. Os hospitais com certo número de camas nas unidades de terapia intensiva têm que decidir, de fato, a vida de quem deverão salvar. A existência de um sistema racionalizador de fato leva, inevitavelmente, a perguntas acerca da maneira eqüitativa de selecionar pessoas para o tratamento. Para ilustrar os tipos de problemas que imediatamente se nos apresentam, consideremos os critérios usados pela Comissão de Seleção nos primeiros tempos do Centro de Rins Artificiais de Seattle: 'a uma pessoa 'que merece' que sua vida seja preservada através de um*

Não obstante o tema da *justiça* seja o foco principal deste trabalho, não se poderia deixar de registrar que para Judith Shklar, segundo a tese central de sua obra, *Los Rostros de la Injusticia*, as teorias da justiça tal e como têm sido desenvolvidas desde Platão a Rawls não abarcam todas as dimensões do que se supõe que é o seu oposto, *a injustiça*. O que significa dizer o mesmo, definir o justo em abstrato não dá conta da multiplicidade de matizes da psicologia moral da *injustiça*. A concepção de justiça, segundo traslada-se da ordem institucional, resulta abstrata, geral, impessoal; nossa experiência da *injustiça*, pelo contrário, é imediata, específica, direta e emocional. Por isso, por mais bem desenhada que esteja qualquer ordem, sempre existirão, em seu interior, demandas que causam mal ao sistema vigente. Sempre haverá uma defasagem entre o sentido pessoal da *injustiça* e as normas estabelecidas.[404]

A tese adotada no presente trabalho é justamente tentar tornar o critério de justiça mais palatável e significativamente mais concreto para as pessoas que vivem nos países ibero-americanos.

6. O pensar o *justo* – seria uma reflexão racional?

A pretensão formulada neste trabalho foi justamente reconhecer, por meio de uma análise hermenêutica, qual o critério de *justiça* preconizado pelo Código Ibero-Americano de Ética Judicial.

tratamento escasso e caro como o da diálise crônica , o julgamento para isso se dava com relação a se essa pessoa exibia qualidades do tipo de decência e de responsabilidade. Qualquer história de desvio social, tal como um registro policial, qualquer sugestão de que a vida matrimonial de uma pessoa houvera passado por um escândalo e não fora inatacável constituíam fortes contra-indicações para a seleção. O candidato preferido era uma pessoa que havia demonstrado méritos através de um trabalho duro e com êxitos na sua tarefa, que concorria a igreja, havia integrado grupos e estava ativamente envolvido em questões comunitárias (Renée C. Fox y Judith P. Swazey, The Courage to Fail: A Social View of Organ Transplants and Dialysis (Chicago: University of Chjicago Press, 1974), p. 246)... Os autores deste comentário, um psiquiatra e um advogado, continuam dizendo em termos altamente relevantes para a análise presente, que 'a justiça exige que a seleção se realize por um método mais eqüitativo que o das consciências desenfreadas, os prejulgamentos já incorporados, e as fantasias de onipotência de uma comissão secreta' (D. Sanders y J. Dukeminier, 'Medical Advance and Legal lag: Hemodialysis and Kidney Transplantation', UCLA Law Review 15 (1968): 377-78)". (Barry, B., op. Cit.. p. 172 e 173).

[404] Shklar, Judith. *Los rostros de la injusticia.* Prologo de Fernando Vallespín. Barcelona: Herder Editorial, 2010. p. 21 e 22.

Essa pretensão, contudo, não pode se sujeitar a fundamentos ou critérios subjetivos ou percepções irracionais ou infundadas sobre qual justiça a ser reivindicada.

O pensar uma teoria da justiça não está desvinculado da disciplina de argumentar racionalmente sobre um assunto do qual, como observa Burke, é muito difícil de se falar. É certo que, por vezes, afirma-se que a *justiça* não diz respeito à argumentação racional; que se trata, na realidade, de uma questão de simples sensibilidade e ter o faro certo para a injustiça. É muito fácil aderir-se a essa linha de pensamento, em especial quando se depara, por exemplo, com uma alastrada fome coletiva, parecendo natural protestar em vez de raciocinar de forma elaborada sobre a justiça e a injustiça. [405]

Ao se postular uma teoria da justiça proveniente do Código Ibero-Americano de Ética Judicial, um de seus requisitos é justamente fazer com que a razão influencie o diagnóstico da justiça e da injustiça, sem, evidentemente, descurar da sensibilidade humana.

Pensar o justo significa uma reflexão racional sobre as opções presentes ao se formular uma decisão.

A disciplina de eleição ou reflexão racional decorre principalmente de uma conexão fundada na harmonização de opções com as investigações críticas das razões dessa eleição, isto é, as exigências essenciais da eleição racional se referem à submissão das próprias opções (objetivos, valores e prioridades) ao escrutínio racional. Esse enfoque está baseado na ideia de um vínculo entre o que seria racional escolher e o que efetivamente se teria razão para escolher. Ter uma razão para fazer algo não é somente questão de convicção sem escrutínio – um forte sentimento instintivo – de que se possui 'excelentes bases' para concretizar o que se escolhe para fazer. Em seu lugar, trata-se de investigar as razões subjacentes da eleição para que se possa determinar se as supostas razões sobreviverão ao exame crítico permanente e penetrante de sua avaliação social, econômica e cultural.[406]

[405] SEN, Amartya. *A ideia de justiça*. Trad. Denise Bottmann e Ricardo Doninelli Mendes. 4ª reimpressão. Companhia das Letras: São Paulo, 2009. p. 34.

[406] SEN, Amartya. *La idea de la justicia*. Madrid: Taurus, 2009. p. 211.

Nas situações concretas existentes no âmbito do processo jurisdicional, as razões de eleição do juiz para construir sua decisão podem não sobreviver ao exame crítico permanente e penetrante da avaliação social, econômica e cultural.

Em algumas circunstâncias, o juiz possui apenas uma convicção razoável do que se refere e onde reside a solução mais justa.

Se o magistrado fez o melhor possível que uma pessoa racional pode fazer com as informações que lhe estão disponíveis no processo jurisdicional, então a decisão que se segue é uma decisão subjetivamente racional e, sob essa ótica, justa. A sua escolha pode ser infeliz, mas, caso isso aconteça, é porque as suas concepções estão claramente equivocadas ou seu conhecimento é insuficiente, e não porque ele fez inferências apressadas e falaciosas ou estava confuso a respeito de qual decisão tomar. As bases da eleição têm que sobreviver à investigação baseada no raciocínio rigoroso (com reflexão adequada e mediante um diálogo com outras ciências afins), com mais informações quando sejam relevantes e acessíveis. O juiz não pode somente avaliar sua decisão de acordo com seus objetivos e valores; também deve examinar a sustentabilidade crítica de tais objetivos e valores.[407]

Na verdade: *"pensar no justo e no injusto é, num nível mais básico, pensar no que poderia justificar-se ante os outros sobre as bases que, motivadas de modo apropriado, eles não poderiam objetar razoavelmente"*.[408]

A necessidade de uma teoria da justiça refere-se à disciplina de empregar *a razão* em um tema sobre o qual, como certa vez já dissera Burke, é muito difícil de falar. Às vezes se diz que a justiça não é, em absoluto, uma questão de razão, senão de ter a sensibilidade apropriada e o olfato adequado para a injustiça.[409]

A garantia de que a justiça é uma disposição racional social encontra-se justamente no fato de que as circunstâncias da justiça demandam algumas condições básicas que assim pode ser divididas: a) circunstâncias objetivas – indivíduos coexistem ao mesmo tempo em um território geográfico, são indivíduos, a grosso modo, semelhantes em suas capaci-

[407] Rawls. J., op. Cit., p. 462.

[408] Scalon. T. *What We Owe to Each Other*. Cambridge: Harvard University Press, 1998, p. 5.

[409] Sen, A., op. cit.. p. 36.

dades físicas e mentais, ou, pelo menos, suas capacidades são comparáveis no sentido de que nenhum deles pode dominar os outros; eles são vulneráveis a ataques e podem ter seus planos frustrados pela união de forças dos demais; além do mais, os recursos naturais ou de outro tipo não são abundantes a ponto de tornarem supérfluos os esquemas de cooperação; b) circunstâncias subjetivas – interesses de cada um e muitas vezes reivindicações conflitantes em relação à divisão das vantagens sociais em condições de escassez moderada. A não ser que essas condições ou disposições sociais existam, não há oportunidade para a virtude da justiça.[410]

Para essa perspectiva de justiça, como disposição racional social, a justiça seria simplesmente uma prudência racional exercida em contextos em que a cooperação (ou, pelo menos, a abstenção) de outras pessoas é uma condição para que todos sejam capazes de obter o que desejam. Justiça seria o nome que se dá às restrições sobre si mesmo que as pessoas racionais autointeressadas acordariam como o preço mínimo que deve pagar para obter a cooperação dos demais.[411]

A perspectiva de justiça, como disposição social racional, fez com que David Hume atacasse todo e qualquer princípio de justiça que são 'independentes' e 'antecedentes'.

J. Robert Oppenheimer, ao dirigir a equipe dos Estados Unidos da América no desenvolvimento da bomba atômica durante a Segunda Guerra Mundial, encontrou justificativas no seu compromisso técnico de desenvolver uma bomba para o que era claramente o 'bando justo'. Mais tarde, ao questionar de maneira profunda sua própria contribuição no desenvolvimento da bomba, Oppenheimer reconsideraria retrospectivamente a situação: *"Quando vês algo que é tecnicamente fácil, segue adiante e o faz e argumentas sobre o que fazer a respeito tão somente depois de que hás tido êxito técnico"*.[412]

Oppenheimer, assim como Arjuna na filosofia indiana (que já foi objeto de análise neste trabalho), fazia a seguinte reflexão: Como pode resultar o bem da matança de tanta gente? E por que eu deveria fazer

[410] RAWLS, J., op. cit., p. 137.

[411] BARRY, B., op. cit., loc. cit.

[412] In The Matter of J. Robert Oppenheimer: *USAEC Trasncripto of the Heraing before Personnale Security Board, Government Publishing Office,* Washington D.C., 1954.

somente meu dever como físico e ignorar os demais resultados, incluídas as mortes e misérias, que se seguiram de minhas próprias ações?

Percebe-se, portanto, que não é suficiente, na busca da racionalidade do agir de forma *justa,* aceitar o argumento de que um indivíduo racional deve sempre se conduzir de modo a nunca precisar culpar-se, independentemente do resultado final de seus planos. Também não se sustenta a afirmação de que quaisquer riscos assumidos devem valer a pena, de modo que, se porventura ocorrer o pior que poderia no momento de agir ser previsto, seu agir estaria acima de qualquer crítica.

A liberdade de consciência, ainda que à margem da crítica social, não é suficiente para a construção de uma decisão justa. Outros fatores influenciam na perspectiva racional de justiça.

A crença geral no que sucede no mundo tem que importar e ser significativa em nosso pensamento político, moral e jurídico. Não se pode fechar os olhos perante o que sucede realmente e perseverar no "institucionalismo transcendental" independentemente das consequências e ignorar por completo o estado de coisa que surgirá.

Mas para que esse *senso de justiça* não seja ofuscado por ilusões subjetivistas e deslocadas da realidade, os juízos éticos exigem *nahi agl,* ou seja, o *uso da razão.*[413]

E para que se possa definir quais são as diretrizes de reflexão sobre o agir justo, e que devem nortear o julgamento de um processo jurisdicional justo, o primeiro passo a ser dado é determinar quais são os *critérios de escolha racionais* para o agir de forma justa.

A noção de racionalidade deliberativa é muito complexa; contudo, podem-se estabelecer alguns critérios ou modos de reflexão para que essa racionalidade deliberativa conduza à construção de uma justa e équo decisão, a saber: a) o juiz não deve prosseguir na deliberação da decisão a ser adotada, segundos os critérios do direito, até que tenha avaliado a melhor decisão possível para o caso em concreto; b) a decisão deve respaldar-se numa reflexão cuidadosa; c) os fatos devem ser corretamente avaliados; c) o conhecimento do juiz a respeito da situação posta em juízo e das consequências econômicas, sociais e jurídicas de sua decisão deve

[413] SEN, A., op. cit., p. 69.

ser preciso e completo, sendo que nenhuma circunstância relevante deve deixar de ser considerada; d) o bem em si como racionalidade não atribui nenhum valor especial ao processo decisório, pois a noção de bem varia de pessoa a pessoa; e) o juiz deve considerar as alternativas que lhe estão disponíveis no ordenamento jurídico e estabelecer uma ordenação coerente entre elas.

Ao longo desse trabalho percebeu-se que o Código Ibero-Americano de Ética Judicial indica justamente os critérios acima estabelecidos, em especial quando determina em seu art. 36 que: *La exigencia de equidad deriva de la necesidad de atemperar, con criterios de justicia, las consecuencias personales, familiares o sociales desfavorables surgidas por la inevitable abstracción y generalidad de las leyes.*

Há, portanto, um norte de racionalidade para a construção do critério de justiça no âmbito da sociedade ibero-americana.

6.1. Inquietação quanto à *supervalorização* da racionalidade na tomada de decisão

Como se afirmou no item anterior, a pretensão de se formular um critério de justiça para o exercício da atividade jurisdicional ibero-americano deve respaldar-se em fundamentações racionais, uma vez que a tomada de decisão nos julgamentos realizados pelos órgãos do Poder Judiciário tem sido considerada uma típica *atividade racional*, pertencente às faculdades da razão.

A não racionalidade (irracionalidade) poderia subsistir na forma de revelações religiosas, experiências sensoriais, emoção etc. [414]

De acordo com a moderna compreensão do direito, a racionalidade é predominantemente de caráter prático (isto é, razão prática). Nesse contexto prático, a racionalidade é a adaptação de meios e fins.[415]

Diante de seu aspecto social, e da aspiração a uma racionalidade prática do direito, observam-se alguns objetivos sociais importantes, como o fornecimento de ordem social, estabilidade e previsibilidade, além

[414] Mautner, T. *The penguin dictionary of philosophy*. London/New York/Victoria/ Toronto/ New Delhi/Auckland/Johannesburg: Penguin. 2000., p. 479

[415] Maccornick, N. *Practical reason in law and morality*. Oxford: Oxford University Press. 2008, p. 470.

de servir como um meio especial para a resolução de grandes disputas sociais.

Essa *supervalorização* da racionalidade jurídica é duramente criticada pelo *Critical Legal Studies Movement* e pelo *American Legal Realists* (ALR). Segundo tal corrente, a lei e o raciocínio jurídico muitas vezes contêm *indeterminação, subjetivismo, não-formalismo e irracionalidade.* [416]

Os proponentes do *Critical Legal Studies Movement* também encontraram suporte para suas concepções no movimento *desconstrutivista* quanto à interpretação dos textos, alegando que os textos não têm um significado objetivo e que a fundação do significado em um texto é o resultado de um ato de interpretação pelo leitor e não de um significado objetivo inerente ao texto. O texto não existe por si só. O intérprete não desvela o sentido do texto. Antes, desenvolve atividade mais ampla, fixando-lhe, atribuindo-lhe o sentido. O sentido não é o que o texto traz, mas, sim, o que o intérprete lhe confere. O intérprete leva em considerações diversos fatos e conhecimentos, não necessariamente presentes no texto, para chegar a uma conclusão razoável acerca de seu significado, partindo sempre da sua pré-compreensão. *"A hermenêutica retém uma experiência e não é nenhum método de constatar o sentido 'correto', como se esse sentido pudesse ser algum dia alcançado desse modo".*[417]

O *Critical Legal Studies Movement*, e talvez nisso resida a diferença com o *American Legal Realists* (ALR), entende que a noção de irracionalidade na lei não é necessariamente ruim, negativa e arbitrária.[418]

Um dos protagonistas do movimento intelectual do *American Legal Realists* foi Jerome Frank.

Jerome Frank, ao exercer a função de magistrado, olhou para o conceito de lei por meio de uma perspectiva psicanalítica. Em seu trabalho, Jerome Frank abordou certas especialidades psicológicas de um indivíduo que podem afetá-lo emocionalmente em seus julgamentos (por

[416] Prakash Sinha, S. *Jurisprudence, legal philosophy.* St. Paul: West. 1993. p. 306.

[417] Gadamer, Hans-Georg. *Hermenêutica em retrospectiva.* Volume II: A virada hermenêutica. Rio de Janeiro: Vozes, 2007. p. 82

[418] Anderson, B. *Context of discovery, context of decision and context of justification in the law.* IVR encyclopaedia of jurisprudence. http://ivr-enc.info/index.php?title=Main Page. Accessed 26. Mar. 2010.

exemplo, impaciência, irritação irracional quando confrontados com pensamentos desagradáveis que se referem a desejos, ódios, sensação de poder, lealdade a certos grupos etc).[419]

Jerome Frank também afirmou que em termos de psicologia do processo a decisão raramente começa na premissa silogística superior, com base no qual o julgar apenas deduz ou faz uma inferência. Muito pelo contrário, Frank opinou que os juízes geralmente fazem seus julgamentos na direção oposta, ou seja, provenientes de conclusões especulativas feitas antecipadamente. Os julgamentos baseiam-se, assim, em juízes com premonições internas. Ele chamou tais premonições ou produtores de estímulos, como preconceitos políticos, econômicos e morais. De acordo com Jerome Frank, os traços pessoais de um juiz, suas disposições psicológicas, preconceitos, simpatias e antipatias (em relação a, por exemplo, testemunhas ou partes) interferem sobre qual a decisão certa a ser tomada em um caso particular. Nessa perspectiva, o juiz não difere de outros "mortais".[420]

Segundo tal perspectiva, o juiz, *a posteriori,* aplica argumentos racionais para verificar (ou supervisionar) se é possível justificar a conclusão que foi feita *a priori* em virtude de sua intuição. Isso implica que a conclusão feita antecipadamente, ou *a priori,* determina essencialmente os argumentos utilizados no raciocínio. Na opinião de Jerome Frank, se isso não for possível, então o juiz terá que escolher outra conclusão, salvo se ele ou ela for "arbitrário ou insano ".[421]

Na visão de Jerome Frank, no processo de julgamento, verdadeiras inclinações irracionais, estão escondidas atrás do véu de uma estrutura racional do raciocínio.[422]

O ideal, para Jerome Frank, seria a existência de um juiz consciente dos seus preconceitos, tomando-os em consideração e tratando-os de forma racional, a fim de alcançar uma decisão que seria a mais objetiva possível.[423]

[419] Frank, Jerome. *Law and the modern mind.* New York: Brentano's, Inc., 1930, p. 206.
[420] Frank, J., idem, p. 207 e 208.
[421] Frank, J., idem, p. 203.
[422] Frank, J., idem, ibidem.
[423] Frank, J., idem, p. 212.

A *American Legal Realists*, em geral, critica o positivismo jurídico que afirma que o direito é determinado por meras disposições normativas, no âmbito do qual (de acordo com a posição mais extrema) os juízes devem ser completamente neutros (meros mecânicos), "técnicos", que simplesmente aplicam normas legais abstratas a fatos concretos.

Para Marko Novak, as contribuições da *American Legal Realists* são valiosas no que concerne à interligação entre a tomada de decisão e as predisposições psicológicas de um juiz, uma vez que a interpretação das normas e dos fatos é resultado da projeção das atividades do magistrado na aplicação da norma jurídica.[424]

Marko Novak igualmente concorda com a perspectiva da *American Legal Realists* de que a lei pode ser indeterminada, pois depende, por exemplo, de juízes como seres humanos para aplicação da lei ao caso concreto. Isso vem demonstrar que há certa subjetividade no momento de tomada de decisão, como, por exemplo, pressentimentos e percepções intuitivas do julgador. [425] Porém, segundo Marko Novak, isso *não é necessariamente ruim*, se tais concepções forem tomadas no conjunto do contexto da profissão do magistrado como ator responsável.[426]

É certo que há um "retorno" à racionalidade na lei, e, portanto, na tomada de decisão, e que tem sido a (re)emergência da teoria da argumentação jurídica, como uma abordagem integral que afirma que uma decisão judicial não é apenas o resultado de um determinado texto, nem apenas o resultado da vontade de um intérprete, mas é a decisão que deve ser razoável. Nesse sentido, parece que a teoria da argumentação jurídica tenta conciliar a tensão entre as abordagens tradicionais e pós-modernas, quando o papel da racionalidade em direito está em causa.

Para melhor compreensão dessa inquietação da supervalorização da racionalidade na tomada de decisão, em especial na questão da aproximação da intuição e dos pressentimentos de uma função cognitiva racio-

[424] Novak, Marko. The Argument from Psychological Tupology for a Mild Separation Between the Contexto of Discovery and the Contexto f Justification. In: Coord. Flavia Carbonell; Christian Dahlman, Eveline Feteris. *Legal Argumentation Theory: Cross-Disciplinary Perspectives.* Springer, 2013. p. 145.

[425] Novak, M., idem, p. 145.

[426] Novak, M., idem, ibidem.

nal, deve-se proceder à distinção entre o *process of discovery'* e o *proces of justification.*

6.2. Tomada de decisão – '*process of discovery*' e '*process of justification*'

A teoria da argumentação jurídica indica duas importantes fases na tomada de decisão: (1) o processo de descoberta dos argumentos e decidir sobre isso, e (2) o processo de justificação da decisão.

Talvez a forma de se racionalizar a aproximação da intuição e dos pressentimentos a uma função cognitiva racional esteja justamente na distinção, no âmbito da tomada de decisão, entre '*process of discovery*' e '*process of justification*', ou seja, entre o contexto da descoberta (intuição, invenção) e o contexto da justificação (apreciação), uma distinção que se tornou quase ortodoxa na doutrina da filosofia da ciência, quanto à 'objetividade' do processo de tomada de decisão judicial.[427]

O uso dessas expressões no direito deu-se pela primeira vez com Richard Wasserstrom, como resposta ao ataque de Jerome Frank à objetividade do direito.[428]

Teóricos da argumentação jurídica que separam o *contexto da descoberta* do *contexto de justificação* são, por exemplo, Reichenbach, Alexy, Carter, Hart, MacCormick e Summers.[429]

De acordo com a teoria da argumentação, o integral processo de julgamento de uma causa posta em juízo está dividido entre o '*process of discovery*' e '*process of justification*'.

A primeira fase da decisão judicial, concernente ao processo de estabelecer a premissa maior, assim como a premissa menor do silogismo lógico, implica na descoberta de todas as informações relevantes concer-

[427] A terminologia 'descoberta-justificação' remonta a REICHENBACH, Hans. *Experience and Prediction.* Chicago: University of Chicago Press, 1938.
O 'contexto da descoberta' e o 'contexto da justificação' decorre de um exemplo padrão: a explicação do químico Kekulé de como a ideia de representar a estrutura molecular do benzeno por um anel hexagonal lhe veio à mente enquanto cochilava em frente a sua lareira assistindo às chamas dançarem como cobras adestradas. (GOLDING, Martin. *Filosofia e teoria do direito.* Trad. Ari Marcelo Sólon. Porto Alegre: Sergio Fabris Editor, 2010, p. 39).

[428] GOLDING, M., idem, ibidem.

[429] FETERIS, E. *Fundamentals of legal argumentation.* Dordrecht: Kluwer Academic Publishers. 1999. p. 10.

nentes a ambas as premissas para que a lógica da conclusão seja atingida. Isso faz parte de um processo interno do juiz, que usualmente não é revelado ao público. Esse processo de descoberta é frequentemente objeto de pesquisa da psicologia de tomada de decisão. Trata-se de uma fase da tomada de decisão que inclui elementos racionais assim como elementos irracionais.[430]

A maioria dos teóricos do direito, especialmente aqueles que são interessados na teoria da argumentação jurídica, tem afirmado que somente o 'contexto da justificação', momento em que a decisão judicial é justificada através de argumentos ou razões, pode ser racionalmente construída. Essa escola teórica separa rigidamente o contexto da justificação do contexto da descoberta, pois os seus seguidores acreditam que o último contexto inclui intuitivamente perspectivas não racionais ou não lógicas. Por isso, eles têm preferido deixar essa questão para os estudos psicológicos de tomada de decisão.[431]

Segundo Bruce Anderson essa corrente não alcançou o sucesso desejado.[432]

O desinteresse dos teóricos do direito em relação ao contexto da descoberta na tomada de decisão decorre da tradicional noção de que não existe lugar no direito para irracionalidade e intuição, e que, se isso realmente ocorre, deve ser minimizado, o quanto possível, no processo de tomada de decisão.

Os positivistas lógicos, para cuja epistemologia da ciência a distinção entre descoberta e justificação era canônica, sustentam que nenhuma análise lógica ou conceitual do processo de descoberta ou invenção de leis e teorias na ciência poderia ser alcançada, apesar de admitirem que considerações realizadas no contexto da justificação podem ser influenciadas pela descoberta.[433]

Para a corrente positivista, 'descoberta' é campo de análise de psicólogos, historiadores ou sociólogos; sendo, em qualquer caso, irrelevante para a justificação, acerca da qual uma análise lógica pode ser formu-

[430] Novak, M., op. Cit., p. 145

[431] Novak, M., idem, p. 145.

[432] Anderson, B., op. Cit., loc.cit.

[433] Golding, M., op. Cit. p. 40 e 41.

lada, ainda que em termos idealizados (uma construção racional, como a denominou Hans Reichenbach).[434]

Thomas Kuhn, por sua vez, rejeita a distinção existente entre descoberta-justificação. Ele nega que possa existir um estudo dos padrões para a aceitação ou rejeição de teorias científicas que seja completamente independente dos fatores psicológicos, sociais ou culturais que contribuem para tal aceitação ou rejeição.[435]

Para Thomas Kuhn, a distinção descoberta-justificação falha em constituir até mesmo uma idealização plausível ou útil do método da ciência, uma vez que fatores subjetivos, predisposições valorativas, são elementos não elimináveis das tomadas de decisões.[436] O pensamento de Thomas Kuhn associa-se a de Jerome Frank sobre a crítica à objetividade judicial.

Thomas Kuhn e Jerome Frank iluminam a centralidade de julgamento de valor na tomada de decisão científica e judicial.[437]

Martin Golding entende difícil sustentar-se a tese de Thomas Kuhn e Jerome Frank na ciência e no direito, sem reconhecer uma distinção entre os contextos da descoberta e justificação, embora se trate de uma distinção de grau.[438]

Martin Golding concorda com Jerome Frank e Thomas Kuhn, quando sustentam que a biografia é uma parte importante e essencial na tomada de decisão. Segundo Martin Golding, essa afirmação é verdadeira em relação ao direito, uma vez que decisão ou escolha de um resultado é, em determinado sentido, um evento na biografia de um juiz específico; a explanação desse evento deverá conter detalhes daquela biografia, incluindo os valores do juiz. Em outras palavras, deve-se perquirir por que um juiz decidiu uma questão de direito de certa forma. Essas razões são *razões explanatórias*, que poderão conter muito mais que simples detalhes da biografia, uma vez que fatores sociais e culturais serão exigidos a

[434] Golding, M., idem, p. 41.
[435] Golding, M., idem, p. 51.
[436] Golding, M., idem, p. 52.
[437] Golding, M., idem, ibidem.
[438] Golding, M., idem, ibidem.

fim de explicar por que a questão de direito foi decidida dessa ou daquela forma.[439]

Muito embora sejam diversos os institutos do *process of discovery* e do *process of justification*, não deixa de ser um equívoco a tentativa de se separar rigidamente esses dois elementos de tomada de decisão.

Daí a importância de se construir um elo entre o *process of discovery* e o *process of justification*.

6.3. O elo existente entre '*process of discovery*' e '*process of justification*'

É possível, como afirma Martin Golding, analisar uma decisão judicial sem necessariamente postular-se um elemento *'irracional'*.[440]

Não se nega que as conclusões jurídicas devem ser sustentadas por razões justificantes. Porém, uma justificação judicial não é simplesmente uma justificação abstrata, distante das tradições daquele que realizará a tomada de decisão.[441]

A primeira fase da decisão judicial diz respeito ao alcance de uma conclusão que aparece nas disposições operacionais da decisão, e é realizada com base em uma norma legal e uma situação de fato. Tal processo visa a estabelecer a premissa superior, bem como a premissa inferior do silogismo, com base na descoberta que está conectada de todos os dados relevantes em ambos os contextos.

As circunstâncias para que uma conclusão lógica seja alcançada, faz parte de um processo interno do juiz, que geralmente não é divulgado ao público.

O processo mencionado de descoberta é muitas vezes objeto de pesquisa na psicologia da tomada de decisões.[442] É a fase de tomada de decisão que inclui de forma importante os elementos irracionais (ou seja, percepção na forma de sensação e intuição), bem como racionais elementos (como a avaliação sob a forma de pensar).

[439] Golding, M., idem, p. 53.
[440] Golding, M., idem, ibidem.
[441] Golding, M., idem, p. 54
[442] Feteris, E., op. Cit. p. 10.

Certamente, os mencionados elementos irracionais, como, por exemplo, a intuição, não aparecem no raciocínio de uma decisão em que o juiz tenta justificá-la usando apenas meios racionais.

Muitos teóricos do direito, em especial aqueles que se interessam pela argumentação jurídica, entendem que somente no contexto da justificação é que os argumentos e os motivos podem ser construídos racionalmente. Esses estudiosos separam *rigidamente* o contexto de justificação do contexto de descoberta, pois, em sua opinião, o último inclui intuições (intuitivas) que não são racionais e nem lógicas. Por essa razão, eles preferem deixar a fase de descoberta aos psicólogos para estudar todo o processo de alcance das decisões.

Porém, essa perspectiva falha justamente pela tendência em separar rigidamente o contexto da descoberta e o contexto da justificação.

O equívoco dessas teorias encontra-se justamente em focar somente, autonomamente, nos elementos de composição da tomada de decisão, esquecendo-se que entre uma ponta e a outra há um elo, ou seja, o sujeito pensante, no caso, o juiz.

É o juiz que, vinculado a fatores irracionais (intuição, sensação, descoberta), estabelece argumentações racionais.

Essa ligação irracionalidade/racionalidade ocorre num mesmo elo, no caso, na pessoa do juiz. Justamente por isso não é possível se separar de forma rígida o contexto da descoberta do contexto da justificação, porque ambos os extremos se dão na mesma base estrutural, a pessoa do juiz.

Consequentemente, torna-se inconsistente a afirmação de que o contexto da descoberta é um campo que deve ser deixado apenas ao estudo dos psicólogos, enquanto que o processo de justificação deve ser objeto de análise dos juristas.

Essa perspectiva também tende a realizar um corte entre psicologia e o direito, como se fosse possível separar, na pessoa do juiz, o pensamento da intuição, em especial quando se está no campo da tomada de decisão.

Conforme já observavam os realistas do *American Legal Realists* (ALR), a intuição e a sensação podem desempenhar um papel positivo e mesmo importante na tomada de decisão. Nem toda intuição pode ser caracteriza como um elemento negativo irracional na construção de uma decisão judicial.

Marko Novak também não concorda com essa rígida separação dos dois contextos, apoiando-se numa separação *moderada* entre eles.[443] Sua concepção assemelha-se a de Bruce Anderson, que também se opõe à rígida separação entre o contexto da descoberta e o contexto da justificação, alegando que:

> a análise do contexto da descoberta suporta a afirmação de que a tomada de decisão será legalmente justificada se o juiz encontra-se bem informado, e se ele prestou atenção aos dados relevantes e de forma inteligente compreendeu a ligação entre os dados.[444]

Na tentativa de se evitar essa rígida separação entre o contexto da descoberta e o contexto da justificação, tem-se por objetivo encontrar um *viés eurístico da tomada de decisão judicial.*

O contexto de descoberta, segundo Marko Novak, além de elementos racionais, também inclui importantes elementos irracionais da mente humana (juízes), e que tais elementos irracionais nem sempre desempenham um papel coincidente ou mesmo prejudicial na tomada de decisões judiciais, podendo, inclusive, serem até mesmo muito importante para a tomada de uma boa decisão ética e justa.

Por isso, o contexto da descoberta deve estar conectado com o contexto de justificação (raciocínio da decisão) de tal maneira que possa fornecer uma tradução de elementos irracionais em racionais, isto é, fornecer os motivos da decisão no raciocínio que serve como um tipo de experiência racional para quem tomou a decisão.[445]

Se o objetivo é manter-se a qualidade da tomada de decisões judiciais, é fato que em seu contexto deve-se contar com o irracional/racional.

A tomada de decisão aborda elementos racionais e irracionais, sendo que, a questão a ser delineada é justamente a busca por uma perspectiva que mais aproxime a intuição e os pressentimentos a uma função cognitiva racional.

443 Novak, M., op. Cit., p. 154.
444 Anderson, B., op. Cit., loc. cit.
445 Novak, M., op. cit., p. 155.

Não se pode negar que o elo entre os contextos de irracionalidade e racionalidade é um ser humano, que, além do pensamento (raciocínio lógico), é constituído também por intuições e percepções na composição de sua estrutura cognitiva.

Compreender a tomada de decisões judiciais sobre a perspectiva psicológica é também muito importante.

Muito embora a categorização das pessoas de acordo com certos tipos psicológicos seja antiga, a abordagem moderna mais famosa da tipologia psicológica vem justamente de Carl G. Jung.[446]

De acordo com Jung, a psique humana é dividida em duas atitudes básicas diferentes: (a) extroversão; e (b) introversão. São duas fontes energéticas do indivíduo.

Na extroversão, o indivíduo obtém essa energia externamente, lidando com objetos externos, atividades, emoções, pessoas e coisas.

Na introversão, o indivíduo obtém energia internamente, refletindo sobre ideias, pensamentos, interesses e imaginação.

Além das duas atitudes, a psique humana apresenta quatro funções cognitivas básicas: a) pensamento e sentimento como funções racionais, que são responsáveis pela nossa avaliação; e b) sensação e a intuição, que como funções cognitivas irracionais são a base de nossa percepção ou a maneira de receber dados.

O pensamento analisa informações a partir de princípios factuais, deduzindo e formando conclusões sistematicamente. É nossa natureza lógica.

Conclui-se de forma global, com base em gostos ou desgostos, possíveis impactos sobre os outros e com base em valores humanos e estéticos. É nossa natureza subjetiva. A sensação decorre de sinais, sons, cheiros e qualquer outro detalhe sensorial do presente. Classifica, organiza e registra os detalhes sentidos e percebidos. Baseia-se no aqui e no agora.

A sensação, porém, também fornece detalhes específicos de memória e lembranças de eventos passados.

A intuição, por sua vez, procura compreender, interpretar e formar padrões globais de toda a informação que é coletada e registra

[446] JUNG, C.G. *Psychologische typen.* Duesseldorf: Patmost Verlag GmbH & Walter Verlag. 1921

esses padrões e relacionamentos. Ela especula sobre as possibilidades, incluindo a busca e a previsão do futuro. Isto é imaginativo e conceitual.[447]

Em cada pessoa, uma dessas funções é superior ou dominante, e outra inferior.

O pensamento de Jung foi desenvolvido e acrescentado por Katharine Briggs e Isabel Briggs-Myers, que adicionaram às quatro funções cognitivas de Jung outro par de opostos, julgando e percebendo. Essas duas adicionais funções cognitivas definem a maneira como nos relacionamos com o mundo externo.[448]

Por que, de forma sintética, a descrição da Tipologia psíquica de Jung é importante para essa reflexão? Segundo Marko Novak, é importante demonstrar que cada pessoa é (ir) racional na constituição de sua função cognitiva básica. E isso certamente se aplica aos juízes e advogados na tomada de decisões. É certo, porém, que em razão da função judicial, os elementos racionais devem preponderar no momento de julgar.[449]

Não obstante essa exigência de preponderância racional, o certo é que o processo de descoberta, como parte integrante e inicial da tomada de decisão judicial, de acordo com a teoria da argumentação, não é composto apenas por elementos racionais (elementos avaliativos), mas, também, por elementos irracionais, uma vez que o juiz precisa desenvolver sua racionalidade mediante a percepção de certos dados ou materiais para iniciar sua avaliação, sendo que muitas vezes o magistrado recebe-os por meio de operação de sensação irracional, ou seja, percepção de fatos ou circunstâncias já existentes e intuição (isto é, o reconhecimento da norma jurídica 'correta' baseada em certos fatos, e o chamado 'sentido' da justiça).[450]

A intuição, como fator instrumental de tomada de decisão, não é suficiente para fornecer ao tomador de decisões material necessário para chegar a uma conclusão. Porém, também não se pode negar que essa intuição exerce um papel importante na forma como o tomador da decisão poderá chegar às suas conclusões.

[447] Novak, M., op. Cit., p. 155.
[448] Novak, M., idem, ibidem.
[449] Novak, M., idem, ibidem.
[450] Novak, M., idem, p. 156.

A fase de justificação de uma decisão é restrita ao pensamento e a processos empíricos de fornecimento de razões racionais para a decisão, convencendo as partes e o público em geral de que o juiz decidiu razoavelmente. Assim, a decisão que foi alcançada internamente pela intuição é passível de revisão.

Muito embora o juiz deva adentrar no contexto da justificação de sua decisão, como critério racional argumentativo, é certo que as percepções internas, em especial a intuição, podem de alguma forma conduzir e promover a escolhas de argumentos quanto à questão jurídica ou questão de fato que justificarão a decisão final, funcionando como um código decisivo e importante para a mediação externa.

Conforme bem esclareceu Marko Novak:

> (...) parece mais do que provável que as fases de descoberta e da justificativa são, em certa medida, conectadas, pois, quando se decide, de certa forma, eles intuitivamente antecipam a justificativa de sua seleção de uma decisão. No entanto, pode ocorrer ao começar a escrever os motivos de uma decisão, o juiz mude de ideia, e altere sua decisão ou selecione outros motivos do que aqueles que previram no alcance inicial da decisão. Portanto, seria muito difícil defender a tese de que o processo de descoberta e o processo de justificação de uma decisão pode ser rigidamente separado. [451]

O Código Ibero-Americano de Ética Judicial, de certa forma, "intui" a necessidade do reconhecimento desse elo entre '*process of discovery*' e '*process of justification*', especialmente quando aduz que o fim último da atividade jurisdicional é a realizada da *justiça* por meio do *direito*, sendo a questão da *justiça* inserida, muitas vezes, no âmbito do processo da descoberta (sensibilidade, alteridade, responsabilidade pelo outro), enquanto que a questão do direito encontra-se no âmbito da justificação.

[451] Novak, M., idem, p. 157.

7. Sistema normativo ético e sistema normativo jurídico – a pureza metodológica jurídica e a teoria da justiça

O Código de Ética Judicial Ibero Americano, em seus artigos 35 e 37, reconhece que a decisão do juiz deve ser justa, sem que esse critério de justiça ultrapasse os limites do Direito vigente.

Conforme preconiza o art. 35 do Código Ibero-Americano de Ética Judicial, *a justiça deve ser realizada por meio do direito.*

Diante dessa exigência, poder-se-ia pensar que o Código Ibero-Americano de Ética Judicial, ao exigir a realização da justiça por meio do direito, teria adotado a concepção kelseniana da pureza metodológica.

A necessidade de que a *justiça seja realizada com base no direito vigente* significaria um retorno ao positivismo jurídico?

Do ponto de vista do método, Kelsen foi rigoroso a ponto de ser monótono; em seus ensaios sobre o direito ele retoma, revê e aperfeiçoa continuamente o tema da pureza metodológica, ou seja, do estudo do direito em si e por si, sem influência de outras disciplinas. Do ponto de vista da temática, ao contrário, Kelsen tratou também dos temas sociológicos e éticos ligados à ordenação jurídica, mas sempre com a constante preocupação de manter a distinção entre a metodologia jurídica e a de outras disciplinas.[452]

O problema da pureza metodológica é reflexo direto da posição assumida por Kelsen na discussão sobre a ausência de juízos de valor nas ciências sociais, vivíssima na Alemanha dos primeiros anos do século XX.[453]

A teoria pura do direito é uma teoria que deseja única e exclusivamente conhecer seu objeto. Procura responder a questão: O que é o direito? Mas já não lhe importa a questão de saber como deve ser o direito, ou como ele deve ser feito. É ciência jurídica e não política do direito.[454] Essa teoria, portanto, quer eliminar qualquer vestígio valorativo na exposição do direito.

No que diz respeito ao problema da *justiça*, é preciso, porém, ressaltar desde já que Hans Kelsen propõe *delimitar* o direito no que diz respeito

[452] Losano, Mário G. In: Kelsen, Hans. *O problema da justiça.* São Paulo: Martins Fontes, 1996. p. IX.

[453] Losano, M. G., idem, p. X

[454] Losano, M. G., idem, p. XIV.

ao valor, não *eliminar* toda e qualquer consideração ética do direito: ele apenas sustenta que a valoração ética do direito não é função da ciência jurídica. Assim, se é dever do jurista não valorar o direito, mas apenas descrevê-lo, diante do problema da justiça ele deverá manter uma atitude de neutralidade, ou seja, de indiferença: constatada a existência de determinada norma, o jurista deve descrever seu conteúdo, não discutir o valor de justiça em que ela se fundamentou, ou seja, o jurista não deve introduzir elementos valorativos no discurso descritivo.[455]

A neutralidade de Kelsen. no que diz respeito aos valores, na realidade, já se encontra bem delineada nas poucas páginas da *Teoria Pura do Direito,* dedicadas à distinção entre direito e moral – é levada às últimas consequências no estudo da justiça, a ponto de afirmar que *"a justiça absoluta não é cognoscível pela razão humana"*, isto é, *"o ideal de justiça absoluto é irracional ou subjetivo"*.[456]

Em suma, para Kelsen, o problema da validade da ordenação jurídica é diferente tanto do problema de sua efetividade concreta quanto do de seu valor. Na sua concepção, não é preciso atender para os efeitos sociais ou para o conteúdo da norma, mas para a sua forma: por isso, a teoria pura do direito apresenta-se como uma teoria formal do direito.[457]

O Código Ibero-Americano de Ética Judicial, ao reconhecer a autonomia da ciência do Direito, inclusive indicando o Direito vigente como limite da realização da *justiça*, aproxima-se de alguns postulados Kelseniano. Contudo, dele se afasta quando estabelece a vinculação entre justiça e equidade, ou seja, quando a exigência de equidade provém da necessidade de moderar, com critérios de justiça, as consequências pessoais, familiares ou sociais desfavoráveis surgidas pela inevitável abstração e generalidade das leis.

O texto normativo ético ibero-americano, ao estabelecer essa simbiose entre *justiça e equidade*, introduziu no âmbito da aplicação e interpretação do direito, mais do que simplesmente um conhecer das normas

[455] LOSANO, M. G., idem, ibidem.

[456] *"A discutível tese de que as escolhas fundadas em valores são irracionais nem sempre foi exposta com essa franqueza. Em 1922, Kelsen falava de 'juízos lógicos da ética, afirmando que eram 'verdadeiros juízos, conhecimento (echte Urteile, Erkenntnisse)"*. (LOSANO, M. G., idem, p. XXV).

[457] LOSANO, M. G., idem, p. XVII.

jurídicas, mas também uma importante valoração de seu conteúdo e de sua consequência social, econômica e familiar.

O Código Ibero-Americano de Ética Judicial permitiu a construção de uma ponte entre a ciência do direito e a ética filosófica.

Para o Código Ibero-Americano de Ética Judicial, o juiz deixou de ser aquele sujeito enclausurado na sua ciência jurídica, refém da pureza de seu método, para se tornar um protagonista na análise valorativa do conteúdo e do resultado da tomada de decisão.

Na realidade, o Código Ibero-Americano de Ética Judicial, ao inserir a valoração do conteúdo normativo com base em critério de justiça, teve por finalidade demonstrar que não é suficiente, apenas, uma preocupação quanto à *existência e validade* da norma jurídica, mas que também é preciso uma efetiva atenção à sua *eficácia social, econômica e cultural,* ou seja, voltar os olhos para a legitimação na interpretação e aplicação da norma jurídica.

O Código Ibero-Americano de Ética Judicial, ao estabelecer esse elo entre ciência jurídica e ética filosófica consequencialista, foi além da perspectiva kelseniana, ou seja, renunciou à rigorosa separação entre o mundo natural e o mundo normativo, isto é, entre o *"ser" e o "dever ser"*.

A existência e a validade do Direito não afastam a necessidade de valoração de sua legitimação e eficácia.

Diante dessa perspectiva, não são as normas avaliadas como boas ou más, mas, sim, a interpretação, aplicação e a concretização das normas pelo juiz é que serão avaliadas como justas ou injustas.

8. A necessidade de uma nova formação do juiz ibero-americano para a compreensão e assimilação do critério de justiça consequencialista proposto pelo Código Modelo de Ética Judicial

A aplicação do critério consequencialista de justiça formulada pelo Código Ibero-Americano de Ética Judicial e de uma ética material universal não terá nenhuma efetividade se não houver uma reestruturação na formação acadêmica e institucional do juiz ibero-americano.

Apesar de existirem algumas tomadas de decisão que deixam transparecer essa preocupação, o certo é que a formação da imensa maioria dos juízes ibero-americanos ainda está circunscrita e delimitada aos métodos impostos pela dogmática jurídica.

Os postulados tradicionais do Estado de direito (divisão de poderes, distinção entre legislação e administração, demarcação da esfera pública e privada, separação entre Estado e sociedade civil) indubitavelmente contribuem para o distanciamento do juiz em relação às consequências sociais, econômicas e culturais que possam advir como efeito da tomada de decisão. Tais postulados aparecem na conjuntura atual *"claramente desmentidos y profundamente transformados"*.[458]

O sistema do Direito igualitário, abstrato e geral, muitas vezes adequado às estruturas econômicas do período em que surgiu, resulta progressivamente inadequado, à medida que o sistema desenvolve sua tendência imanente à centralização das funções burocráticas. *"El management de las crisis económicas trae consigo esquemas de interrelación social que no pueden reconducirse a las categorías de igualdad, generalidad y abstracción jurídicas"*.[459]

O método das abstrações indeterminadas impede precisamente tomar consciência do real condicionamento econômico, cultural, histórico e concreto das categorias e das instituições sociais, econômicas e jurídicas. O método abstrato tende a auto conformar-se, cortando relações com todo nexo genético com as estruturas de relações sociais. Por causa disso, *"el razonamiento jurídico se convierte en algo sustancialmente tautológico"*.[460]

Nessa perspectiva, pode-se detectar com facilidade os *tópicos* característicos da cultura jurídica, ou seja, a convicção de que a ciência jurídica é uma ciência autônoma, independente, sem qualquer conexão ou relação com a economia, com a política, com a sociologia ou com as demais ciências humanas; a convicção de que o intérprete está vinculado à lei e que sua função é puramente lógica e técnica de conduzir a subsunção dos fatos ao esquema conceitual.[461]

[458] Barcellona, Pietro. La formación del jurista. in *La formación del jurista – capitalismo monopolístico y cultura jurídica*. Traducción de Carlos Lasarte. 3. ed. Madrid: Editorial Civitas, S.A., 1993. p. 19.

[459] Barcellona, P., idem, p. 22.

[460] Barcellona, P., idem, p. 41 e 42.

[461] Barcellona, P., idem, p. 44.

O hermetismo da ciência jurídica e da própria administração da justiça contribui para o *"descompasso entre as aspirações dos destinatários e a resposta concreta dos realizadores do justo.*[462]

É possível, contudo, vivenciar-se alguma modificação nesse panorama nos últimos tempos. Diversas razões contribuem para isso, principalmente as transformações que ocorrem na sociedade nos dias atuais, impulsionadas por uma revolução tecnológica preconizada pelos meios de comunicação, estreitando distâncias, mitigando fronteiras, intercambiando ideias e costumes, globalizando a economia, facilitando o acesso à cultura e aos bens de consumo, aproximando os povos e realizando alguns dos seus sonhos mais acalentados.[463].

O Judiciário, como Poder ou atividade estatal, não deve permanecer equidistante dos debates sociais, devendo assumir seu papel de participante do processo evolutivo das nações, notadamente em relação aos temas como dignidade humana, redução das desigualdades sociais, erradicação da miséria e da marginalização, defesa do meio ambiente e valorização do trabalho e da livre iniciativa. Copartícipe, em suma, da construção de uma sociedade mais livre, justa, solidária e fraterna. [464]

Para Luiz Solano Carrera, então Juiz da Corte Suprema de Justiça da Costa Rica, o fundamental na formação e capacitação do magistrado é o desenvolvimento da capacidade de trabalho *interdisciplinar*, a consulta a especialistas e uma visão mais ampla das situações.[465]

Essa preocupação, porém, não é de agora. As conclusões do "Primeiro Congresso Internacional dos Magistrados" realizado em Roma, em 1958, aprovou, entre outras resoluções, especialmente a seguinte quanto à preparação do juiz para o exercício da função jurisdicional: *"la formation du magistrat doit tendre: a intégrer lês notions extrajudiciaires nécessaires à l`exercice*

[462] Nalini, José Renato. *Recrutamento e preparo de juízes.* São Paulo: Ed. Revista dos Tribunais, 1992. p.15.

[463] Teixeira, Sálvio de Figueiredo. *O juiz – seleção e formação do magistrado no mundo contemporâneo.* Belo Horizonte: Del Rey, 1999. p. 85.

[464] Teixeira, S. F., idem., p. 87.

[465] Teixeira, S. F., idem, p. 35,

de ses fonctions (études d'économie, de sociologie, de psycologie et de criminologie etc..." [466]

O Poder Judiciário é uma instituição que desenvolve suas atividades em um "ambiente" no qual mantém várias relações com outros sistemas e subsistemas.[467] Na realidade, *"se existe uma verdade na sociedade, é a de que a neutralidade é impossível"*.[468]

Modernamente é impensável isolar-se em um determinado tipo de investigação sem colocá-lo em contato interdisciplinar. Jean Piaget preconiza que *"tanto la evolución interna de su campo, como el desarrollo de los otros saberes obligan a tener en cuenta múltiples tendencias centrífugas que plantean inevitablemente problemas de conexiones interdisciplinarias"*.[469]

A análise da questão da *Justiça,* na ótica deste trabalho, reclama a reavaliação dos critérios de formação acadêmica e institucional do magistrado por meio de encontro e cooperação entre disciplinas e concepções multiculturais que formam as relações humanas, construindo-se uma teia entre a dogmática jurídica e as disciplinas afins.

A realidade social caracteriza-se por uma interação cada vez mais próxima entre os processos técnicos ligados à produção, aos processos econômicos, aos processos políticos e sociais, aos processos culturais e espirituais. As relações que se travam no seio social apresentam-se mais estreitas do que aquelas observadas no princípio do Século XX, sendo que toda modificação brusca que se possa evidenciar em um determinado setor, fatalmente se propagará mais ou menos rapidamente no seio dos outros, *"em função do grau de integração em que todos esses campos chegaram, ou estão a ponto de chegar, produzindo nestes últimos modificações que por sua vez voltem atuar sobre o organismo social completo"*.[470]

[466] TEIXEIRA, S. F., idem., p. 80.

[467] ZAFFARONI, Eugenio Raul. *Poder judiciário – crise, acertos e desacertos.* Trad. Juarez Tavares. São Paulo: Editora Revista dos Tribunais, 1995. p. 32.

[468] ROCHA, Leonel Severo. *A problemática jurídica: uma introdução transdisciplinar.* Porto Alegre: Sergio Antonio Fabris Editor, 1985. p.32.

[469] BENOIST. Jean-marie. La interdisciplinariedad en las ciencias sociales. In: *Interdisciplinariedad y ciencias humanas.* Trad. Jesús Gabriel Péreza Martín. Madrid: Editorial Tecnos, 1983. p. 165.

[470] SMIRNOV, Stanislav Nikolaevitch. La aproximacion interdisciplinaria en la ciencia de hoy – fundamentos ontologicos y epistemológicos – formas y funciones. In: *Interdiscipli-*

As sociedades contemporâneas apresentam uma nova relação entre a esfera política e econômica, tradicionalmente separadas. O juiz, por vezes, não observa tal relação, e assume uma postura inteiramente vinculada à abstração de sua ciência, a qual, geralmente, somente tem por finalidade a proteção e a manutenção de um sistema jurídico e econômico extremamente injusto que foi introduzido e incorporado. A lei e o seu enunciado de que todos são iguais perante ela não passa de uma abstração inconsistente.[471]

A perspectiva de uma nova formação acadêmica e institucional do magistrado ibero-americano representa a exclusão da monocultura jurídica e tem por objetivo propiciar ao estudioso do direito uma visão integral das questões sobre as quais o direito incide, sem desprezar seus aspectos psicológicos, sociais, econômicos, históricos e culturais. Somente a multividência humanística permitirá o trato adequado às aflições convertidas em processo judicial.[472]

A atividade judiciária ibero-americana e a nova visão propiciada pelo Código Ibero-Americano de Ética Judicial refutam a formação do magistrado restrita aos cursos de bacharelado provenientes das Universidades. O ideal, evidentemente, seria um esforço concentrado para elevação do nível dos ensinos jurídicos e uma efetiva composição *interdisciplinar e multicultural* das ciências humanas afins.

O juiz ibero-americano do Século XXI não deve estar alheio às profundas transformações das sociedades, não podendo assumir um papel de um simples árbitro dos conflitos intersubjetivos.

O juiz ibero-americano do Século XXI toma decisões que terão relevância para expressivos grupos, quando não para toda a comunidade. Exige-se-lhe conhecer problemas de ecossistemas, de conflitos de massa, de direitos do consumidor, de relações interculturais, de imigrantes, de discriminação social, racial, de gênero etc. Por tal razão, e diante dessa complexa rede de interações e visão de mundo, é necessária uma formação interdisciplinar e multicultural do magistrado ibero-americano.

nariedad y ciencias humanas. Trad. Jesús Gabriel Péreza Martín. Madrid: Editorial Tecnos, 1983. p. 55.

[471] Barcellona, P., op. cit.., 22 ou 41 e 42.

[472] Teixeira, S. F., op. cit., p. 102.

A inserção de uma nova leitura do critério justiça ibero-americano reclama ao mesmo tempo uma importante mudança nos mecanismos pedagógicos da formação do magistrado ibero-americano, os quais ainda permanecem fundados historicamente na autonomia da ciência jurídica com base na: *"a) la separación entre Derecho y Moral (Kant); b) la separación entre Economía y Política (Smith); c) la separación entre Estado y sociedad civil (Savigny)"*.[473]

O imperativo ético e deontológico fundamental da aplicação do direito por meio da *justiça* não pode estar dissociado *"da necessidade de uma formação técnico-jurídica sólida e de uma cultura judiciária que forneça efetivos valores de referência para a compreensão dos novos contextos políticos, culturais e sociais..."*.[474]

No sistema argentino, segundo Gladys J. Mackinson, a comunidade universitária do Prata procurou angariar adesões à tese que a magnitude da função jurisdicional excede o mero conhecimento da norma jurídica previsto por uma carreira universitária de colação de grau, por melhor que seja, uma vez que a complexa trama de relações sociais exige adicionalmente do magistrado não só a percepção das expectativas dos jurisdicionados, como também sua capacidade para conseguir a incorporação de conhecimento de outras disciplinas em auxílio ou apoio de suas apreciações.[475]

A continuidade da tradição, porém, parece resistir às investiduras do desenvolvimento cultural e às transformações sociais.

Como bem constatou Piero Barcellona: *"Los sacerdotes del iure asisten indiferentes a la caída de los dioses"*.[476]

A realidade exige um rompimento drástico com essa postura reacionária. A economia, por exemplo, não se desenvolve segundo as leis jurídicas e solicita, cada vez mais, ajuda da política, principalmente no momento

[473] BARCELLONA, P., op. cit., p. 47

[474] MENDES, Mario Tavares. A formação inicial e contínua de magistrados – uma perspectiva do centro de estudos judiciários de portugal. In *Revista do Centro de Estudos Judiciários do Conselho da Justiça Federal*, n. 24, ano VIII, março de 2004, p.24 e 25.

[475] NALINI, J. R., op. cit., p. 25.

[476] BARCELLONA, P., op. cit.., p. 53.

de crises e de conjunturas difíceis, quando então o Estado penetra na sociedade civil e por meio de direções públicas conduz a economia.

A questão do COVID-19 e o desarranjo mundial vêm confirmar pragmaticamente essa assertiva.

O jurista, por sua vez, *"reducido a mero técnico, corre el riesgo de perder la calificación de científico y el residuo de autoridad unido al ritual de las togas y de los juramentos...el jurista trata de proponerse a sí mismo como jefe de la tribu. Más allá de la ciencia permanece siempre el poder".*[477]

Infelizmente, o juiz, de certa forma, ainda se encontra delimitado ao restrito campo da aprendizagem que advém das Faculdades de Direito que, na sua grande maioria, ministram o ensino jurídico como simples transmissão de informações, que se reduzem após em definições, *"como si se tratase simplemente de describir formas de ser de la realidad existente".*[478]

Na visão de Salete Maccalóz, no Brasil, por exemplo, lamentavelmente, não existe uma Faculdade de Direito que se destaque pela aplicação de uma metodologia crítica. As que se destacam pela sua boa *performance* aplicam na maior parte do tempo o método dogmático.[479] *"Nossa história na educação formal não possibilitou o surgimento de estabelecimentos que caracterizassem o tipo de profissional mais humanista, mais politizado etc...".*[480]

No limiar do Século XXI, ainda se percebe que a formação universitária resulta insuficiente para a capacitação que se requer das inúmeras atividades jurisdicionais, cada vez mais complexas na vida moderna.[481]

477 Barcellona, P., idem, ibidem.

478 Barcellona, P., idem, p. 54.

479 *"Etimologicamente, o dogma assinala, primeiro, uma tese ou doutrina e, depois, uma regra ou norma, como a própria lei, a cuja imperatividade atribui um caráter intocável. Mais adiante, veremos em que medida isso se reflete na dogmática jurídica, sendo de notar, entretanto, e desde já, que a espécie de sacralização do costume ou da lei, no mundo capitalista e burguês, de toda sorte não corresponde, sequer, à colocação superestruturla, na Antiguidade, dominada pela concepção jurisnaturalista.".* (Lyra Filho, Roberto. *Para um direito sem dogma.* Porto Alegre: Ed. Fabris, 1980. p. 11).

480 *"Os poucos profissionais que escrevem filosoficamente o Direito e suas diferentes implicações, quando professores se concentram nos cursos de pós-graduação; raríssimos permanecem nos curso de graduação, daí a mínima influência de um pensamento mais aprofundado nos estudantes e futuros profissionais".* (Maccalóz, Salete Maria Polita. *O poder judiciário, os meios de comunicação e opinião pública.* Rio de Janeiro: Ed. Lúmen Júris, 2002. p. 94).

481 Fix-Zamudio, Hector. Preparación, selección y nombramiento de los jueces. In *Revista de Processo,* São Paulo, Ed. Revista dos Tribunais, n. 10, ano 3, abr/junh., 1978., p.127.

O juiz, muitas vezes, parece:

> prisionero de un dilema: si reconoce la compenetración entre Derecho y Política, entre Derecho y Etica, se ve constreñido a negar el carácter científico y la autonomía de la propia disciplina; si subraya la autonomía de la ciencia jurídica debe permanecer con los ojos vendados frente a los procesos reales. El precio de la comprensión es la confusión y el miedo a lo desconocido; el precio de la autonomía es la ceguera.[482]

A opção pela autonomia da ciência jurídica, embora importante, não pode ser conduzida às últimas consequências.[483]

O recrutamento de magistrado em Portugal para as escolas de formação, por exemplo, além de levar em consideração o nível de sedimentação de conhecimentos jurídicos, também exige provas que procurem verificar a capacidade individual dos candidatos quanto à compreensão das questões econômicas e sociais que estão subjacentes aos litígios que os tribunais são chamados a decidir.[484] Segundo o Magistrado português, Mário Tavares Mendes:

> No processo de recrutamento a seleção das instituições de formação de magistrados por júri de concurso, averiguar-se-á, ainda, mediante uma prova ou provas específicas, o nível de conhecimentos do candidato em matérias culturais, sociais e econômicas que, não se inserindo diretamente no domínio do saber jurídico, são indispensáveis à compreensão da sociedade (...).
> É um pressuposto, em nosso entender, essencial ao correto funcionamento das Escolas de Magistraturas, a necessidade de conceber uma formação que se não detenha, apenas, no essencial da dogmática jurídica, mas que englobe, numa perspectiva transdisciplinar, outras áreas, como a economia, a psicologia e a sociologia, que ajudem a compreender e a, conseqüentemente, ter em conta a realidade social efetiva.[485]

[482] BARCELLONA, P., op. cit.. p. 45 e 46.
[483] BARCELLONA, P., idem, p. 46.
[484] MENDES, M. T., op. cit., p. 26.
[485] MENDES, M. T., idem, ibidem.

Em reunião realizada em julho de 2001 pelos docentes do Centro de Estudos Judiciários da Escola Nacional de Magistratura da França e da Escola Judicial da Espanha, chegou-se à seguinte conclusão:

> A formação técnico-jurídica deverá ser complementada com atividades dirigidas ao conhecimento do contexto socioeconômico-cultural no qual se desenvolve a formação judicial e a formação humanista do futuro magistrado; em relação à avaliação, defende-se um sistema avaliativo de natureza permanente e contínua que incida sobre o aproveitamento, a participação, a atitude e a própria idoneidade dos formandos (...).
> Quanto aos conteúdos curriculares – o objetivo de proporcionar os elementos necessários à correta interpretação da realidade econômica e social subjacente à aplicação do Direito determina a concepção de módulos de formação em economia, fiscalidade, contabilidade, sociologia, antropologia e psicologia, preferencialmente ministrados por especialistas não-magistrados[486]

A crise social espanhola verificada após a ditadura franquista realçou a necessidade de se estabelecer uma reformulação no âmbito da Escola Judicial Espanhola, até então voltada à necessidade de "fabricar juízes", para uma nova postura, desta vez direcionada *"à formação de um juiz mais humano, mais próximo das pessoas, que compreenda a cidadania, não se acovarde diante da retórica e utilize uma linguagem compreensível por todos"*.[487]

Esse mecanismo também contribui para uma análise preliminar da formação cultural, psicológica e social do juiz, inclusive para que se possa auxiliar o magistrado na escolha de determinada atividade jurisdicional que mais se vincule à sua formação pessoal.

O que se observa, atualmente, é que muitas vezes a precária prestação jurisdicional não decorre tanto de questões estruturais da administração da justiça, mas, sim, da própria formação do magistrado que o impede, mesmo que inconscientemente, de realizar uma atividade jurisdicional mais justa e condizente com os anseios sociais.

Compreender a formação cultural, social e psicológica do magistrado é extremante importante para que se possa orientá-lo na escolha de uma

[486] Mendes, M. T., idem., p. 27.

[487] Teixeira, S. F., op. cit., p. 38.

atividade jurisdicional que melhor se compatibilize com sua formação acadêmica e institucional.[488]

De nada adiantará uma estrutura material perfeita para o Poder Judiciário, prédios, tecnologia, segurança etc, enquanto o ser humano incumbido de realizar a atividade jurisdicional continuar a ser relegada a segundo plano.

Tal visão já havia sido preconizada, há décadas, pelo então Ministro do Supremo Tribunal Federal brasileiro, Aliomar Baleeiro: *"não bastam os meios materiais, os Palácios de Justiça, os computadores, os aparelhos de microfilmagem, os equipamentos: há sempre o problema do Juiz como ser humano"*.

Na mesma perspectiva foram as palavras de Piero Calamandrei: *"el problema de la reforma de las leyes, es ante todo un problema de hombres"*.[489]

A formação continuada dos magistrados deverá ser vista como *"direito/dever intimamente ligado à sua atitude ética, na qual esteja implícita uma obrigação de permanente atualização determinada por um imperativo de honestidade intelectual"*.[490]

O Código Ibero-Americano de Ética Judicial, em seus artigos 28 a 34, estabelece que a exigência de conhecimento e de capacitação permanente dos juízes tem como fundamento o direito das partes e da sociedade em geral em obter um serviço de qualidade na administração da justiça.

Segundo dispõe o art. 29 do referido preceito normativo ético, *"o juiz bem-formado é o que conhece o Direito vigente e desenvolveu as capacidades técnicas e as atitudes éticas adequadas para aplicá-lo corretamente"*. Em complemento, preceitua o art. 30 que a obrigação de formação contínua dos juízes estende-se tanto às matérias especificamente jurídicas quanto aos conhecimentos e técnicas que possam favorecer o melhor cumprimento

488 *"Também interessa ao Judiciário possuir dados menos superficiais sobre a pessoa de seus juízes. O conhecimento das aptidões, dos talentos naturais, das inclinações e das potencialidades, permitirá destinação eficiente nos diversos estágios da carreira. Poderão ser evitadas vinculações entre pessoas e funções específicas cuja nocividade é previsível e que hoje exigem soluções traumáticas, em desprestígio da instituição e com agravamento das condições pessoais do magistrado"*. (NALINI, J. R., op.cit., p. 116).

489 Calamandrei, Piero. *Instituciones de derecho procesal según el nuevo código*. 3. ed. Buenos Aires, 1958. p. 63.

490 Mendes, M. T., loc. cit., op. Cit.

das funções judiciais. Em especial, aduz o art. 31 que o conhecimento e capacitação dos juízes adquirem importância especial em relação às matérias, técnicas e atitudes que conduzam à máxima proteção dos direitos humanos e ao desenvolvimento dos valores constitucionais.

Nas palavras de Manuel Atienza e Rodolfo Luís Vigo, ao prefaciarem o Código Ibero Americano:

> Ao definir a exigência em questão, o art. 29 requer que a idoneidade do juiz não se limite ao conhecimento do Direito vigente, mas que se estenda às "capacidades e às atitudes éticas adequadas para aplicá-lo corretamente". Desse modo, o Código tenta superar o modelo de juiz vigente até então em nossos países e segundo o qual a idoneidade judicial se circunscreve no conhecimento do Direito vigente. O Código pretende que o juiz saiba, além disso, como usá-lo de maneira prudente e equitativa em cada caso, o que supõe que em algumas ocasiões deva recorrer a saberes não estritamente jurídicos (art. 30). Há também a ênfase na importância de buscar o máximo respeito aos direitos humanos e aos valores constitucionais (art. 31) em todos os âmbitos da atuação judicial. Pede-se aos juízes que favoreçam a formação dos demais integrantes de seu tribunal, que os auxiliam cotidianamente em seu trabalho. Uma vez que a exigência de conhecimento e capacitação tenha por objetivo que o serviço de justiça seja prestado com qualidade (art. 28), é compreensível que se peça ao juiz que, na medida de suas possibilidades, contribua para essa formação (art. 33), assim como para o mejor desarrollo del Derecho y de la administración de justicia (art. 34). Esses dois últimos artigos se relacionam à exigência VI de "Responsabilidade Institucional" incluída mais adiante no Código.
>
> Faz-se oportuno lembrar aqui que o Estatuto do Juiz Ibero-Americano apresenta várias referências à exigência de conhecimento e capacitação. Por exemplo, a previsão de que a capacitação será "obrigatória" nos casos de ascenso, traslado que implique cambio de jurisdicción, reformas legales importantes y otras circunstancias especialmente calificadas (art. 28). Ou, ainda, nos casos de desempenho inadequado ou deficiente, podem ser estabelecidas como medidas corretivas ou disciplinares la aplicación de periodos de capacitación obligatoria (art. 23).

O Centro de Estudos Judiciais da província Argentina de Chaco, organismo semelhante à Escola Judicial da Espanha, ao Centro Nacional de

Estudos Judiciais da França e ao Instituto de Formação e Investigação Jurídica do Japão, estabeleceu um mecanismo de formação de magistrados mediante o aprofundamento do direito, da formação intelectual e, principalmente, da humanística com o intuito de conferir àquele que possui a missão de prestar a tutela jurisdicional os mecanismos necessários para corresponder à crescente necessidade de um mundo complexo e contemporâneo. O programa foi projetado para se desenvolver durante dois anos, dividido em quadrimestres, com frequência de duas horas diárias ou dez semanais. No primeiro ano, ensinou-se Teoria Geral do Direito, História das Instituições Jurídicas, Temas de Direito Processual, Ética e formação profissional, Lógica Geral e História da Cultura. No segundo ano, Temas de Direito Comparado, Análise de casos jurisprudenciais. Antropologia cultural e filosófica, como disciplinas obrigatórias. E como optativas, Temas de Direito Penal, Medicina Legal, Psiquiatria Forense, no Gupo I e Temas de Direito Privado, Temas de Direito do Trabalho e Problema Econômico no Grupo II.[491]

A preocupação com a formação humanística do juiz é exigência do sistema austríaco, que prevê, em sua Constituição Federal, em seu art. 87ª, que o conhecimento de certas causas, a serem exatamente especificadas na competência de uma Corte Civil de primeira instância, pode ser atribuído, por lei federal, a funcionários especialmente treinados e não integrantes da carreira judicial.[492]

O exercício contemporâneo das funções da magistratura exige conhecimentos e disposições outras além do direito e do horizonte jurídico: *"esses conhecimentos, estas visões diferentes sobre os fenômenos sociais são essencialmente aqueles que fornecem as diversas ciências humanas"*.[493]

Os magistrados, portanto, necessitam urgentemente de um aperfeiçoamento humanístico para o exercício da atividade jurisdicional.

M. Leroy, ao tecer certas considerações sobre a escola de formação de magistrado, observou:

[491] NALINI, J. R., op. cit., p. 26.
[492] NALINI, J. R., idem, p. 28.
[493] NALINI, J. R., idem, p. 45.

> A Faculdade não tem curso onde sejam ensinadas as leis muito sutis da adaptação das regras de Direito aos fatos das causas judiciais; sobretudo, carecem de curso para aprender as regras de observação social: ou, procurar os fatos de um processo e proceder a um exame de fatos sociais. Nenhum ensinamento especial corrige a juridicidade excessiva das faculdades, pois, o que me parece evidente, é que os Magistrados teriam necessidade de estar preparados à sua função por um ensino complementar, à base econômica e sociológica, com um novo caráter de formação. [494]

Sophie Huet, por sua vez, afirma:

> O magistrado deve ser um homem de decisão e de reflexão e não apenas um técnico do Direito. Ele não é mais considerado, hoje, como um padre exercendo qualquer função sacra. A profissão exige uma cultura geral muito aprofundada e de noções gerais em disciplinas muito diversas: medicina, contabilidade, ciências humanas etc., todas em evoluções constantes.[495]

Em que pese tenha sido feita nos anos 80, mostra-se ainda atual a observação de Dalmo Dalari quanto à formação do magistrado brasileiro, principalmente em relação ao bacharel de direito que muito cedo adentra na carreira da magistratura:

> Nos últimos anos, talvez até pela competição maior na área da advocacia, tem sido comum que recém-formados concorram a cargo de juiz. O que se exige é muito pouco. Fala-se em dois anos de prática, muitas vezes atingidos através de estágios antes da formatura. Um juiz que tem 20 e poucos anos não tem experiência de vida. Não amadureceu para enfrentar com segurança um problema de direito de família. O juiz pode ter sido bom aluno, mas falta a ele experiência que só a vida vai dar. Por esta razão, a idade de 30 anos deveria ser o mínimo para alguém entrar na magistratura. É preciso dar ao juiz um tipo de formação que acentue a sua responsabilidade ética e social. O juiz não pode ser um técnico que aplica fórmulas friamente. Tem de ter a preocupação com a Justiça e preparo para avaliar comportamentos humanos.

[494] Nalini, J. R. idem, p. 46.
[495] Nalini, J. R., idem, ibidem.

> A faculdade deve dar esse preparo. Em vez de acentuar aspectos técnico-jurídicos, deve proporcionar uma formação básica em filosofia, sociologia, antropologia.[496]

Reivindicando a necessidade de uma Escola para juízes voltada para a complexidade de um mundo contemporâneo, afirmou o Desembargador Nereu César de Moraes, que foi presidente do Tribunal de Justiça do Estado de São Paulo:

> Por que uma Escola da Magistratura? Porque o juiz de hoje ganhou feições novas, que lhe foram impostas pela situação ' limite' a que chegaram ou vão chegando quase todas as nações do mundo civilizado; é a criminalidade violenta e organizada; é o narcotráfico, com seus desastrosos lineamentos; é a infância abandonada e a juventude transviada; é a velhice descurada e entregue à própria sorte; são os presídios abarrotados, verdadeiras universidades do crime; é a devastação dos recursos naturais, com todas as seqüelas; é a competição feroz no campo econômico, com a solércia navegando a todo pano; enfim, são todos os ingredientes de decomposição social, que cumpre à Justiça remover, se é que ainda há tempo e oportunidade para removê-los. Quando o grande-Chefe Sítol, dos Swamishes, alertou o Presidente Pearce, em 1855, para a devastação da terra americana, advertiu-o ao termo de sua carta: "todas as coisas estão interligadas; tudo o que acontecer a terra acontecerá, também, ao filho da terra; e não se referia somente à terra erudita e crestada, mas, muito mais, aos valores morais postos de lado na conquista do Oeste.[497]

José Eduardo Faria advertiu, certa vez, que a sustentação de uma Escola de formação ou de aprimoramento dos magistrados visando a complementar as insuficiências de sua formação acadêmica, normalmente não escapa das críticas de alguns defensores reacionários positivistas e normativistas de plantão, concebendo as relações entre o jurídico e o político como fruto de um conflito entre a luz e as trevas. Mas tal postura crítica não se coaduna com a profunda humildade diante da vida

[496] Entrevista publica no Jornal do Brasil, de 22/9/1996.
[497] Nalini, J. R., op. Cit., p. 100.

do direito que devem ter os juristas, a fim de que possam compartilhar seu saber com os cultores dos outros ramos científicos que, sem dúvida alguma, somente boas contribuições apresentam para uma *equo e justa* prestação jurisdicional.[498]

O ideal, talvez, fosse um maior entrelaçamento entre as diversas escolas judiciais.

O intercâmbio na formação inicial e continuada do magistrado ibero-americano poderia ser realizado e pensado nos termos do que fora instituído pelo Tratado de Amsterdã, que vigora desde 1999, quando se convencionou que aos objetivos da construção europeia acrescentar-se-ia a instituição de um espaço de liberdade, segurança e justiça, ampliando-se o intercâmbio da União Europeia para além de um espaço de mercado único. Instituiu-se um espaço de cidadania e de justiça, onde já tem lugar uma livre circulação de decisões judiciais. Para a concretização desse objetivo:

> São importantes os esforços que começam a ser efetuados no contexto da Rede Europeia de Formação Judiciária no sentido de uma abertura das ações de formação contínua de magistrados estrangeiros, no objetivo de uma alargada compreensão das especificidades de cada sistema e da criação de uma cultura judiciária europeia comum.
> O objetivo europeu de um espaço de livre circulação que se afirme como um espaço de liberdade, segurança e justiça implica essa cultura judiciária europeia comum e obriga à consciência cada vez mais forte e assumida, radicada em instrumentos legislativos como o mandado de detenção europeu ou o título executivo europeu, de que as decisões dos Tribunais assumem, cada vez mais, uma dimensão transnacional.[499]

A experiência europeia de uma formação transnacional de magistrados que atuam no âmbito da União Europeia, a fim de que tenham uma noção mais abrangente da realidade social, cultural e econômica desse modelo de bloco regional, poderia ser aplicada igualmente no âmbito dos

498 Faria, José Eduardo. *Justiça e conflito*. São Paulo: Ed. Revista dos Tribunais, 1991. p. 155
499 Mendes, M. T., op. cit., p. 28.

países ibero-americanos, em especial, na América Latina e na América Central.

No bloco da União Europeia já se realça a importância da formação interdisciplinar e intercultural do magistrado; com muito mais razão essa rede de formação deve ser instituída na América Latina e na América Central, onde os problemas sociais, econômicos e culturais estão mais expostos e mais conflituosos.

Essa rede de intercâmbio poderia contribuir, e muito, para dissipar o receio que assola o magistrado ibero-americano em romper com as concepções dogmáticas proveniente do ensino jurídico e com o círculo mágico e vicioso dos mecanismos de mediação tradicionais – abstração e subsunção – inseridos dentro das categorias do direito formal, que sequer são idôneos frente aos problemas sociais, econômicos e culturais mais complexos e avançados. As categorias de abstração generalizadoras da igualdade formal não encontram correspondência *"ni siquiera con la estructura actual del Ordenamiento jurídico y de las instituciones estatales."*.[500]

A novel formação do juiz ibero-americano deve permitir que ele faça uma análise crítica ao círculo mágico de suas fórmulas abstratas, do fechado horizonte das normas, como se a justiça ibero-americana se reduzisse a isso. Essa perspectiva recomenda que o juiz renuncie à aparente esterilidade ou neutralidade axiológica de sua ciência, à indiferença perante os valores sociais, ou à neutralidade frente aos conflitos. *"Deberían sumergirse en la política, en la ética, en la práctica"*.[501]

Diante dessa nova perspectiva de formação do magistrado ibero-americano, não se poderia deixar de concluir esse tema e essa tese com a visão preconizada pelo movimento filosófico norte-americano denominado de *Critical Legal Studies.*

O movimento jusfilosófico *Critical Legal Studies* surgiu nos Estados Unidos da América na década de 1970 e está conceitualmente vinculado ao realismo jurídico e academicamente às universidades de Harvard (Cambridge) e Yale (New Haven). Tem forte relação com o pensamento de Roscoe Pound, Oliver Wendell Holmes Jr. Seus principais protago-

[500] BARCELLONA, P., op. Cit., p. 54.
[501] BARCELLONA, P., idem., p. 44.

nistas são Ducan Kennedy, Roberto Mangabeira Unger, Mark Tushnet, Morton Horwitz e Elisabeth Mensch.[502]

O *Critical Legal Studies* nasceu do encontro de professores defenestrados de Yale com os progressistas de Harvard, sob forte influência do movimento *direito e sociedade*, com referenciais no *realismo jurídico* e formatado no ambiente prospectivo da tradição frankfurtiana do exílio.

Marcado pela rivalidade com o movimento *law and economics* (direito e economia) que tem como um dos principais seguidores o juiz republicano Richard Posner, o *Critical Legal Studies* primou pela originariedade e pelo comprometimento de seus membros com uma causa comum, influenciando definitivamente o sistema de educação jurídica nos Estados Unidos da América.[503]

Para Ducan Kennedy, os professores, infelizmente, têm ajudado aos alunos dos cursos de direito e futuros juízes a se ajustarem à realidade, e não a resistirem a ela. A resistência seria atitude transformadora, que transcende da ideia ao hábito, suscitando rebelião inspiradora; Kennedy é a contracultura no Direito, é visão cosmopolita que suscita o novo.

O Código Ibero-Americano de Ética Judicial não dá sinais concretos da adoção irrestrita e inquestionável do modelo do *critical legal studies* na sua essência radical.

O Código Ibero-Americano de Ética Judicial, por exemplo, não aceita um conflito entre o *' the law' and 'how-I-want-to-come-out'*.

O Código Modelo de Ética Judicial não estabelece uma política de objeção para a lei. Ao contrário, os artigos 35 e 37 do texto ético normativo deixam muito claro os limites éticos até aonde o juiz pode ir na sua elaboração de uma decisão justa. Prescrevem os referidos dispositivos

502 Godoy, Arnaldo Sampaio de Moraes. O movimento critical legal studies e Duncan Kennedy, in : http://jus.uol.com.br/revista /texto/1054. publicado em 08/2007.

503 *"O CLS é muito pouco conhecido no Brasil. Roberto Lyra Filho fez palestra e escreveu livro sobre filosofia jurídica nos Estados Unidos sem mecioná-lo (Lyra Filho, 1977). Luiz Fernando Coelho (1981, p. 278) não fez referência ao cls em seu livro de lógica e de interpretação jurídica, embora tenha mencionado o realismo norte-americano na mesma obra; o jusfilósofo paranaense também não se dirige diretamente ao cls em seu livro teoria crítica do direito (cf. Coelho, 1986, p. 65). Entre nós, quem mais avançou foi Antonio Carlos Wolkmer, que sumariou o cls ao inventariar as principais escolas do pensamento jurídico do ocidente em livro que se destina a introduzir o pensamento jurídico crítico (cf. Wolkmer, 2002. p. 32)".* (Godoy, A. S. M., idem, ibidem.).

normativos: *"Art. 35. El fin último de la actividad judicial es realizar la justicia 'por medio del Derecho'"*; *"Art.37. El juez equitativo es el que, 'sin transgredir el Derecho vigente', toma en cuenta las peculiaridades del caso y lo resuelve basándose en criterios coherentes con los valores del ordenamiento y que puedan extenderse a todos los casos sustancialmente semejantes".*

O texto ético normativo, portanto, estabelece que o postulado ético de justiça deve permanecer circunscrito ao "Direito", sem que outros fatores possam, na sua observância, análise e consideração, 'transgredir o Direito vigente'. Recomenda-se ao magistrado, portanto, que observe as consequências sociais, econômicas, culturais que possam decorrer de sua decisão, mais sem perder de vista o Direito vigente, bem como, que a justiça, como fim último da atividade judicial, deve ser realizada por meio do Direito.[504]

Essa preocupação do texto ético normativo tem sua razão de ser, pois se aqueles fatores (interdisciplinares/transdisciplinares) fossem única e preponderantemente adotados como diretrizes absolutas e irrestritas, a *autopoiese* da ciência jurídica estaria ameaçada por outras ciências afins, o que levaria à perda de sua autonomia como ciência jurídica. Daí por que, se o juiz perdesse o referencial da Ciência do Direito como critério de justiça da decisão, decidiria não com base nos critérios da ciência jurídica, mas simplesmente observando os critérios da sociologia jurídica, da filosofia do direito ou ainda de outras ciências humanas afins, como é o caso das ciências econômicas.

Porém, e isso é importante constatar, as leis positivas de um determinado país e de uma determinada época apenas nos diz o que essas leis reais prescrevem ou prescreveram, mas não pode nos ensinar 'qual é o

[504] *"Na verdade, para Hegel o direito não busca fora de si uma ideia que lhe dê suporte de validade denominada, na cultura jurídica, justiça. A justiça para Hegel é o próprio direito que se efetiva na história. Entretanto, não escapa ao pensar de Hegel a ideia de unidade do direito que lhe dá a explicação e fundamento último e ao mesmo tempo validade. Ora, a busca do princípio da racionalidade que deve informar todo direito positivo, o que se concebe como liberdade, eis o que se pode denominar de justo no interior do direito empírico ou histórico. A ideia do direito tal como ele se apresenta na história, ideia de liberdade imanente no direito positivo, é o que constituio o critério de direito justo, sem que se queira com isso significar um parâmetro de julgamento do direito positivo, no sentido do dever-ser.* (SALGADO, Carlos Joaquim. *A idéia de justiça em Hegel*. São Paulo, Edições Loyola, 1996. p. 28.).

critério pelo qual se deve reconhecer o que é justo ou o que é injusto – *justus et injustus*' A questão é, portanto, encontrar essa tênue ligação entre o Direito e a Justiça.[505]

Por isso, não obstante a necessidade de se decidir de forma justa sem se transgredir o Direito, alguns aspectos dos ensinamentos de Ducan Kennedy são, de certa forma, importantes de serem avaliados na formação do juiz ibero-americano.

Ao aluno e futuro magistrado, conforme constata Ducan Kennedy, as Universidades de Direito reservam apenas preocupações que são *jurídicas*; demais temas que instiguem a existência humana seriam reputados como irrelevantes. Para ele, o aluno deveria aprender o Direito e não a lei; deveria dominar habilidade e não respostas. Ducan Kennedy, por sua vez, propõe que o aluno deveria estudar ética junto a um Núcleo de Prática Jurídica, deveria fazer um curso de Filosofia, com enfoque em temas políticos, bem como deveria possuir uma grande preocupação com a prática jurídica.[506] Na realidade, *"I mean by my initial impression that de law requires a particular outcome (Eu tenho uma impressão inicial que a lei requer um particular resultado)*.[507]

E parece que é justamente isso que o Código Ibero-Americano de Ética Judicial preconiza em seus artigos 36 e 37, *in verbis*: *"Art. 36. A exigência da equidade provém da necessidade de moderar, com critérios de justiça, as consequências pessoais, familiares ou sociais desfavoráveis surgidas pela inevitável abstração e generalização das leis". "Art. 37. "O juiz equitativo é aquele que,*

505 *"Sabe-se que a Constituição é uma obra da vontade humana que determina as condições institucionais do contrato social pelas quais os cidadãos determinam as regras de funcionamento da sociedade política. Contudo, essas regras de direito positivo devem estar enraizadas na Declaração Universal dos Direitos humanos, a qual tornou-se guardiã dos próprios fundamentos de justiça. Essa declaração desempenha um papel importante de chamamento, de uma incitação à memória dentro do tempo da história daquilo que é meta-histórico, ou seja, essencial para que, de um lado, os atos dos Poderes Legislativo, Executivo e Judiciário, possam a todo momento ser 'comparados com o objetivo de toda instituição política'; e que, por outro lado, cada pessoa tenha um recurso possível no texto fundador de seus direitos e de seus deveres, fundamento de sua dignidade".* (Farago, F., op.cit., p. 212).

506 Godoy, A.S.M., op. cit., loc. Cit.

507 Kennedy, Ducan. Freedom and constraint in adjudication: a critical phrnomenology. In: Alan Hutchinson & Patrick Monahan, *The Rule of Law: Ideal of Ideology*, Toronto, 1986. p. 518.

sem transgredir o Direito vigente, leva em consideração as peculiaridades do caso e resolve-o baseado em critérios coerentes com os valores do ordenamento e que possam estender-se a todos os casos substancialmente semelhantes".

A partir do momento em que o Código Ibero-Americano de Ética Judicial prescreve que o juiz deve moderar, com critérios de justiça, as consequências pessoais, familiares ou sociais desfavoráveis surgidas pela inevitável abstração das leis, nisso ele se aproxima do *critical legal studies*, pois o juiz deve assimilar o Direito e não a lei; deve dominar habilidade e não somente respostas, deve possuir uma grande preocupação com a prática jurídica.

Por outro lado, quando o Código Ibero-Americano de Ética Judicial prescreve que o juiz equitativo é aquele que, *sem transgredir o Direito vigente*, leva em consideração as peculiaridades do caso concreto, nisso de certa forma o texto normativo distancia-se do *radicalismo ideológico* do modelo do *critical legal studies*, pois mantém intacto o ordenamento jurídico e a autonomia da ciência do direito, respeitando sua autopoiese.

9. Conclusões

A realização da *justiça*, indubitavelmente, corresponde de fato a uma das mais antigas aspirações em todas as sociedades, não importando qual seja a forma de sua organização ou da concepção de seu sistema.

Em todos os lugares, a Sociedade, mesmo em seus esboços mais primitivos, sempre se constituiu ou tentou constituir-se baseada na *realização da justiça*.

Seguindo esse horizonte infinito da busca pela *justiça*, os países ibero-americanos, por meio da Cumbre Ibero-Americana de Ética Judicial, elaboraram um código de ética judicial, no qual ficou consignado que o *fim último da atividade judicial seria a realização da justiça por meio do direito.*

A tese desenvolvida no presente trabalho teve por objetivo justamente *desvelar* qual critério de justiça foi preconizado pelo Código Ibero-Americano de Ética Judicial e que deve ser observado pelos juízes ibero-americanos no exercício da atividade jurisdicional.

A *Justiça* como questão ética problematizadora do Código Ibero-Americano de Ética Judicial foi, portanto, o ponto referencial da presente tese.

O desenvolvimento do trabalho teve como ponto de partida e de chegada o próprio Código Ibero-Americano de Ética Judicial.

Para tanto, estabeleceu-se como pressupostos necessários para que o juiz ibero-americano possa realizar a justiça por meio do direito, o reconhecimento da unidade do ser humano; a necessidade de se observar a multiculturalidade entre os povos ibero-americanos; e a postulação de uma interdisciplinaridade/transdisciplinaridade entre a dogmática jurídica e as disciplinas humanas afins.

Preenchidos os pressupostos, e após uma análise hermenêutica jurídico-filosófica dos preceitos normativos do Código Ibero-Americano de Ética Judicial, reconheceu-se que o critério de justiça que mais se compatibiliza à postulação ética normativa seria o do *consequencialismo* proposto por Amartya Sen, com base na filosofia jurídica indiana.

Recomenda o Código Ibero-Americano de Ética Judicial que além de um "processo justo" *(niti)*, haja também uma "decisão justa" *(nyaya)*, pois não é suficiente a existência de instituições justas e corretas sem que a decisão do juiz tenha uma preocupação redobrada com aquilo que surge e como surge, ou seja, com a vida que as pessoas possam efetivamente viver.

Essa perspectiva de justiça formulada com base na concepção consequencialista aproxima o exercício da atividade jurisdicional à ética material como filosofia primeira, tendo como fio condutor a *produção, reprodução e desenvolvimento da vida humana,* preocupação essa que deve ser o norte do juiz ibero-americano na realização de sua atividade jurisdicional, em especial com as vítimas de um sistema sócio, político, econômico e cultural.

Porém, para que o critério de justiça recomendado pelo Código Ibero-Americano de Ética Judicial tenha eficácia transformadora no exercício da atividade jurisdicional, será necessária uma reformulação da formação acadêmica do juiz ibero-americano, consubstanciada no imperativo ético e deontológico fundamental da realização da justiça por meio do direito, não podendo estar dissociada *"da necessidade de uma formação técnico-jurídica sólida e de uma cultura judiciária que forneça efetivos valores de referência para a compreensão dos novos contextos políticos, culturais e sociais".*

Recomenda-se, portanto, uma formação *humanística* do juiz.

10. Referências

ALEXY, Robert. *Teoria de los derechos fundamentales.* Madrid: Centro de Estudios Constitucionales, 1997.

AMARAL, Arnaldo José Duarte. La realización de la justicia en un mundo turbo-globalizado: necesidad de un enfoque interdisciplinar. *In: Interrelación filosófico – jurídica multinível: estúdios desde la interconstitucionalidad, la interculturalidad y la interdisicplinaridad para un mundo global.* Org: Saulo de Oliveria Pinto Coelho; Alexandre Walmott e Moacir Henrique Junior. Barcelona: Ed: Macrofilosofía Linkgua, 2016.

ANDERSON, B. *Context of discovery, context of decision and context of justification in the law. IVR encyclopaedia of jurisprudence.* http://ivr-enc.info/index.php?title=Main Page. Accessed 26. Mar. 2010.

APOSTEL, L; BENOIST, J. M.; BOTTOMORE, T.B.; DUFRENNE, M..; MOMMSEN, W.J.; MORIN, E.; PIATTELLI-PALMARINI, M.; SMIRNOV, S.N.; UI, J. *Interdisciplinariedad y ciencias humanas.* Trad. Jesús Gabriel Péreza Martin. Madrid: Editorial Tecnos, 1983.

ARENDT, Hannah. *Origens do totalitarismo.* São Paulo: Cia das Letras, 1998.

ARONSON, Perla. La emergencia de la ciencia transdisciplinar en Cinta de Moebio. *Revista de Epistemologia de Ciencias Sociais.* Faculdad de Ciencias Sociales de la Universidad de Chile. Santiago, 2003. http://www2.facso.uchile.cl/publicaciones/moebio/18/aronson.htm, acesso em 18.12.2109.

ASENSIO, Rafael Jiménez. *Imparcialidad judicial y derecho al juez imparcial.* Navarra: Aranzadi, 2002.

ATIENZA, Manuel. *Jurisdicción y argumentación em el estado constitucional de derecho.* México: Universidad Nacional Autónoma de México, 2005.

BARCELLONA, Pietro. La formación del jurista. *in La formación del jurista – capitalismo monopolístico y cultura jurídica.* Traducción de Carlos Lasarte. 3. ed. Madrid: Editorial Civitas, S.A., 1993.

BARCELLONA, Pietro; HART, Dieter; MÜCKENBERGER, Ulrich. *La formación del jurista – capitalismo monopolístico y cultura jurídica.* Madrid: Editorial Civitas, S.A., 1993.

BARRY, Brian. *Teorías de la justiça.* Barcelona: Gedisa Editorial, 2001.

BENOIST. Jean-marie. *La interdisciplinariedad en las ciencias sociales. In: Interdisciplinariedad y ciencias humanas.* Trad. Jesús Gabriel Péreza Martín. Madrid: Editorial Tecnos, 1983.

BERISTAIN, Antonio. Nuevo proceso penal desde las víctimas. *In: Direito Criminal.* coord. José Enrique Pierangeli. Belo Horizonte: Del Rey, 2001.

BERGSTRÖM, Lars. Reflections on consequentialis. *Thoria*, Vol. 62, Part. 1 e 2, 1996.

BERTOLINO, Giulia. *Giusto processo civile e giusta decisione – riflexioni sul concetto di giustizia procedurale in relazione al valore della accurateza delle decisión nel processo civile.* Tese de Doutorado em Alma Mater Studiorum – Universidade di Bologna (XIX CICLO).

BITTAR, Eduardo C. B. *A justiça em Aristóteles.* Rio de Janeiro: Forense Universitária. 1999.

BRACCIALINI, Roberto. Garanti o no del risultato sostanziale? Spunti tardivi sul giusto processo. *In: Questione Giustizia*, 1, 2005.

BREY, Antoni. La sociedad de la ignorancia – una reflexión sobre la relación del individuo con el conocimiento em el mundo hiperconectado. In: In: GONÇAL MAYOS Y ANTONI BREI (EDS.), JOAN CAMPÁS, DANIEL INNERARITY, FERRAN RUIZ, MARINA SUBIRATS. *La sociedad de la ignorancia.* Barcelona: Ediciones Península, 2011.

CALAMANDREI, Piero. *Instituciones de derecho procesal según el nuevo código.* 3. ed. Buenos Aires, 1958.

CAMPS, Victoria. *Concepciones de la ética.* Madrid: Trotta, 1992.

CAPLAN, A. L. *Can applied Ethics be effective in health care and should it strive to be?.* Ethics, 93 (1983).

CARBONELL, Eudald. Prólogo, In: GONÇAL MAYOS Y ANTONI BREI (EDS.), JOAN CAMPÁS, DANIEL INNERARITY, FERRAN RUIZ, MARINA SUBIRATS. *La sociedad de la ignorancia.* Barcelona: Ediciones Península, 2011.

CARBONELL, José Carlos Remotti. *Sistema jurídico e integración constitucional multinível. In: Interrelación filosófico – jurídica multinível: estúdios desde la interconstitucionalidad, la interculturalidad y la interdisicplinaridad para un mundo global.* Org: Saulo de Oliveria Pinto Coelho; Alexandre Walmott e Moacir Henrique Junior. Barcelona: Ed: Macrofilosofía Linkgua, 2016.

CARDOSO, Renato César. Más allá de las dos culturas. In: *Interdisciplinaridade e interconstitucionalidade 2.* Cord: Gonçal Mayos; Renato Cesar Cardoso; Moacir Henrique Junior. LAECC: Uberlândia, 2019.(e-Book).

CARRATA, Antonio. *Prova e convincimento del giudice nel processo civile. In Rivista di Diritto Processuale.* Bologna, CEDAM, Anno LVIII, gennaio-marzo, 2003.

CARVALHO, José Maurício de. Vida e valores na filosofia da razão vital de Ortega y Gasset. *In: Problemas e teorias da ética contemporânea*. José Maurício de Carvalho (Org.). Porto Alegre: Coleção Filosófica 170, 2004.

CHIARLONI, Sergio. Processo civile e verità , I*n: Questione Giutizia,* Sommario n.1, 1987.

CHIARLONI, Sergio. Reflexioni sui limiti del giudizio di fatto nel processo civile. *In: Rivista Trimestrale di Diritto e Procedura Civile*, Anno XL, 1986.

COELHO, Saulo de Oliveira Pinto; CORDEIRO, Laís Vaz. Constitucionalismo multinivel, transconstitucionalismo e interconstitucionalismo, una crítica de tres modelos posibles para la comprensión de los fenómenos de integración e intercambio constitucional en iberoamérica. *In: Interrelación filosófico – jurídica multinível: estúdios desde la interconstitucionalidad, la interculturalidad y la interdisicplinaridad para un mundo global.* Org: Saulo de Oliveria Pinto Coelho; Alexandre Walmott e Moacir Henrique Junior. Barcelona: Ed: Macrofilosofía Linkgua, 2016.

COROMINAS, Jordi. *Ética primera – aportación de x. zubiri al debate ético contemporáneo.* Bilbao: Editorial Desclée de Brouwer, S.A., 2000.

COSTA, Márcio Luis. *Lévinas – uma introdução.* Petrópolis: Vozes, 2000.

DETIENNE, Marcel. *Los maestros de verdad en la grecia arcaica.* Versión Castellana de Juan Jose Herrera. Madrid: Taurus, 1983.

DIAMOND, Jared. El mundo hasta ayer – ¿Qué podemos aprender de las sociedades tradicionales? Trad. Efrén del Valle. Barcelona: Debolsillo, 2013.

DUSSEL, Enrique. *Ética da libertação na idade da globalização e da exclusão.* Tradução de Ephraim Ferreira Alves, Jaime A. Clasen e Lúcia M. E. Orth. 2. ed. Petrópolis: Vozes, 2002.

DUSSEL, Enrique. *Filosofia da libertação. crítica à ideologia da exclusão.* 2. Ed. São Paulo: Paulus, 1995.

DUSSEL, Enrique. *Método para uma filosofia da libertação – superação analética da dialética hegeliana.* São Paulo: Loyola, 1986.

FARAGO, France. *A justiça.* Trad. Maria Jose Pontieri. Barueri: Editora Manole, 2004.

FARIA, José Eduardo. *Justiça e conflito.* São Paulo: Ed.Revista dos Tribunais, 1991.

FERRAJOLI. Luigi. *Diritto e ragione – teoria del garantismo penale.* Roma: Bari, 2000.

FETERIS, E. *Fundamentals of legal argumentation.* Dordrecht: Kluwer Academic Publishers. 1999.

FIX-ZAMUDIO, Hector. Preparación, selección y nombramiento de los jueces. *In Revista de Processo,* São Paulo, Ed. Revista dos Tribunais, n. 10, ano 3, abr/junh., 1978.

FOUCAULT, Michel. *Em defesa da sociedade.* São Paulo: Martins Fontes, 2002.

FRANK, Jerome. *Law and the modern mind. New York: Brentano's,* Inc., 1930.

GADAMER, Hans-Georg. *Elogio da teoria.* Lisboa: Biblioteca de Filosofia Contemporânea – Edições 70,1983.

GADAMER, Hans-Georg. *Hermenêutica em retrospectiva.* Volume II: A virada hermenêutica. Rio de Janeiro: Vozes, 2007.

GIRALDO, Ana María; OSPINA, Jesús Carrasquila; VELASCO, Ever Eduardo. Brandom and Travis: Sobre la justicia. Las formas de vida y el problema del reconocimiento. *In: Revista Internacional de Filosofia.* n. 82. 2021

GLOVER, Jonathan. *Humanidad e Inhumanidad – una historia moral del siglo XX.* Trad. De Marco Aurlio Galmarini. Cuarta Edicion. Madrid: Cátedra, 2013.

GODOY, Arnaldo Sampaio de Moraes. *O movimento critical legal studies e Duncan Kennedy,* in : http://jus.uol.com.br/revista /texto/1054. publicado em 08/2007.

GOLDING, Martin. *Filosofia e teoria do direito.* Trad. Ari Marcelo Sólon. Porto Alegre: Sergio Fabris Editor, 2010.

GRAÇA, José Pereira. *Témis – a deusa da justiça.* Coimbra: Livraria Almedina, 1987.

GUSDORF, Georges. Passe, *présent, avenir de la recherche interdisiciplinar: revue internacionale de sciences sociales* (Paris, Unesco), XXIX, n. 4 (1977).

GUSDORF. Geroges. Pasado, presente y futuro de la investigacion interdisicplinaria. *In Interdisciplinariedad y ciencias humanas.* Trad. Jesús Gabriel Péreza Martín. Madrid: Editorial Tecnos, 1983.

HART, Herbert L. A. *O conceito de direito.* 2ª ed. Lisboa: Fundação Calouste Gulbenkian, 1994.

HOBBES, Thomas. *Leviatan.* Harmondsworth, Inglaterra: Penguin, 1968.

HOLMES JR., Oliver Wendell. *La senda del derecho.* Madrid: Marcial Pons, 2012.

HONNETH, Axel. *Luta por reconhecimento – a gramática moral dos conflitos sociais.* São Paulo, Editora 34, 2003.

INNERARITY, Daniel. La sociedad del desconocimiento. . In: GONÇAL MAYOS Y ANTONI BREI (EDS.), JOAN CAMPÁS, DANIEL INNERARITY, FERRAN RUIZ, MARINA SUBIRATS. *La sociedad de la ignorancia.* Barcelona: Ediciones Península, 2011.

JAPIASSU, H. *Interdisciplinaridade e patologia do saber.* Rio de Janeiro: Imag, 1976.

JUNG, C.G. *Psychologische typen.* Duesseldorf: Patmost Verlag GmbH & Walter Verlag. 1921

KELSEN, Hans. *O problema da justiça.* Trad. João Baptista Machado. 2ª ed. São Paulo: Martins Fontes, 1996.

KENNEDY, Ducan. Freedom and constraint in adjudication: a critical phrnomenology. In: Alan Hutchinson & Patrick Monahan, *The Rule of Law: Ideal of Ideology,* Toronto, 1986.

KRISHNA. Daya. *La cultura. In Interdisciplinariedad y ciencias humanas.* Trad. Jesús Gabriel Péreza Martín. Madrid: Editorial Tecnos, 1983.

LÉVINAS, Emmanuel. *Da existência ao existente.* Trad. Paul Albert Simon. Campinas: Papirus, 1998.

LEVINAS, Emmanuel. *Ética e infinito.* Lisboa: Edições 70 Ltda. 1982.

LÉVINAS, Emmanuel. *Humanismo do outro homem.* Trad. Pergentino S. Pivatto (coord.).Petrópolis: Vozes. 1993.

LÉVINAS, Emmanuel. *Transcendência e inteligibilidade.* Lisboa: Edições 70 Ltda., 1984.

LOSANO, Mário G. In: KELSEN,Hans. *O problema da justiça.* São Paulo: Martins Fontes, 1996.

LYRA FILHO, Roberto. *Para um direito sem dogma.* Porto Alegre: Ed. Fabris, 1980.

MACCALÓZ, Salete Maria Polita. *O poder judiciário, os meios de comunicação e opinião pública.* Rio de Janeiro: Ed. Lúmen Júris, 2002.

MACCORNICK, N. *Practical reason in law and morality.* Oxford: Oxford University Press. 2008.

MACEDO, Ubiratan Borges. A aventura da ética filosófica no século XX. *In: Problemas e teorias da ética contemporânea.* José Maurício de Carvalho (Org). Porto Alegre: Coleção Filosófica 170, 2004.

MACINTYRE, Alasdair. *Justicia y racionalidad – conceptos y contextos.* Trad. Alejo Jose G. Sison. Barcelona: Ediciones Internacionales Univrsitarias, EIUNS, S.A., 1994.

MATURANA, Humberto. R. ; VARELA, Francisco. *A árvore do conhecimento – as bases biológicas da compreensão humana.* 3 ed. Trad. Humberto Mariotti e Lia Diskin. São Paulo: Palas Athena, 2003.

MAUTNER, T. *The penguin dictionary of philosophy. London/New York/Victoria/ Toronto/ New Delhi/Auckland/Johannesburg:* Penguin. 2000.

MAYOS, Gonçal. *Homo obsoletus – precariedad y desempoderamiento en la turboglobalización.* Barcelona: Linkgua Pensamiento, 2016.

MAYOS, Gonçal. Nuevos 'fenómenos'-inter: interconstitucionalidad e interculturalidad'. *In: Interrelación filosófico – jurídica multinível: estúdios desde la interconstitucio-*

nalidad, la interculturalidad y la interdisicplinaridad para un mundo global. Org: Saulo de Oliveria Pinto Coelho; Alexandre Walmott e Moacir Henrique Junior. Barcelona: Ed: Macrofilosofía Linkgua, 2016.

MAYOS, Gonçal. La 'sociedad de la incultura', ?cara oculta de la 'sociedad del conocimiento'?. In: GONÇAL MAYOS Y ANTONI BREI (EDS.), JOAN CAMPÁS, DANIEL INNERARITY, FERRAN RUIZ, MARINA SUBIRATS. *La sociedad de la ignorancia, Barcelona:* Ediciones Península, 2011.

MAYOS, Gonçal. *Ilustración y romanticismo – introducción a la polémica entre Kant y Herder.* Barcelona: Herder, 2004.

MAYOS, Gonçal. Introdução. *In: Interrelación filosófico – jurídica multinível: estúdios desde la interconstitucionalidad, la interculturalidad y la interdisicplinaridad para un mundo global.* Org: Saulo de Oliveria Pinto Coelho; Alexandre Walmott e Moacir Henrique Junior. Barcelona: Ed: Macrofilosofía Linkgua, 2016.

MAYOS, Gonçal. Introducción. In: GONÇAL MAYOS Y ANTONI BREI (EDS.), JOAN CAMPÁS, DANIEL INNERARITY, FERRAN RUIZ, MARINA SUBIRATS. *La sociedad de la ignorancia.* Barcelona: Ediciones Península, 2011.

MAYOS, Gonçal. *Macrofilosofia de la globalización y del pensamiento único, un macroanálisis para el 'empoderamiento'.* Barcelona: Editorial Académica Española, 2012.

MAYOS, Gonçal. Macrofilosofia, las 'dos culturas' y la era de la postdisciplinariedad. In: *Interdisciplinaridade e interconstitucionalidade.* Cord: Gonçal Mayos; Renato Cesar Cardoso; Moacir Henrique Junior. LAECC: Uberlândia, 2019.

MAYOS, Gonçal y BREY, Antoni (EDS.), JOAN CAMPÁS, DANIEL INNERARITY, FERRAN RUIZ, MARINA SUBIRATS. La sociedad de la ignorancia. Barcelona: Península, 2011.

MENDES, Mario Tavares. A formação inicial e contínua de magistrados – uma perspectiva do centro de estudos judiciários de portugal. *In Revista do Centro de Estudos Judiciários do Conselho da Justiça Federal,* n. 24, ano VIII, março de 2004.

MILET, Louis. *Aristóteles.* Trad. Roberto Leal Ferreira. São Paulo: Martins Fontes, 1990.

MONTELEONE, Girolamo. Intorno al conceitto di verità 'materiale' o 'oggettiva' nel proceso civile. *In: Rvista di Diritto Processuale.* CEDAM, 2009. Volume LXIV (II Serie), Anno 2009.

MORELLO, Augusto. *El proceso justo.* Buenos Aires: Abeledo – Perrot, 1994.

MORIN, Edgar; PIATTELLI-PALMARINI, Massimo. La unidad del hombre como fundamento y aproximación interdisciplinaria. *In: Interdisciplinariedad y ciencias humanas.* Trad. Jesús Gabriel Péreza Martín. Madrid: Editorial Tecnos, 1983.

MOUTANER, Joan Campas. La sociedad de la 'crisis de sentido'. In: GONÇAL MAYOS Y ANTONI BREI (EDS.), JOAN CAMPÁS, DANIEL INNERARITY, FERRAN RUIZ, MARINA SUBIRATS. *La sociedad de la ignorancia.* Barcelona: Ediciones Península, 2011.

NEVES, A. *Castanheira, Metodologia jurídica – problemas fundamentais.* Coimbra: Coimbra Editora, 1993.

NEVES, Marcelo. *Transconstitucionalismo.* São Paulo: Martins Fontes, 2009.

NOVAK, Marko. The Argument from Psychological Tupology for a Mild Separation Between the Contexto of Discovery and the Contexto f Justification. In: Coord. Flavia Carbonell; Christian Dahlman, Eveline Feteris. *Legal Argumentation Theory: Cross-Disciplinary Perspectives.* Springer, 2013.

NUNES, Tatiana Couto.A sinépica como mecanismo de eficáica das decisões judiciais: *In: A eficácia das decisões judiciais com foco nas decisões da jurisdição constitucional STF.* Brasília: IDP, 2012.

ORTEGA Y GASSET. José. *Las ideas de Léon Frobenius.* Obras completas, vol. III, 2ª reimpresión, Madrid: Alianza, 1994.

ORTEGA Y GASSET, José. El hombre y la gente. Obras Completas. Vol. VII. 2ª reimpresión. Madrid: Alianza, 1997.

PERELMAN, Chaïm. *Ética e direito.* Trad. Maria Ermantina de Almeida Prado Galvão. São Paulo: Martins Fontes, 2005.

POMBO, Olga. *A unidade da ciência: programas, figuras e metáforas.* Charneca da Caparica: Edições Duarte Reis, 2006.

POMBO, Olga. *Interdisciplinaridade: ambições e limites.* Lisboa: Relógio D'água Editores, 2004.

POSNER, Richard. *A economia da justice.* São Paulo: WMF Martins Fontes, 2010.

POUND, R. 'Law in Books and Law in Action', in W.W. Fischer, M.; M. J. HORWITZ e T.A. REED. *American Legal Realism.* Oxford University Press, 1993.

PRAKASH SINHA, S. *Jurisprudence, legal philosophy.* St. Paul: West. 1993.

R.B. BRAITHWAITE. *Theory of games as a tool for the moral philosopher.* Cambridge: Cambridge University Press, 1955.

RAWLS, John. *Uma teoria da justiça.* São Paulo: Martins Fontes, 2002.

REALE, Miguel. A ética do juiz na cultura contemporânea. *In: Uma nova ética para o juiz.* Coord. José Renato Nalini, São Paulo: Revista dos Tribunais, 1994.

REICHENBACH, Hans. *Experience and Prediction.* Chicago: University of Chicago Press, 1938.

ROCHA, Leonel Severo. *A problemática jurídica: uma introdução transdisciplinar*. Porto Alegre: Sergio Antonio Fabris Editor, 1985.

SALGADO, Joaquim Carlos. *A ideia de justiça em Hegel*. Edições Loyola: São Paulo, 1996.

SANDEL. Michael J. *Justiça – o que é fazer a coisa certa*. 4ª ed. Rio de Janeiro: Civilização Brasileira, 2011.

SCALON. T. *What We Owe to Each Other*. Cambridge: Harvard University Press, 1998.

SEN, Amartya. *A ideia de justiça*. Trad. Denise Bottmann e Ricardo Doninilli Mendes. São Paulo: Companhia das Letras, 2009.

SEN, Amartya. *La idea de la justicia*. Madrid: Taurus, 2009.

SHKLAR, Judith. *El liberalismo del miedo*. Trad. Alberto Ciria e Ricardo García Pérez. Barcelona: Herder Editorial, 2018.

SHKLAR, Judith. *Los rostros de la injusticia*. Trad. Alicia García Ruiz. Barcelona: Herder Editorial, 2010.

SHKLAR, Judith N. *After utopia – the decline of political faith*. New Jersey: Princeton University, 2015.

SINACEUR, Mohammed Allal. Que es la interdisicplinariedad. *In Interdisciplinariedad y ciencias humanas*. Trad. Jesús Gabriel Péreza Martín. Madrid: Editorial Tecnos, 1983.

SMIRNOV, Stanislav Nikolaevitch. La aproximacion interdisciplinaria en la ciencia de hoy – fundamentos ontologicos y epistemológicos – formas y funciones. *In: Interdisciplinariedad y ciencias humanas*. Trad. Jesús Gabriel Péreza Martín. Madrid: Editorial Tecnos, 1983.

STANFORD Encyclopedia of Philosophy – In: https://plato.stanford.edu/entries/consequentialism/. acesso em 13.07.2020.

SUBIRATS, Marina. La sociedade del conocimiento y las dificultades de sua producción. . In: GONÇAL MAYOS Y ANTONI BREI (EDS.), JOAN CAMPÁS, DANIEL INNERARITY, FERRAN RUIZ, MARINA SUBIRATS. *La sociedad de la ignorancia*. Barcelona: Ediciones Península, 2011.

TARRAGÓ, Ferran Ruiz. Educar, entre la evasión y la utopía. In: GONÇAL MAYOS Y ANTONI BREI (EDS.), JOAN CAMPÁS, DANIEL INNERARITY, FERRAN RUIZ, MARINA SUBIRATS. *La sociedad de la ignorancia*. Barcelona: Ediciones Península, 2011.

TARUFFO, Michele. Idee per una teoria della decisione giusta . *In: Riv. Trim. Dir. E Proc. Civ.* 1997.

TARUFFO, Michele. Poteri probatori delle parti e del giudice in Europa, *In: Rivista Trimestrale di Diritto e Procedura Civile,* Milano, Giuffrè, 2006.

TAYLOR, Charles. *Etica e umanità.* Trad. Paolo Costa. Milano: V&P Università, 2004

TEIXEIRA, Sálvio de Figueiredo. *O juiz – seleção e formação do magistrado no mundo contemporâneo.* Belo Horizonte: Del Rey, 1999.

WERLER, Denílson Luis. A ideia de justiça e a prática da democracia. *Novos Estudos – CEBRAP*, São Paulo, n. 92, p. 153-161, mar. 2012. Disponível em: http://www.scielo. br/pdf/nec/n92/n92a11.pdf. Acesso em: 26.out. 2016.

ZAFFARONI, Eugenio Raul. *Poder judiciário – crise, acertos e desacertos.* Trad. Juarez Tavares. São Paulo: Editora Revista dos Tribunais, 1995.